STEVEN SPIELBERG

DER IKONISCHE FILMEMACHER UND SEIN WERK

IAN NATHAN

EDITION OLMS AG
Rosengartenstr. 13B
CH-8608 Bubikon/Zürich
Switzerland
Mail: info@edition-olms.com
Web: www.edition-olms.com

ISBN 978-3-283-01335-6

Deutsche Ausgabe
Copyright © 2024 Edition Olms AG, Zürich
Übersetzung: Michael Auwers
Lektorat: Beate Bücheleres-Rieppel
Cover-Bildnachweis: Sarah Stewart (Vorderseite), Photo 12 (Rückseite) / Alamy Stock Foto, piovesempre (Hintergrund) / iStock

All rights reserved. No part of this book may be reproduced or utilised in any form or by any means, electronic or mechanical, including photocopying, recording or by any information storage and retreival system without permission in writing from White Lion Publishing.

Bibliografische Information der Deutschen Nationalbibliothek
Die Deutsche Nationalbibliothek verzeichnet diese Publikation in der Deutschen Nationalbibliografie; detaillierte bibliografische Daten sind im Internet über http://dnb.d-nb.de abrufbar.

First published in 2024 by White Lion Publishing
an imprint of The Quarto Group.
1 Triptych Place
London SE1 9SH
T (0)20 7700 6700
www.Quarto.com

© 2024 Quarto Publishing plc
Design Copyright © 2024 Quarto
Text Copyright © 2023 Ian Nathan

Dies ist eine inoffizielle Veröffentlichung und wurde weder von einem Studio noch von Steven Spielberg unterstützt, gesponsert oder autorisiert. Alle hier verwendeten Marken, Dienstleistungsmarken und Handelsnamen sind Eigentum ihrer jeweiligen Eigentümer und werden nur zur Identifizierung der Produkte oder Dienstleistungen dieser Eigentümer verwendet. Der Herausgeber und der Autor stehen in keiner Verbindung zu den in diesem Buch erwähnten Produkten, Dienstleistungen oder Anbietern und dieses Buch ist nicht vom Eigentümer der hier aufgeführten Warenzeichen, Dienstleistungsmarken oder Handelsnamen lizenziert oder unterstützt.

Printed in China

STEVEN SPIELBERG

DER IKONISCHE FILMEMACHER UND SEIN WERK

IAN NATHAN

Inoffizielle und nicht autorisierte Biografie

EDITION OLMS ZÜRICH

INHALT

DER VORSPANN ...	6
DAS NATURTALENT	10
Die frühen Filme, die TV-Folgen, *Duell* (1971), *Sugarland Express* (1974)	
DER GROSSE FISCH	24
Unaufhaltbar: Der weiße Hai (1975)	
ERSCHÜTTERUNG UND EHRFURCHT	44
Unheimliche Begegnung der dritten Art (1977), *1941 – Wo bitte geht´s nach Hollywood* (1979), *Jäger des verlorenen Schatzes* (1981)	
Der innere Zirkel	63
DAS PHÄNOMEN	64
Das Wunder: *E.T. – Der Außerirdische* (1982)	
VERLORENE JUNGS	80
Unheimliche Schattenlichter (1983), *Indiana Jones und der Tempel des Todes* (1984), *Die Farbe Lila* (1985), *Das Reich der Sonne* (1987), *Indiana Jones und der letzte Kreuzzug* (1989), *Always – Der Feuerengel aus Montana* (1989), *Hook* (1991)	
(PRÄ-)HISTORISCHES	98
Jurassic Park (1993), *Schindlers Liste* (1993)	
DER ZEITREISENDE	116
Vergessene Welt: Jurassic Park (1997), *Amistad* (1997), *Der Soldat James Ryan* (1998), *A.I. – Künstliche Intelligenz* (2001)	
Nicht nur ein Regisseur	131
ZWISCHEN DEN WELTEN	132
Minority Report (2002) *Catch Me If You Can* (2002), *The Terminal* (2004), *Krieg der Welten* (2005), *München* (2005), *Indiana Jones und das Königreich des Kristallschädels* (2008)	
MERKWÜRDIGE HELDEN	148
Die Abenteuer von Tim und Struppi – Das Geheimnis der Einhorn (2011), *Gefährten* (2011), *Lincoln* (2012), *Bridge of Spies – Der Unterhändler* (2015)	
Der Spielberg-Touch	161
EWIG JUNG	162
The BFG – Big Friendly Giant (2016), *Die Verlegerin* (2017), *Ready Player One* (2018), *West Side Story* (2021), *Die Fablemans* (2022)	
QUELLEN	172

Gegenüber: Steven Spielberg und der Film, nach dem alles anders war. *Der weiße Hai* war keine Feuer-, sondern eine Wassertaufe, die ihn lehrte, sich auf sein eigenes außerordentliches Talent als Erzähler visueller Geschichten zu verlassen.

DER VORSPANN

‚Ich werde Filme machen. Ich werde Filme produzieren und Regie führen.'
Steven Spielberg, in der achten Klasse

Es fängt alles mit einem Anruf an. Der Hörer eines altmodischen Telefons rasselt dringlich in der Gabel des Apparats. Das ist etwas fantasievoll, aber schließlich geht es hier um Kino.

„Wie wär's mit Spielberg?" Mein Verleger stellt die Frage in den Raum, als sei sie die leichteste auf der Welt. Wir sprechen gerade über kommende Bücher, potenzielle Themen, ikonische Regisseure.

Ehrlich gesagt, hatte ich nicht mit dem Regisseur gerechnet, der als Ikone alle anderen überragt. In mir läuft eine Rückblende in meine eigene Kindheit ab – unzählige Bilder, die über die Kinoleinwand meines Inneren flackern. Wie wär's mit Spielberg? Der Gedanke ist furchteinflößend – und aufregend.

Um es ganz deutlich zu sagen: Steven Spielberg ist der berühmteste Kinoregisseur, der jemals gelebt hat. Er definiert als Künstler das Medium. Er ist die Verkörperung des Hollywood-Ideals: die Verbindung des kommerziellen Aspekts des Films mit seinen kreativen Möglichkeiten.

Spielberg steht über dem einfachen Kalkül der Moderne – er ist ein Phänomen, ein Trugbild, ein ungeschickter Typ, dem es geschickt gelingt, mit Licht Geschichten zu erzählen, die Millionen und Abermillionen ansprechen, indem sie das Außergewöhnliche zum Normalen machen. Oder umgekehrt. Seine Figuren, sogar Indiana Jones, sogar Abraham Lincoln, sogar diejenigen, die Tom Cruise spielt, sind durch ihre Verletzlichkeit gekennzeichnet, durch ihre Fehler, ihre Sehnsüchte.

Um eine derartig monumentale Karriere nachzuzeichnen, musste Spielberg auf eine Ebene mit seinen Helden gebracht werden (und in *Die Fabelmans* war er dann 2022 tatsächlich zu einem seiner eigenen Helden geworden). Es galt, unter der Vergöttlichung den Künstler zu finden, den Filmemacher, den Menschen, der von einer Vielzahl von Vorbildern und deren besonderen Gaben angetrieben wurde: der epischen Breite David Leans und John Fords, vereint mit dem Nervenkitzel Alfred Hitchcocks, der Detailversessenheit Stanley Kubricks, dem emotionalen Kern Walt Disneys und dem Naturalismus François Truffauts.

Die Geschichte hat so viele Facetten: die Herkunft der Protagonisten aus amerikanischen Vororten, die seinen Filmen einen biografischen Strang gab; die Kollaborationen mit George Lucas und den anderen Movie Brats, mit dem Komponisten John Williams, dem Filmeditor Michael Kahn, mit Stars wie Richard Dreyfuss, Harrison Ford und Tom Hanks und dem Filmmogul und Mentor Sid Sheinberg. Die Mythen, die sich um das Entstehen seiner Filme

Rechts: Steven Spielberg mit Anfang 20, ein Fernsehregisseur mit einem der seltenen Festverträge bei Universal. Das ist ein Anfang, aber sein Talent ist groß, und er träumt von einer Zukunft, in der er Spielfilme dreht.

ranken, sind zur Folklore Hollywoods geworden: die albtraumhaften Aufnahmen und der widerborstige Hai in *Der weiße Hai*; der merkwürdige Ehrgeiz von *Unheimliche Begegnung der dritten Art*; die Erfindung von Indiana Jones; die Neuerfindung des Blockbusters mit *Jurassic Park*; die Reise in die dunkelsten Schatten der Vergangenheit mit *Schindlers Liste*; die Transformation eines Genres mit *Der Soldat James Ryan*; der unvorhersehbare, konfrontationsbereite Spielberg von *Minority Report*, *München* und *Lincoln*.

Schließlich der Mann selbst, eine zurückhaltende Berühmtheit, ein geschickter Fadenzieher und ein kompromissloser Künstler, von sehr persönlichen Impulsen angetrieben und oft von Zweifeln heimgesucht. Wenn es einen emotionalen Strang gibt, der sich durch alle 34 Filme zieht, dann ist es das Gefühl der Angst.

Vieles, was man Spielberg zuschreibt, stimmt ganz offensichtlich nicht: der Wohlfühl-Regisseur, der wie der Weihnachtsmann überall Freude beschert, der große Sentimentalist. Wenn man seine Filme ansieht, zeigt sich nicht immer ein sonniges Naturell. Oft ist es diese Dunkelheit, die uns anspricht.

Spielberg wirkt, als sei dieses Hollywood-Spiel vollkommen mühelos, aber sein Leben und sein Werk, sein Verständnis des Mediums und der Welt als solcher sind untrennbar miteinander verwoben.

Lange vor *Die Fabelmans* gab es Andeutungen von Autobiografischem: Elliott in *E.T.*; Indy natürlich, der mit einem Schulterzucken über das Chaos hinweggeht; verlorene Jungs wie Jim in *Das Reich der Sonne* und Frank Abagnale in *Catch Me If You Can*; und Helden der Realität wie Oskar Schindler und Abraham Lincoln.

Hinzu kommt Spielbergs kompliziertes Verhältnis zu seinem jüdischen Glauben, das erst in *Schindlers Liste* in den Vordergrund trat. Und seine Familie. Seine Filme, auch noch spät in seiner Laufbahn, als er hochgeschätzt, fast nicht zu kritisieren

Oben links: George Lucas und Steven Spielberg 1981 bei den Dreharbeiten zu *Jäger des Verlorenen Schatzes* – zwei Freunde, die die Landschaft des Kinos für immer veränderten.

Oben rechts Spielberg und Lucas in Cannes bei der Premiere von *Indiana Jones und das Königreich des Kristallschädels*. Immer noch zwei Freunde, die im größten Sandkasten spielten, den sie hatten finden können.

Gegenüber: Spielberg 2024 bei den Golden Globes. Immer noch wirkt er jungenhaft, und die Welt wartet gespannt darauf, was als Nächstes kommen mag.

war, suchten immer noch nach der Zustimmung seiner Eltern. Diese Anerkennung erhoffte er sich auch von seinen Kollegen. Der erste Oscar ließ so lange auf sich warten.

Filme wie *E.T.* und *Schindlers Liste*, *Der weiße Hai* und *Lincoln* spielen zwar an unterschiedlichen Orten und gehören verschiedenen Genres an, sie haben jedoch eine künstlerische Qualität, die oft durch ihre Beliebtheit überdeckt wird. Wie kann etwas, das so beliebt ist, auch noch so gut sein? Die akademische Kritik fasst ihn nur mit Samthandschuhen an.

Die Filme von Spielberg einzuordnen, zu würdigen, mit Kontext zu versehen und zu verstehen, ist eine schwierige Aufgabe. Man muss durch das Wohlgefühl, die Verehrung, die einfache Freude hindurchdringen, die sie auslösen, und bis zur tieferen Absicht seines Filmemachens vorstoßen. Den Quellen seiner Inspiration nachgehen und zeigen, dass in seinen Adern das Blut des Hollywoods alter Zeiten fließt. Die ikonischen Szenen zusammenstellen und erforschen: das Mutterschiff, das auf dem Höhepunkt von *Unheimliche Begegnung* landet, die Fahrräder, die sich in *E.T.* in die Luft erheben, der Felsen, der in *Jäger des verlorenen Schatzes* den vorwitzigen Archäologen verfolgt, die Auslöschung des Gettos in *Schindlers Liste*, die D-Day-Landung in *Der Soldat James Ryan* … die Liste ist sehr lang. Das Genie Spielberg zeigt sich vor allem in diesen eindringlichen Aufnahmen, seinen Entscheidungen als Filmemacher.

Die gefährliche Herausforderung, vor der ich wie vor einem mit Fallen versehenen Grabmal aus einem Indiana-Jones-Film stand, war die, Spielberg mit einem frischen Blick zu betrachten.

Also sagte ich ja und stürzte mich in das Abenteuer …

DAS NATURTALENT

Die frühen Filme, die TV-Folgen, *Duell* (1971), *Sugarland Express* (1974)

Wo anfangen? Was steht am Anfang dieser einzigartigen Karriere? Wie wird man zum berühmtesten Filmregisseur aller Zeiten? Die Kassenrekorde sind nur ein Teil der Geschichte. Hier geht es nicht um die Hits, die sich aneinanderreihen, sondern um gewaltige Verschiebungen in der Kultur, um die Neuerschaffung der Welt um einen Namen herum – Spielberg. Es geht um außerordentlich persönliche Erlebnisse, die doch von Millionen geteilt wurden. Vielleicht haben nur die Beatles eine ähnliche Wirkung erzeugt: an der Oberfläche so rein, so lebendig, so vollkommen ansteckend. Darunter jedoch so komplex, tiefsinnig und doppeldeutig. Wo stammt er her, dieser Spielberg-Touch?

Er stammt nicht zuletzt von einem Verdienstabzeichen für Fotografie, das Spielberg 1958 bei den Pfadfindern in Scottsdale in Arizona erwarb. Er war bei den kreativen Abzeichen immer viel besser als bei denen für Sport. „Ich wollte Pfadfinder sein", betonte er, als ob damit alles erklärt wäre.[1] Als ob ihn das zu einem ‚richtigen Jungen' machen würde.

Um das Abzeichen zu bekommen, musste er mit Fotos eine Geschichte erzählen. Wie es das Schicksal wollte, war jedoch seine Kamera defekt. Aber es gab noch die Super-8-Schmalfilmkamera der Familie, die natürlich Stevens Obhut unterstand. Seine Eltern hatten bemerkt, wie sehr ihr Ältester danach strebte, die Realität neu zu formen.

Er warb bei den Anführern der Pfadfinder für seine Idee. „Können wir die Regeln so ändern, dass ich eine Filmkamera verwenden darf?"

„Immer los", sagte der Gruppenleiter.[2] Ihm war nicht klar, dass er damit den Grundstein zu Spielbergs Karriere als Filmemacher legte.

Das Ergebnis war *Gunfight*, ein Western von neun herrlichen, einfallsreichen, wenn auch nicht immer originellen Minuten, in dem Spielbergs Freunde vor einem Steakhouse in Scottsdale eine Postkutsche überfallen. Glücklicherweise war vor dem Steakhouse dauerhaft eine scharlachrote Postkutsche geparkt. Den drei jüngeren Schwestern des Regisseurs fielen die Rollen von „Jungfrauen in Nöten" zu, und als Beute der Räuber sollte Schmuck von Spielbergs Mutter dienen.[3]

Am Wochenende zeigte er den Film der Pfadfinderschar und konnte sich über Freudengeschrei und Applaus freuen. Es waren diese Reaktionen, die ihn veränder-

Gegenüber: Die typische Haltung - Steven Spielberg 1981 am Drehort von *Jäger des verlorenen Schatzes*, mit Baseball-Cap und Bart, gefesselt von der Magie des Augenblicks.

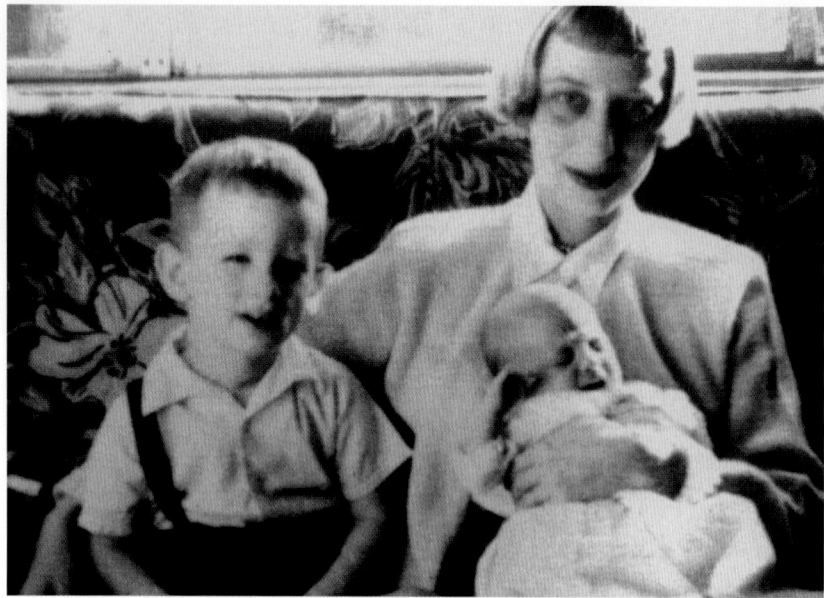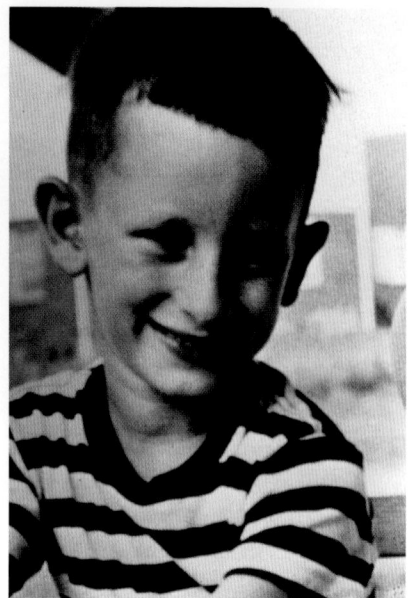

ten – die Energie, die durch sein Publikum floss. „Ich habe mich einfach angesteckt", erinnerte er sich.[4] Sein Abzeichen bekam er auch.

Spielbergs allererster Film war ein Remake. Es ist 1957, Steven ist elf Jahre alt, und der erste Besuch der Andachtsstätte Kino erschüttert ihn durch und durch. Gezeigt wurde Cecil B. DeMilles *Die größte Schau der Welt*, ein Epos über das Zirkusleben. Eine Szene zeigt ein Zugunglück, und sie lässt Spielberg nicht mehr los. Er will verstehen, wie man Zuschauer so verzaubern kann. Mit der Schmalfilmkamera filmt er Zusammenstöße seiner Modelleisenbahn. Den Blickwinkel der Lokomotive erreicht er, indem er die Kamera auf Höhe der Gleise anbringt. In dem Film, der dann 65 Jahre später diese Szene zeigt, *Die Fabelmans*, ist die Spielzeugeisenbahn beleuchtet und der helle Scheinwerfer der Lokomotive rast auf die Kamera zu – eine Hommage an DeMille.

„Damals wurde mir das erste Mal bewusst, welche Macht der Film hat", erinnert sich Spielberg.[5] Er konnte sich seinen Film wieder und wieder ansehen, immer wieder die Aufregung spüren, ohne den Zorn seines Vaters wegen der Schäden an den kostbaren Modelleisenbahnen fürchten zu müssen. Seine Mutter erklärte den Film zu einem Triumph: seine erste Filmkritik.

„In meinen Filmen erfährt man alles über mich", erkennt er selbstkritisch.[6]

Es geht in seinen Filmen nicht um die Kindheit (das Thema kommt seltener vor, als man denken würde), er griff auf seine Kindheit zurück, um seine Filme zu machen. Seine sagenhafte Karriere wurde durch sein ungewöhnliches emotionales Gedächtnis angetrieben, ein Instinkt, der durch Ängste verstärkt und durch Erinnerungen aufgeladen wurde. Die Biografin Molly Haskell nennt ihn „Proust mit einer Steadicam".[7] Er ist eine Stimmgabel, die auf Gefühle reagiert.

Angefangen hat alles am 18. Dezember 1946, als Spielberg in Cincinnati im US-Bundesstaat Ohio auf die Welt kam.

Oben links: Ein Familienfoto aus dem Jahr 1949 zeigt den dreijährigen Steven mit seiner Mutter und kleinen Schwester.

Oben rechts In dieser Zeit wurden die Keime gelegt: der junge, aber schon erkennbare Steven in einer Aufnahme aus den frühen 1950er-Jahren.

Gegenüber links und rechts: In *Die Fabelmans* mit Paul Dano, Mateo Zoryan und Michelle Williams fiktionalisiert Spielberg seine eigene Jugend. Hier sieht man die Szene, in der er das erste Mal ins Kino mitgenommen wird. Gezeigt wurde Cecil B. DeMilles Zirkusepos *Die größte Schau der Welt* – Spielberg sollte seine gesamte Karriere damit verbringen, dieses Erlebnis für sich zurückzuerobern.

In dieser Boomtown im Mittleren Westen waren seine Eltern Arnold und Leah aufgewachsen. Sie waren jüdische Immigranten in zweiter Generation, denen die schicksalsmächtigen Familienlegenden über Pogrome in der Ukraine noch sehr präsent waren. Steven hörte immer wieder die nachdenklichen Geschichten seiner Großeltern und der anderen älteren Juden aus dem Viertel. Der Holocaust und Hitler – jüngste Vergangenheit.

Leahs Vater, sein Großvater, war ein frustrierter Künstler, der um das Klavier herumtanzte, sang und sich der Anpassung an das schnelllebige Cincinnati verweigerte. Er trug einen üppigen schwarzen Bart und wurde mit seinem jiddischen Namen Feivel gerufen, ein Name, den Spielberg bewusst für den Mäuse-Immigranten in dem Zeichentrickfilm *Feivel, der Mauswanderer* (1986) verwendete. Außerdem gab es den Großonkel Boris, den Exzentriker der Familie. Onkel Boris war Löwen-Dompteur gewesen, Varieté-Künstler, Shakespeare-Darsteller.

Spielbergs früheste Erinnerung ist die an seinen ersten Besuch in der Synagoge – neben dem Kino die zweite Andachtsstätte seiner Jugend. Es ist wie ein Spezialeffekt im Film, er sieht nichts als ein grelles rotes Licht, das vor dem Nachbau der Bundeslade pulsiert.

Ein anderes Licht wirkte sich stärker auf seine sich entwickelnde Psyche aus. Er sagte einmal, er sei von drei Eltern aufgezogen worden: Mutter, Vater und Fernsehapparat. Der Sohn setzte sich dicht an den Fernseher und lauschte den Störgeräuschen; er war sich sicher, dass er in den undeutlich flackernden Bildern Botschaften erkennen konnte.

Die Familie wird durch den Ehrgeiz des Vaters entwurzelt, der Programmierer werden will, um beim Elektronikkonzern RCA zu arbeiten. Seine Mutter spielte Klavier, ihr Wunsch, Konzertpianistin zu wer-

> „In meinen Filmen erfährt man alles über mich."
> Steven Spielberg

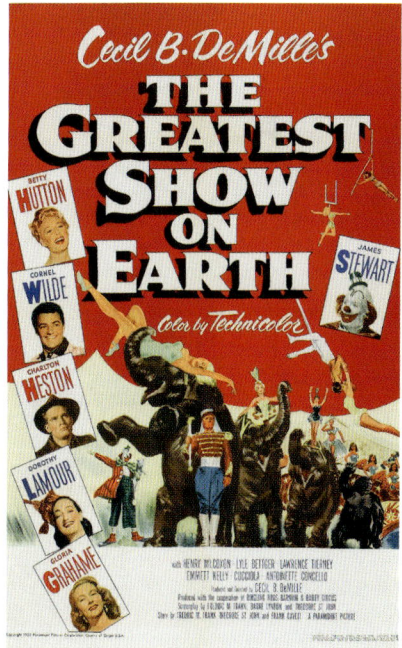

Oben links: Das Leben und die Kunst treffen in *Die Fabelmans* zusammen – Mitzi Fabelman/Leah Spielberg (Michelle Williams), ihr ältestes Kind Sammy Fabelman/Steven Spielberg und die heilige 8-mm-Kamera der Familie.

Unten: Der Teenager Sammy Fabelman/Steven Spielberg (Gabriel LaBelle) lauscht gebannt den durch Alltagsweisheit geprägten Worten von Onkel Boris (dem großartigen Judd Hirsch).

1957 THE LAST TRAIN WRECK (KURZFILM)
Regisseur

1959 THE LAST GUN (KURZFILM)
Schauspieler/Regisseur/Filmeditor/Produzent

1961 FIGHTER SQUAD (KURZFILM)
Regisseur/Filmeditor/Produzent/Drehbuch

Links: Ein Porträt des Künstlers als junger Mann – Sammy/Steven (LaBelle) spannt seine Freunde ein, um 1961 seinen Kriegsfilm *Escape to Nowhere* zu drehen.

den, fiel ihren Verpflichtungen zum Opfer. Sie siedelten nach Haddon Township in New Jersey um.

Leah Spielberg war nicht sehr fromm, und die Orthodoxie der Familie geriet ins Wanken. Ihr Sohn machte Unfug: Seine Bar-Mizwa-Feier begann damit, dass er die Gäste vom Dach der Synagoge aus mit Apfelsinen bewarf. In der Weihnachtszeit beschwerte er sich, weil ihr Haus als einziges in der Straße nicht dekoriert war.

Der schmale, linkische, nägelkauende Stubenhocker Steven war aber auch ein Junge, der seinen Schwestern einfallsreiche böse Streiche spielte. Einer der liebsten: Er sperrte sie in einen Schrank ein und steckte dann einen Totenschädel hinein, der von innen mit einer Taschenlampe beleuchtet war. Eine Vorwegnahme von Indiana Jones und den Entsetzensschreien seiner Begleiter. „Seine Ungezogenheiten waren so originell", sagte seine Mutter schulterzuckend.[8]

Dann zog die Familie nach Scottsdale in Arizona, in einen typisch amerikanischen Vorort inmitten der Wüste. Als Heranwachsenden sah man ihn selten ohne eine Kamera in der Hand: Von der Super 8 über eine Bolex bis hin zu einer 16-mm-Kamera. Er dachte in visuellen Kategorien.

Es war keine vorübergehende Marotte, es wurzelte tief wie eine Berufung, fast wie eine Obsession. Sein Vater versuchte, ihn zu zügeln und wies auf die hohen Kosten für Filmmaterial und -entwicklung hin – eine Vorwegnahme seiner späteren Produzenten. Steven experimentierte mit verschiedenen Formen: Dokumentarfilme, Kriegsfilme, Science-Fiction, Western, ein Film Noir – einschließlich ungewöhnlicher Kameraeinstellungen. Er ließ Thunder, den Cockerspaniel der Familie, einen Wagen durch die Stadt ziehen, auf dem eine Kamera befestigt war. In einem Film lässt er seine Mutter an einem Herzschlag sterben, nachdem seine Schwester entführt worden ist.

Die Gefühle, die er damals ins Bild setzte, sollten in seiner Laufbahn immer wieder auftauchen. Um in der High School nicht anzuecken, versteckte er dort seine jüdische Identität, wurde aber dennoch gehänselt. Sie nannten ihn „Spielbug" – Spielkäfer.[9] Aus nächster Nähe sah er zu, wie die Ehe seiner Eltern in die Brüche ging.

In *Firelight*, seiner ersten UFO-Geschichte, wird die in einem Vorort hereinbrechende Katastrophe durch ein blinkendes rotes Licht angekündigt. Im Vordergrund wird das Scheitern einer Ehe erzählt, in der der Ehemann es nicht so mit der Treue hält. Spielberg wies seinem Vater die Schuld für die Trennung zu – abwesend, als Versorger bei der Arbeit, um dem Chaos der künstlerischen Mutter zu entgehen. Das Urbild des abwesenden Vaters. Es war eine Verleugnung der Realität. Insgeheim wusste er, dass Leah die Untreue war, die sich in den besten Freund des Vaters verliebt hatte und ihn schließlich auch heiratete. Verletzte Mütter, versagende Väter, verlorene Jungen.

Nach der Scheidung zerfiel sein Leben. Er mochte nicht bei seinem Vater in Los Angeles leben, wo er seine Zeit zwischen dem California State College (an dem es keine Abteilung für Filmstudien gab) und einer Praktikantenstelle in den Universal Studios aufteilte. Arnold Spielberg war verzweifelt – warum wollte Steven nicht wie

---

1961 ESCAPE TO NOWHERE (KURZFILM)
Regisseur/Filmeditor (ohne Nennung)/Produzent/Drehbuch

1964 FIRELIGHT
Kamera/Filmmusik/Regisseur/Filmeditor/Produzent/Drehbuch

er als Programmierer arbeiten? Das hatte Zukunft. Sein eigensinniger Sohn ging von Bord (und vom College) und zog zu einem Freund in West L.A. Jeden Film, den er ansehen konnte, sah er an – und tut das noch heute. Er trieb sich auf dem Studiogelände von Universal herum und sah den Profis bei der Arbeit zu. Das war seine Filmhochschule. John Cassavetes führt bei *Gesichter* Regie. Charlton Heston ist der Anführer in *Die Normannen kommen*. Er schleicht sich in das Set von Hitchcocks *Der Zerrissene Vorhang*, wird aber rausgeschmissen, nachdem er nicht mehr als einen Blick auf den großen Kopf des großen Regisseurs hat erhaschen können. Und ja: Er hat wirklich fünf Minuten in der gereizten Gegenwart von John Ford verbracht (der in *Die Fabelmans* von David Lynch gespielt wird).

Seine Welt war eine ganz andere als die der Filmstudenten der Universitäten USC und UCLA, die so voller Elan und Theorien und Pläne für die Revolution steckten. Spielberg gehörte dennoch zur New-Hollywood-Bewegung, seitdem er die Bekanntschaft von George Lucas gesucht hatte, dessen Studentenfilm *THX 1138* ihn vom Stuhl gerissen hatte. Lucas war als Filmemacher der Partner von Francis Ford Coppola, aber Spielberg und er hatten mehr gemeinsam. Sie waren die beiden Geeks auf den Parties, die einen Bogen um den Koks und die Mädchen machten. Es waren aufregende Zeiten. Eine neue Generation war dabei, das Gleichgewicht – kurzzeitig – zugunsten des Künstlerischen zu verschieben: die Movie Brats Lucas, Spielberg, Coppola, Martin Scorsese, John Milius,

Oben links: Vielleicht schon Osccar-Träume? Der schmucke und unverkennbare Steven Spielberg 1963 auf einem Foto aus dem Jahrbuch seiner High School.

Rechts: John Cassavetes führt 1970 bei *Husbands* Regie – am Anfang seiner Zeit als Praktikant bei Universal hatte sich Spielberg auf das Set von Cassavetes *Gesichter* auf dem Studiogelände geschlichen.

SLIPSTREAM (KURZFILM)
1967 Regisseur (nicht beendet)/Produzent/Drehbuch

DAS NATURTALENT

Paul Schrader und all die anderen. Die Parallelität war das Entscheidende: der Austausch mit den anderen Brats über die vielfältigen intellektuellen Möglichkeiten des Films und andererseits über die Disziplin in Bezug auf die Produktionsbedingungen beim Filmen von Fernsehserien bei den Universal Studios.

Als Erstes entstand *Amblin'*, der Kurzfilm, dessen Titel Spielberg als Namen für seine Produktionsfirma übernehmen sollte. Damit hatte er etwas, das ihn „aussehen ließ wie einen professionellen Filmemacher"[10], etwas, das die Mächte im Black Tower beeindrucken würde, der sich über dem Gelände von Universal erhob wie ein Mutterraumschiff. Der unabhängige Produzent Denis C. Hoffman hatte 20.000 US-Dollar angeboten. Im Gegenzug sollte der Film keine Dialoge enthalten, in seinem Cinefix Studio gedreht werden und die Musik der Band October Country verwenden, deren Manager er zufälligerweise war. Die akustischen Tracks erinnern verdächtig an *Scarborough Fair* von Simon & Garfunkel. Aber der Einfluss von *Die Reifeprüfung* ist auch sonst nicht zu verleugnen.

Amblin' ist ein leichtherziger Film, der sich um zwei Anhalter dreht (Richard Levin und Pamela McMyler) – zwei Hippies, die sich am Straßenrand kennenlernen, Witze machen, flirten, unter offenem Himmel schlafen und sich ineinander verlieben, bevor sie die lockende Brandung des Pazifiks erreichen. Das Geheimnis um den Inhalt seines Gitarrenkoffers wird in dieser ganzen Zeit nicht gelüftet. Und es wird keine Zeile Text gesprochen. Die Dreharbeiten waren für alle anstrengend, und Spielberg saß Tag und Nacht am Schneidetisch, um aus drei Stunden Material ein merkwürdiges kleines Wunder von 26 Minuten herauszudestillieren.

Spielberg sah *Amblin'* später eher kritisch – „ein Stück Treibholz"[11] –, und war von der politischen Ambivalenz des Films entsetzt, der zu einer Zeit entstand, in der Vietnam und die bei Unruhen an der Kent State University erschossenen Studenten Schlagzeilen machten. Auf jeden Fall

Oben links: Eine Vorführung von George Lucas' Studentenversion seines dystopischen Thrillers *THX 1138* nahm Spielberg so gefangen, dass er den Regisseur aufsuchte, woraus eine außergewöhnliche Freundschaft entstand.

Oben rechts Die Generation Film – drei der sagenumwobenen Movie Brats, Francis Ford Coppola, Paul Schrader und George Lucas, auf einem Bild aus dem Jahr 1985.

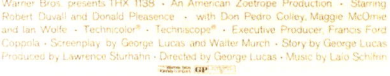

1968 AMBLIN' (KURZFILM)
Regisseur/Filmeditor (ohne Nennung)/Drehbuch

ist die Handschrift schon erkennbar: das Paar, das im Mondschein zu Silhouetten wird, Aufnahmen im Außenspiegel eines Autos, Straßen in der Wüste.

Während sich der Junge in der Brandung vergnügt, nutzt das Mädchen die Gelegenheit, um sich den Inhalt des Gitarrenkoffers anzusehen: Ein Anzug, Krawatte, Herrenschuhe, Zahnpasta, Mundspülung und Arthur C. Clarkes Buch *Die sieben Sonnen*. Sie hat seine wahre Identität entdeckt: Er ist ein heimlicher Spießer. War dies ein Selbstporträt? Der Schauspieler Richard Levin ähnelt dem jungen Spielberg auf unheimliche Weise. Molly Haskell erkennt im englischen Originaltitel des Buchs von Clarke (*The City and the Stars*) einen schönen Witz, da er an einen Reiseführer durch L.A. und die Residenzen der Prominenten denken ließe.[12]

Der Vizepräsident von Universal Television, Sidney J. Sheinberg, sah *Amblin'* und war so angetan, dass er Spielberg einen Sieben-Jahres-Vertrag anbot. Sheinberg sollte zum großen Mentor des Regisseurs werden: geschäftlich gewandt, direkt und aufrichtig, immer bereit, frühreife Talente zu fördern. „Er war der Geburtshelfer meiner Karriere und machte Universal zu meiner Heimat", schwärmte sein junger Protegé.[13]

Spielberg war der jüngste Regisseur, der je einen Studiovertrag erhielt. Sheinberg hatte schon alles geplant: Zuerst macht er Fernsehen, nur einige Shows. Dann vielleicht ein paar Spielfilme. „Es war alles recht vage", sagte Spielberg. „Aber es hörte sich großartig an."[14]

Am Anfang bekam er 275 US-Dollar in der Woche.

Sein erster Auftrag war *Eyes*, Teil der Mystery-Anthologie *Night Gallery* von Rod Serling, der auch für *The Twilight Zone* verantwortlich gezeichnet hatte. Die Hauptrolle übernahm die legendäre Joan Craw-

Oben: Spielbergs Kurzfilm *Amblin'* aus dem Jahr 1968 (hier das Kinoplakat) war so beeindruckend, dass er einen Vertrag bei Universal Television erhielt.

1969 NIGHT GALLERY (TV-SERIE, 1 FOLGE)
Regisseur

DAS NATURTALENT

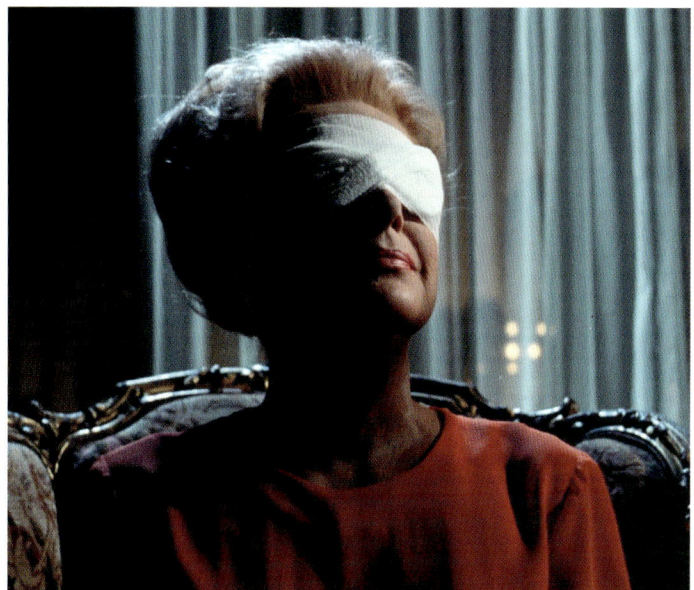

Oben links und rechts: Spielbergs allererster professioneller Auftrag war die Regie bei einer Folge der Anthologie *Night Gallery*, mit der legendären Joan Crawford in der Hauptrolle, einer Blinden, die durch eine Operation vorübergehend neue Augen erhält, nur um sich nach dem Abnehmen der Verbände im Dunkel eines Stromausfalls zu befinden. Das Motiv kehrt in *Minority Report* wieder.

ford, die sich als Blinde zwei chirurgisch implantierte Augen erkauft, ausreichend, um einige Stunden wieder sehen zu können. Als aber die Verbände abgenommen werden, ist New York in das Dunkel eines Stromausfalls getaucht.

„Sie hatte Mitleid mit mir", erinnert sich Spielberg, „mit diesem Jüngling, in dessen Gesicht die Akne blühte."[15] Spielberg sah im Vergleich zum ehrwürdigen Hollywood erschreckend jung aus. Auf dem Studiogelände nannte man ihn „Sheinbergs Spinnerei".[16] Der Produzent beschwerte sich über die „gekünstelten" Kameraeinstellungen in der fertigen Folge.[17]

Es gab Versuche, einen Spielfilm anzufangen, aber die Tretmühle der Fernsehproduktionen war unerbittlich. Spielberg drehte Serien: *Dr. med. Marcus Welby*, *The Psychiatrist*, *The Name of the Game* und *Tödliche Trennung*, die erste Folge von *Columbo*. Eine faszinierende Zusammenstellung des Formelhaften, durchsetzt mit raffinierten, meisterhaften Einstellungen und schrägen Perspektiven.

Eine Spur, die zu *Duell* führt. Er wusste auf den ersten Blick, dass der heruntergekommene alte Peterbilt 281 sein Star sein würde: „Der Tanklastwagen hatte ein Gesicht, eine riesige vorstehende Schnauze, Augen."[18] Bis auf die rostigen Knochen abgeschliffen und ölverschmiert war er ein lebendiges, ein monströses Wesen. Der Autor Richard Matheson hatte die Idee, dass man vom Fahrer nie mehr sah als seine Stiefel und den tätowierten Arm. Spielberg war begeistert von dieser Vorstellung eines unsichtbaren Bösen. Es war fast ein Hitchcock-Film. „Wie *Psycho* oder *Die Vögel* auf Rädern", schwärmt er.[19] Wenn man auf seine Karriere zurückblickt, ist es *Der weiße Hai* auf Rädern.

Duell ging wie eine Leuchtrakete über Hollywood auf, ein unüberhörbarer, unübersehbarer Hinweis auf das Talent, das sich hier ankündigte. Ohne erkennbaren Grund wird ein roter Plymouth Valiant von dem ramponierten Tanklastzug gequält, der auf den Tod des Autofahrers versessen ist. Der ist so sehr ein Durchschnitts-

1970 DR. MED MARCUS WELBY (TV-SERIE, 1 FOLGE)
Regisseur

1971 NIGHT GALLERY (TV-SERIE, 1 FOLGE)
Regisseur

Oben: Ein rollender Psychopath – der mitleidlose Feind in *Duell* in all seiner ölverschmierten, insektenleichenverklebten Herrlichkeit. Der Tanklastwagen sollte wie eine lebendige Kreatur wirken.

Rechts: Das Filmplakat für *Duel* aus dem Jahr 1971. Der Film wurde zwar für das Fernsehen gedreht, wurde aber in Europa auch in einer Kinoversion veröffentlicht, sodass nicht ganz klar ist, was als Steven Spielbergs erster Kinospielfilm zu gelten hat.

mensch, dass er sogar David Mann heißt (Dennis Weaver).

Mathesons anfängliche Versuche, seine Kurzgeschichte als Drehbuch zu verkaufen, waren nicht erfolgreich. „Da ist nicht genug Stoff drin", wurde ihm gesagt.[20] Nachdem die Geschichte im *Playboy* erschienen war, bekam Spielberg sie von Universal Television als Film zugewiesen. Der Fernsehfilm war so erfolgreich, dass man beschloss, ihn um 18 (überflüssige) Minuten zu erweitern und in Europa in die Kinos zu bringen. Die europäische Kritik sah in *Duell* einen Film über den Klassenkampf. Ihre amerikanischen Kollegen sahen einen Western oder einen Slasher-Film.

Weaver war der Besetzungsvorschlag des Studios, und Spielberg war begeistert. Er hatte ihn in der Rolle des Nachtportiers in Orson Welles *Im Zeichen des Bösen* gese-

1971 THE NAME OF THE GAME (TV-SERIE, 1 FOLGE)
Regisseur

1971 THE PSYCHIATRIST (TV-SERIE, 2 FOLGEN)
Regisseur

hen. „Das Beklemmende, die Panik und Paranoia von diesem Film", sagt Spielberg genüsslich, „sollte er auch hier zeigen."[21]

Spielberg wollte unbedingt mit Außenaufnahmen arbeiten. Keine verwackelten Nachbearbeitungen von Studioaufnahmen, einfach nur 13 Tage auf der Canyon Road nördlich von Los Angeles. Die Landschaft an der kurvenreichen Gebirgsstraße ist ein schäbiges Wüstenpergament unter emailleblauem Himmel. Die Herausforderung bestand darin, für Abwechslung zu sorgen. Wie verleiht man einer einzigen langen Verfolgungsfahrt visuelle Textur?

Es war, als wäre ein Damm gebrochen. Spielberg schäumte vor Kreativität über. Hitchcocks Maxime „Lass das Publikum nie vom Haken" lief als Dauerschleife in seinem Kopf ab.[22] Jede denkbare Sicht auf das Auto und den schnaubenden Lastwagen wurde von mehreren Kameras eingefangen. Es war weniger ein Storyboard, dass er einsetzte, als eine Landkarte. In seinem Hotelzimmer bedeckte ein riesiges Wandbild die Wände: eine Luftkarte der Route, die im Film gezeigt wird, auf der jede Haarnadelkurve und jeder Stunt eingezeichnet war.

Er reduziert den Film auf zwei Perspektiven: Plymouth und Peterbilt. Rückblickspiegel, Windschutzscheiben, Gaspedale, Tachometer, der Kühler des Tanklastwagens, Weavers verzerrtes Gesicht. Ihm gelingen großartige menschliche Augenblicke, in denen Manns scheiternde Ehe angedeutet wird, als er angsterfüllt seine Frau (Jacqueline Scott) anruft. Der Lohn von dreieinhalb Wochen am Schneidetisch war ein großartiges Destillat aus Spannung – und ein Emmy. Der Film war einmalig. Wenn er ihn jetzt noch einmal drehte, mit allem, was er inzwischen gelernt hat, wäre er nicht so gut. Damals war er noch hungrig.

Es gab weitere vertragliche Verpflichtungen, weitere Fernsehfilme. *Haus des Bösen* war recht gelungen, blieb aber Spielbergs einziger Versuch eines echten Horrorfilms. Die Geschichte klingt vertraut: der Vater Darren McGavin wird seiner Rolle nicht gerecht und verpflanzt seine Familie in ein Farmhaus in Pennsylvania, in dem es spukt.

Am Anfang von Spielbergs offizieller Karriere als Kinoregisseur steht *Sugarland Express*, ein Roadmovie nach Art der 70er-Jahre, das nicht viel Aufsehen erregte, aber wohlwollende Kritiken erhielt. Im *New Yorker* erklärte Pauline Kael Spielberg

Ganz oben: Dennis Weaver als der Jedermann, der in *Duell* zum Helden und Opfer mit dem passenden Namen David Mann wird. Es gibt Voranklänge an den entschlossenen Brody, den Roy Scheider in *Der weiße Hai* spielt.

Oben: Das Finale – Spielberg unterlegt den Sturz des Tanklastwagens von einem Abhang mit einem synthetischen Dinosaurierbrüllen, so wie er es später in *Der weiße Hai* beim Tod des Raubfisches auch tun wird.

1971 COLUMBO (TV-SERIE, 1 FOLGE)
Regisseur

1971 OWEN MARSHALL, COUNSELOR AT LAW (TV-SERIE, 1 FOLGE)
Regisseur

Oben links: Das erfahrene Produzententeam Richard D. Zanuck und David Brown setzte bei *Sugarland Express* auf Spielberg und blieb ihm auch bei *Der weiße Hai* treu.

Oben rechts In seinem Element – der junge Spielberg weist den Kameramann Vilmos Zsigmond ein. Die Partnerschaft würde sich später in *Unheimliche Begegnung der dritten Art* als noch fruchtbarer erweisen.

Rechts: Spielberg und die Hauptdarstellerin Goldie Hawn 1973 bei den Dreharbeiten zu *Sugarland Express*. Sein erster ‚offizieller' Spielfilm wird heute angesichts von allem, was später kam, oft vergessen.

1971 DUEL (TV-FILM)
Regisseur

1972 SOMETHING EVIL (TV-FILM)
Schauspieler/Regisseur

Rechts: Liebende auf der Flucht – William Atherton und Goldie Hawn nehmen den Polizisten Michael Sacks als Geisel und machen sich auf den Weg, um ihr Kind aus einer Pflegefamilie zu retten. *Sugarland Express* beruhte auf einer wahren Geschichte.

zum „Howard Hawks einer neuen Generation".[23] Der Film beruhte auf einem Zeitungsbericht über ein Pärchen, das sich nach der Flucht des Mannes aus dem Gefängnis auf den Weg macht, um das gemeinsame Kind aus einer Pflegefamilie zu retten. Unterwegs nehmen sie einen Polizisten als Geisel und werden über 1000 Kilometer durch Texas von Streifenwagen mit heulenden Sirenen verfolgt. Die Assoziationen mit anderen Pärchen auf der Flucht – *Bonnie und Clyde*, *Badlands* – machte die beiden zu einer Mediensensation und erhob sie in den Rang von mythologischen Outlaws. Richard D. Zanuck, der mit dem ebenso erfahrenen Hollywood-Profi David Brown als Produzent verantwortlich zeichnete, hatte Goldie Hawn vorgeschlagen – sehr geschickt angesichts ihres Images als Amerikas neuestem Liebling und der fast bipolaren Figur der Lou Jean, während der dümmliche, schwache, todgeweihte Clovis von William Atherton gespielt wurde. Es waren nicht unbedingt Max und Maxine Mustermann, die hier auf der Flucht waren.

Das Drehbuch stammte von den befreundeten Movie Brats Hal Barwood und Matthew Robbins, Universal investierte drei Millionen US-Dollar, und so entstand eine atemberaubende, aber mitfühlende Geschichte um Mutterliebe, eine Komödie, die sich zu etwas Anrührenderem verdunkelt.

Spielberg zaubert hier visuelle Effekte. Leichte Panaflex-Kameras erlaubten ihm, das Fluchtauto aus allen Blickwinkeln einzufangen. Der Kameramann seiner Wahl, Vilmos Zsigmond, nahm die endlosen Highways, die sich durch das brettebene Texas ziehen, bei Tageslicht auf. In der hereinbrechenden Dämmerung deutet die Phalanx der Polizeiwagen mit ihren Blinklichtern auf die kommende *Unheimliche Begegnung* voraus.

Sugarland Express spielte nur bescheidene 7,5 Millionen US-Dollar ein und verschwand still und leise in den Archiven (aus denen er inzwischen natürlich auferstanden ist). Spielberg bereitete schon seinen zweiten Spielfilm vor.

1973 SAVAGE (TV-FILM)
Regisseur/Filmeditor (ohne Nennung)

1974 THE SUGARLAND EXPRESS
Regisseur/Drehbuch

DER GROSSE FISCH

Unaufhaltbar: *Der weiße Hai* (1975)

Der Tag, an dem der Hai ankam, war auch der Tag, an dem Steven Spielberg das erste Mal auf offenem Gewässer zu drehen versuchte. Es war eine relativ einfache Aufnahme, in welcher der Ichthyologe Hooper (Richard Dreyfuss), der Polizeichef Brody (Roy Scheider) und der Lokalreporter Meadows (Carl Gottlieb, der auch das Drehbuch geschrieben hatte) das Wrack eines Bootes bergen, das dem Fischer Ben Gardner (Craig Kingsbury) gehörte. Wieder und immer wieder zog die Dünung vor Martha's Vineyard die Boote auseinander, sodass dem Kameramann Bill Butler keine Aufnahme gelang. Als Gottlieb dann auch noch ins Wasser stürzte und die Geräte des Tontechnikers durchnässt wurden, gab man die Aufnahme für den Tag auf.

Spielberg nahm die Szene dann nachts nur mit Brody und Hooper erneut auf. Der gelbe Suchscheinwerfer auf dem düsteren Wasser ergab eine viel gespenstischere Atmosphäre. Der erst 27-jährige Regisseur fand in der Entstehungskrise der Sequenz seinen Weg zu diesem Film.

„Ich wollte *Der weiße Hai* aus einer eher ablehnenden Haltung heraus machen", sagte Spielberg einmal. Er fühlte sich von dem Buch angegriffen, von den darin liegenden Möglichkeiten verschreckt. „Irgendwie sprach es meine niederen Instinkte an ... Es hat mir keinen Spaß gemacht, den Film zu drehen, aber ihn zu planen, war wirklich großartig."[1]

Es ist die Geschichte eines Regisseurs, der sich den Elementen widersetzt. Man konnte damals nicht ahnen, wie groß die Wirkung sein sollte, die *Der weiße Hai* nicht nur auf das Kino, sondern auch auf andere Bereiche der Kultur haben sollte.

Als Spielberg anbot, bei *Der weiße Hai* Regie zu führen, lehnte man ab. David Brown hatte die Rechte an dem Manuskript vor der Konkurrenz ergattert (sie kosteten dennoch lockere 175.000 US-Dollar), und Spielberg hatte es bei einem Besuch im Büro des Produzenten entdeckt, der auch *Sugarland Express* herausgebracht hatte.

Das Buch mit dem einsilbigen Titel *Jaws* war der Erstlingsroman des Journalisten Peter Benchley, der in Kindheitstagen vor der Küste von Nantucket nach Haifischen geangelt hatte. Für das Buch hatte er die Fangtechniken und den wahren Hintergrund der Tragödie recherchiert: Im Jahr 1916 hatte sich ein Weißer Hai in den flachen Gewässern vor New Jersey an den Einheimischen gütlich getan.

Rechts: Haisichtung – Spielbergs legendäre Kamerafahrt auf Brody (Roy Scheider) verzerrt die ganze Welt um den entsetzten Polizeichef herum.

1975 DER WEISSE HAI
Regisseur/Schauspieler (ohne Nennung)

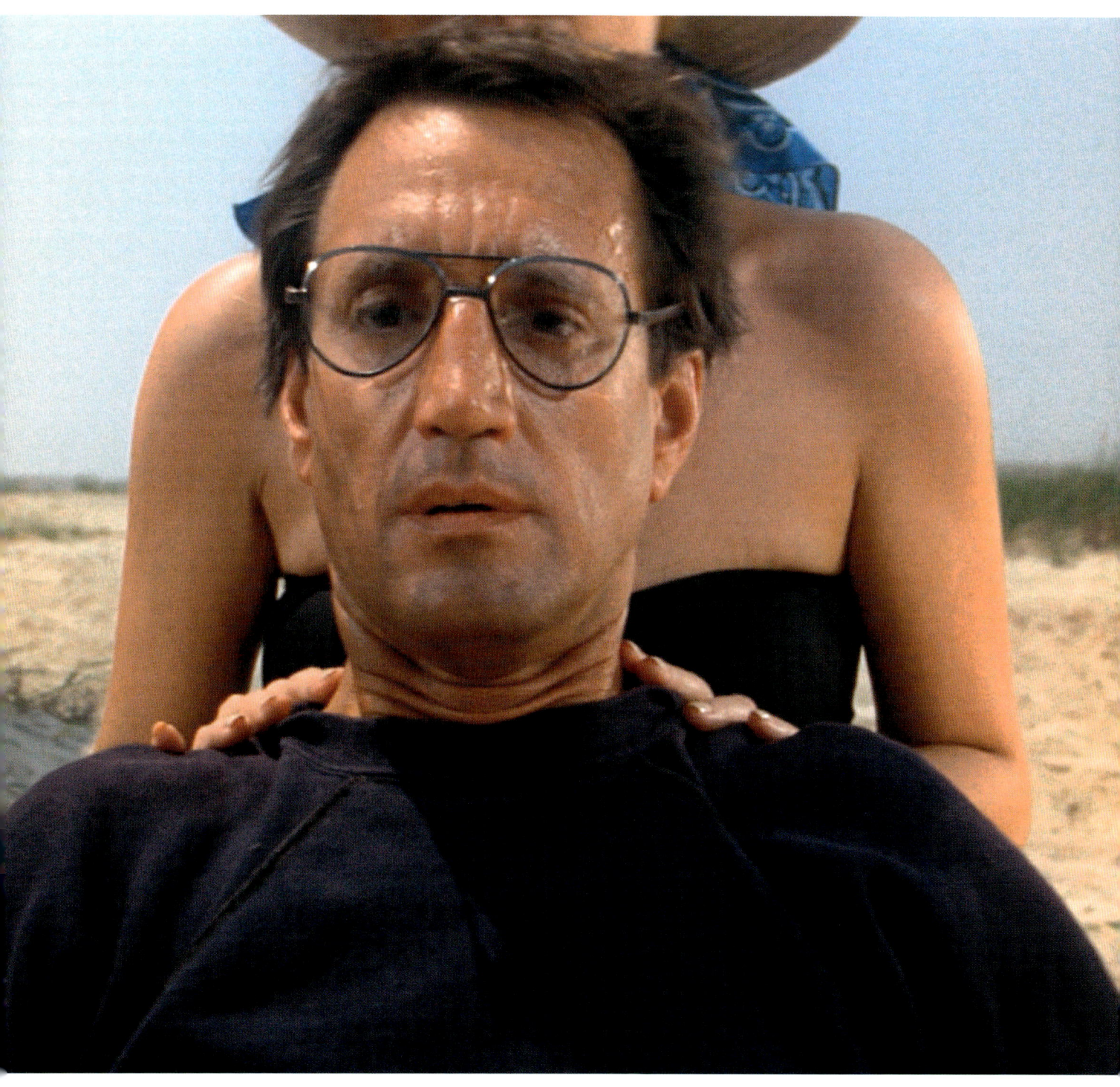

Der Plot von *Der weiße Hai* ist einfacher zu erzählen als fast jeder andere in der Filmgeschichte. Auf dem Höhepunkt der Sommersaison ist ein riesiger Weißer Hai vor der fiktionalen Insel Amity eingefallen, um zu jagen. Die Stadtverwaltung verweigert sich dieser Realität. Der aus New York neu angekommene Polizeichef Martin Brody weiß nicht, wohin er sich wenden soll. Als die Zahl der Toten immer mehr anschwillt, werden die Strände schließlich gesperrt und Brody bricht mit dem Hai-Experten Matt Hooper (Dreyfuss) und dem knorrigen Seemann Quint (Robert Shaw) in dessen Fischerboot auf, um den Serienkiller in Knorpelfischgestalt zu jagen und zu erlegen.

Oder um als Haifutter zu dienen.

Die Produzenten Zanuck und Brown suchten eigentlich einen erfahrenen Hollywood-Regisseur, der den technischen Herausforderungen gewachsen war, wie sie nicht zuletzt die Aufnahmen auf dem Wasser stellten. Ein nicht namentlich genannter Kandidat sprach während eines alkoholbeflügelten Arbeitsessens mit Zanuck und Brown immer wieder von dem Hai als „dem Wal". Eine nette Anspielung auf Moby Dick, aber ansonsten waren die Produzenten eher nicht beeindruckt.²

Als sie die Idee wieder aufnahmen, ihren großen Fisch von „dem Kleinen" machen zu lassen, hatte Spielberg inzwischen Bedenken bekommen.³ War der Film zu kommerziell? Zu sehr ein Horrorfilm? „Wer wollte schon", nach *Duell*, „als Lastwagen-und-Haifisch-Regisseur" gelten, sorgte er sich.⁴ Was für ein Regisseur wollte er sein? Seine gleichaltrigen Kollegen wurden als Revolutionäre gefeiert. „Ich wollte Antonioni sein, Bob Rafelson, Hal Ashby, Marty Scorsese", erinnert er sich.⁵

Wie konnte man aus derartig kommerziellem Material einen Film machen, der ‚künstlerisch' war, aber auch beim Publi

kum ankam? In diesem Spannungsfeld, das die erste Hälfte seiner Karriere bestimmte, wuchs und gedieh er. Nie war er ganz sicher, wo er hingehörte: der Künstler, der die Massen ansprach, der Autorenfilmer, der Blockbuster machte? Überlegungen zur Karrierestrategie spielten bei Spielberg immer eine Rolle. Noch bevor *Sugarland Express* in die Kinos kam, hatte er überall in Hollywood Verträge arrangiert – sowohl ein Zeichen seines Ehrgeizes als auch eine geschickte Absicherung, falls sein erster Film sich als Fehlschlag erweisen sollte. Aber Zanuck erinnerte ihn an die Verpflichtung, die er mit *Der weiße Hai* auf sich genommen hatte.

Die abgedroschene Legende besagt, Spielberg habe den ersten Blockbuster gemacht – mit allen positiven und negativen Auswirkungen auf den Film als Kunstform und als Wirtschaftsfaktor. Peter Biskin stellt in seiner gefeierten Geschichte Holly

DER GROSSE FISCH

woods *Easy Riders, Raging Bulls* die Theorie auf, der Erfolg von *Der weiße Hai* hätte das Ende eines Jahrzehnts von künstlerisch überzeugenden, bahnbrechenden Filmen bedeutet, wie sie von Spielbergs Kollegen gemacht wurden. Natürlich kommt dabei zu kurz, dass *Der weiße Hai* selbst ebenso bahnbrechend war. Spielberg war auch nicht der Einzige, der das Potenzial des Buchs erkannte. Die beiden Produzenten hatten einen Hit in den Händen, und das Studio hatte mit dem Memorial Day 1975 einen unverrückbaren Erscheinungstermin festgelegt, der vom Aufstieg des Buchs in den Bestsellerlisten profitieren sollte. Dieser Termindruck mag die Wurzel all ihrer Probleme gewesen sein.

Der Regisseur und die Produzenten waren in ihrem Ehrgeiz einer Meinung: Sie wollten draußen auf See drehen, an irgendeiner ruhigeren Stelle der Atlantikküste. Das war zwar noch nie versucht

Oben: Wenige Regisseure beherrschen die Massenszenen so wie Spielberg, der hier die Kamera bis ins Wasser absenkt, um die Panik einzufangen, die sich breit macht, als der Hai angreift.

Oben links: Ein Star und zwei Autoren – Roy Scheider (Star von *Der weiße Hai*, links) im Gespräch mit Drehbuchautor Carl Gottlieb, rechts, und dem Romanautor Peter Benchley (Mitte).

Oben rechts Die Zugereisten – Polizeichef Brody (Scheider) und seine Ehefrau Ellen (Lorraine Gary) in einem ruhigen Augenblick abseits des Wahnsinns, der in Amity herrscht.

worden, aber Spielberg war von der Vorstellung entsetzt, an Land in einem Wasserbecken zu filmen, den endlosen Ozean durch Trickaufnahmen zu simulieren. „Wir unterschätzen die Intelligenz des Publikums", sagte er.[6]

Das Drehbuch war ein dringenderes Problem. In den ersten drei Versionen von Benchley wurden schon verschiedene überflüssige Nebenhandlungen gestrichen. Im Budget von 3,5 Millionen US-Dollar war eine vierwöchige Umarbeitung durch den Dramatiker Howard Sackler vorgesehen, der auf einer Insel lebte und ein erfahrener Taucher war. Es blieb aber Gottlieb überlassen, die Mängel im Drehbuch noch während der Dreharbeiten auszumerzen. Dabei fielen auch große Teile seiner eigenen Auftritte der Schere zum Opfer. Gottlieb gab der Welt dann auch *The Jaws Log*, seinen bahnbrechendem Bericht über die Enstehung des Films.

Dann stellte sich noch die Frage, wie man einen Weißen Hai zum Schauspieler macht. Man hatte ernsthaft darüber nachgedacht, bis klar wurde, das Weiße Haie sich nicht unbedingt sagen lassen, was sie tun und lassen sollen. Vor Produktionsbeginn hatte man ein Team nach Australien geschickt, um Aufnahmen von einem Weißen Hai zu machen, die für die Szene verwendet werden sollten, in der Hooper im Haikäfig gefangen ist. Man hatte extra einen kleinwüchsigen Taucher eingesetzt, um den Hai größer aussehen zu lassen. Aber es war ein echter Hai, der wirklich auf der Suche nach einer Mahlzeit war.

So kam man dann auf eine Lösung, die während der wochenlangen Dreharbeiten noch für viele Probleme sorgen sollte: Sie würden einen mechanischen Hai bauen. Dazu wurde Robert A. Mattey aus dem Ruhestand gelockt, der für *20000 Meilen unter dem Meer* den Riesenkalmar gebaut hatte. Er sollte einen *Carcharodon carcharias* aus Polyurethan herstellen, der ihnen zu Diensten stünde. Mattey machte Skizzen und baute Modelle, er entwickelte ein pneumatisches Röhrensystem, um den lebensgroßen Hai mit Druckluft zu steuern. Es gab ein vollständiges, zwölf Tonnen wiegendes Modell für Aufnahmen von vorne oder oben und zwei etwas beweglichere Halbmodelle für die rechte und linke Seite. Sie hießen alle, wie Spielbergs Rechtsanwalt, Bruce. Bruce und seine halben Brüder wurden in einem Lagerhaus konstruiert, in das Spielberg seine Freunde Brian De Palma, George Lucas, Hal Barwood und Matthew Robbins führte, um ihnen die Fortschritte zu zeigen. Die Werkstatt wurde „Shark City" genannt.[7] De Palma (oder ein anderer, die Legende ist sich nicht ganz sicher) steckte seinen Kopf in das Haimaul, und Spielberg drückte es im Scherz zu – bekam es dann aber nicht wieder auf!

Diese riesigen Modelle sollten an einen Kran befestigt werden, der auf einer unter Wasser auf Schienen laufenden Plattform angebracht war. Vom Versorgungsschiff aus lief ein Wirrwarr an Kabeln und Rohren zum Kran. Taucher wurden angeheuert, um laufende Reparaturen auszuführen. Davon gab es viele: Das Salzwasser zerfraß die Haut der Modelle, das Gerüst rostete, und am Bauch setzten sich Muscheln fest.

Die Besetzung, die heute so zwingend richtig erscheint, so passend, resultierte aus Spielbergs Wunsch, keine Stars zu verpflichten. Das Publikum sollte „sich nicht an die Figuren gewöhnt haben", sagte er.[8] So trat Roy Scheider, dessen „eisige Kompetenz" in Polizistenrollen aufgefallen war, an die Stelle von Charlton Heston.[9] Ironischerweise war Lee Marvin, den Spielberg gerne als Quint gesehen hätte, auf einem Angelurlaub. An seine Stelle trat der Bri-

Unten: Weit offen - der erschöpfte Spielberg macht eine Nahaufnahme des berüchtigten mechanischen Hais, der Bruce genannt wurde. Namenspate war Spielbergs eigentlich recht sympathischer Rechtsanwalt Bruce Ramer.

Links: Der Sohn des Weißen Hais – in einem seltenen Beispiel von Albernheit posiert Spielberg im Rachen seines zwölf Tonnen wiegenden Knorpelmonsters.

te Robert Shaw, der in *Der Clou* und *James Bond 007 – Liebesgrüße aus Moskau* auf sich aufmerksam gemacht hatte.

Matt Hooper war interessant zu besetzen; es war die Figur, die am stärksten dem Regisseur ähnelte: ein schnell sprechender Realist, ein Wissenschaftler, ein Geek mit einem brüsken, defensiven Humor. Es war George Lucas, der den unkonventionellen Richard Dreyfuss vorschlug, mit dem er in *American Graffiti* zusammengearbeitet hatte.

Am 2. Mai 1974 kamen sie in Martha's Vineyard an, das mit seinen holzverkleideten Häusern und den angeblich gut befahrbaren Gewässern des Nantucket Sound ein ideales Amity abgab. Die ersten Wochen der Dreharbeiten waren dem Konflikt zwischen Brody und dem Bürgermeister (Murray Hamilton) gewidmet, der die Strände wegen des gewinnträchtigen 4.-Juli-Feiertags nicht sperren will. Alles ging gut voran. Spielberg war zwar jung und unerfahren, aber er hatte die Produktion unter Kontrolle und bekam seine Aufnahmen.

Dann fuhren sie auf See. Der Film ist nicht in die klassischen drei Akte gegliedert, sondern besteht im Wesentlichen aus zwei Teilen: der erste spielt an Land, der zweite auf dem Wasser. Beim zweiten liefen die Dinge dann aus dem Ruder. Vollkommen aus dem Ruder.

Wenn der Anruf kam: „Der Hai funktioniert!", wurde es hektisch.[10] Der Regisseur musste in seinem Neoprenanzug zu Quints Boot *Orca* rausgebracht werden, aber bis er da war, hatte die Mechanik im Hai wieder ihren Geist aufgegeben. Und selbst, wenn sie funktionierte, sah der Hai aus, als sei er gelähmt, und trieb mit Glotzaugen an der Wasseroberfläche. Sie mussten warten und warten, während das günstige Licht langsam schwand. Es war das klassische Paradoxon des Filmemachens: Man hatte immer zu viel Zeit und nie genug. Der klassische Witz unter Filmemachern: Beeil Dich und warte.

Spielberg schimpfte über die Einschränkungen, denen er unterlag: Wie lange es dauerte, die Boote vor Anker zu legen; die Segelboote, die am Horizont kreuzten; die eingeschränkte Zahl von Bildkompositionen, die ihm zur Verfügung stand. Er erinnert sich: „Schon am dritten Tag auf dem Wasser waren mir die Aufnahmemöglichkeiten ausgegangen."[11] Zweimal wollte er endgültig aufgeben, aber als sein Mentor bei Universal, Sid Sheinberg aufs Set kam und ihn anflehte, die Außenaufnahmen aufzugeben und in einem Becken im Studio weiterzudrehen, blieb Spielberg hart. Er wollte die Realität. Es war wie ein Mantra.

„Die Realität kostet uns viel Geld", warnte Sheinberg ihn.

„Ich weiß. Aber ich glaube wirklich an diesen Film", antwortete er.[12]

Da der Hai nicht mitspielte, filmte er alles, was er konnte. Er improvisierte die Einstellungen, ließ die Kamera den Schauspielern folgen, fing Details ein. Die Details, die dem Film dann seine Tiefe gaben. Dinge, von denen er sich fragte, ob er sie jemals verwenden würde; eben die Dinge, die dem Film eine so reichhaltige Textur verliehen.

Oben: So sehr das Haimodell Spielberg auch Probleme bereitete: der Film wäre längst nicht so gut geworden, wenn der Hai besser funktioniert hätte.

Spielberg hatte sich für die Szene, in der Bruce der Hai schließlich in Großaufnahme auf das Heck des Fischerboots springt und es zum Kentern bringt, sodass Quint unaufhaltsam in das aufgerissene Maul rutscht, ursprünglich einen kraftvollen Sprung aus dem Wasser und zerberstende Bootswände vorgestellt. Das Budget hatte aber nicht für einen Motor im Modell gereicht, der das ermöglicht hätte. Der Hai konnte nur wie ein Betrunkener taumeln. Es sah aus wie ein Witz. Aber 50 Jahre später erfreuen wir uns an dieser Seltsamkeit.

Am 17. September 1974 näherten sich die Dreharbeiten schließlich ihrem Ende. Der Hai bestand nur noch aus Fetzen, und die Crew sehnte sich nach der Normalität des Festlands. Spielberg war nicht einmal

mehr anwesend. Der Einzige, der bei jeder Aufnahme dabei gewesen war, der nie seine Zweifel erkennen ließ, war vom Drehort geflohen, weil er sich sicher war, dass seine Mitarbeiter planten, ihn in erschöpfter Feierlaune über Bord zu werfen. Womit er recht hatte. Man behalf sich stattdessen damit, die anderen Chefs zeremoniell über die Planke gehen zu lassen. Spielberg wollte nichts mit der Abschlussfeier zu tun haben, „nicht sentimental umarmt werden", spürte Carl Gottlieb.[13] So entstand ein Ritual, eine glückbringende Angewohnheit, ein Akt der Selbsterhaltung gegen die Witze der Crew, die unter Lagerkoller litt – immer am Abend vor dem Ende verschwinden.

Unter dem Strich war *Der weiße Hai* eine Katastrophe. Aus den 55-tägigen Dreharbeiten waren 159 Tage geworden – 104 Tage überzogen. Das Budget hatte sich auf sieben Millionen Dollar verdoppelt. Karrieren waren schon an weniger zugrunde gegangen.

Am Abend nach seiner Abreise vom Set schrien sich Spielberg und Dreyfuss in einer Hotelbar in Boston außer sich vor Erlösung gegenseitig an: „Motherfucker! Es ist vorbei! Es ist vorbei!"[14] Später saß der Regisseur dann mit Atemnot senkrecht im Bett, Beklemmungen machten sich in seinem Körper breit, bis er sich übergeben musste. Noch Monate später behauptete er, im Traum von den Dreharbeiten verfolgt zu werden.

Schnitt. In das Medallion Theatre in Dallas am 26. März 1975, wo sie bei der ersten Preview trotz des warmen Wetters ein volles Haus hatten. Als der junge Kintner in einer Fontäne aus Blut verschwindet, rannte ein Mann hinaus in die Lobby und übergab sich dort. Er ging auf die Toilette, machte sich wieder präsentabel, und kehrte zu seinem Sitzplatz zurück. Bei Scheiders berühmter Improvisation „Sie werden ein größeres Boot brauchen", schrie das Publikum vor Lachen.[15] Bei einer zweiten Preview in Long Beach in Kalifornien gab es stehende Ovationen.

Während Universal einen nie dagewesenen Massenstart (in 400 Kinos) plante,

Oben: Ein Albtraum auf Amity Island – Spielberg arrangierte seine Figuren oft in einem an eine Rückenflosse erinnernden Dreieck: Bürgermeister Vaughn (Murray Hamilton) weigert sich, auf den Ichthyologen Hooper (Richard Dreyfuss) und Polizeichef Brody (Roy Scheider) zu hören.

Gegenüber: Das Leben ist wie ein Tag am Strand – Brody patrouilliert am Wasser. Spielberg fängt in der Szene drei verschiedene Blautöne im Himmel und im Wasser ein.

machte der Regisseur eine letzte Aufnahme. Sie wurde im Pool der Filmeditorin Verna Fields aufgenommen, dessen Wasser mit eine Plane abgedeckt und mit ein paar Litern Milch eingetrübt worden war. Aus dem aufgerissenen Bootsrumpf taucht der aufgedunsene Kopf von Ben Gardner auf wie ein Springteufel aus einer Schachtel. Eine der ganz großen Schrecksekunden des Kinos. Wenn man Spielbergs Manipulationen zusammenzählt, war aus seinem „Vier-Schreie-Film" ein „Fünf-Schreie-Film" geworden.[16]

Noch ein Schnitt: Zum 20. Juni 1975, als *Der weiße Hai* kaum 14 Tage nach der Premiere anfing, schwarze Zahlen zu schreiben. Am 5. September, nicht ganz ein Jahr nach Ende der Dreharbeiten, war es der erfolgreichste Film aller Zeiten.

Bleibt die Frage, was so gut funktioniert hat. Was die Kritiker so berauschte. „Vielleicht der am perfektesten konstruierte Horrorfilm unserer Zeit", schwärmte der *Hollywood Reporter*.[17]

Die Antwort lautet: *Der weiße Hai* ist die Summe all der Katastrophen beim Dreh. Wenn alles ganz einfach gewesen wäre, wäre vielleicht nur ein ganz anständiger Horrorfilm dabei herausgekommen. Vielleicht nicht einmal das. Vielleicht hätten wir heute auch nicht den Regisseur Spielberg. Der Erfolg von *Der weiße Hai* garantierte ihm eine Freiheit, die seine beeindruckende Karriere ermöglichte.

Wir schätzen *Der weiße Hai* sowohl wegen seines Erfolgs – als einen revolutionären und gattungskonstituierenden Thriller – als auch wegen der Mythen, die ihn umgeben. Kein Spielberg ist so sehr diskutiert und analysiert, ja zerlegt worden, bis seine cineastischen Innereien vor dem spekulierenden Publikum ausgebreitet dalagen, das wissen wollte, was dem Film Leben verliehen hatte. Der Mut des Regisseurs, der in den Siebzigern die Konventionen neu definierte, ist ein Ausdruck seines Antriebs als Künstler. Womit nicht gesagt sein soll, er sei jemals konventionell gewesen. Wie hätte man diese Geschichte auch anders erzählen können? Wie hätte man die seemännische Autorität erlangen können, um das Publikum zu überzeugen? Je stärker sein Talent auf die Probe gestellt wurde, desto einfallsreicher wurde er. Seine Kunst wird weniger davon bestimmt, was er aussagen will, als davon, was er uns fühlen lassen möchte.

Die beiden wichtigsten Mitarbeiter kamen erst nach den Dreharbeiten ins Spiel. Das trifft es allerdings nicht ganz. Die Filmeditorin Verna Fields, die Mother Cutter genannt wurde, war schon auf Martha's Island dabei und versuchte in ihrem Zimmer, aus dem Rohmaterial einen Sinn herauszudestillieren. Sie war älter, weiser, sie war sich nicht im Klaren über diesen Katastrophenfilm, der an die niederen Instinkte appellierte, aber sie war sich sicher, dass in dem Material etwas steckte. Sie war es, die aus dem Sammelsurium nicht katalogisierter Aufnahmen von Bord des Bootes etwas Sinnvolles machte, indem sie sekundenweise die brauchbaren Szenen zusammensuchte. Im New Yorker zeigte sich Pauline Kael von ihrem „trickreichen" Schnittrhythmus begeistert: „Selbst wenn man von Lachkrämpfen geschüttelt wird, beschleicht einen doch noch die Furcht."[18]

Damit benennt sie eine entscheidende Komponente von Spielbergs Gabe – die latente Komik. Die Art und Weise, in der plötzlich die Angst durch ein unerwartetes Aufblitzen von Humor erhellt wird. Fühlt es sich deshalb so ehrlich an? Schließlich ist das Leben selbst witzig.

Der andere große Mitarbeiter war der Komponist John Williams. Er war ein bestimmendes Moment für Spielbergs weitere Karriere. Dabei war der Regisseur zunächst nicht sehr beeindruckt, als er das Hai-Thema hörte. Er fand es „instinktmäßig, unerbittlich, drängend", meinte Williams.[19]

„Ich hatte erwartet, etwas Unheimliches und Melodisches zu hören", erinnert sich Spielberg. „... ich dachte, er erlaubt sich einem Scherz mit mir."[20] Nachdem er das Thema wieder und wieder gehört hatte, wurde ihm klar, dass Williams „eine Signatur für den ganzen Film gefunden hatte".[21] Es ist das am leichtesten zu erkennende Thema der Filmmusik, die akusti-

Ganz oben: Susan Backlinie (die das erste Haiopfer Chrissie spielte) neben einem nachdenklichen Spielberg bei den Aufnahmen im Flachwasser.

Oben: Im großen Wasserbecken der MGM-Studios werden die Szenen von Hooper (Richard Dreyfuss) im Haikäfig aufgenommen.

DER GROSSE FISCH   35

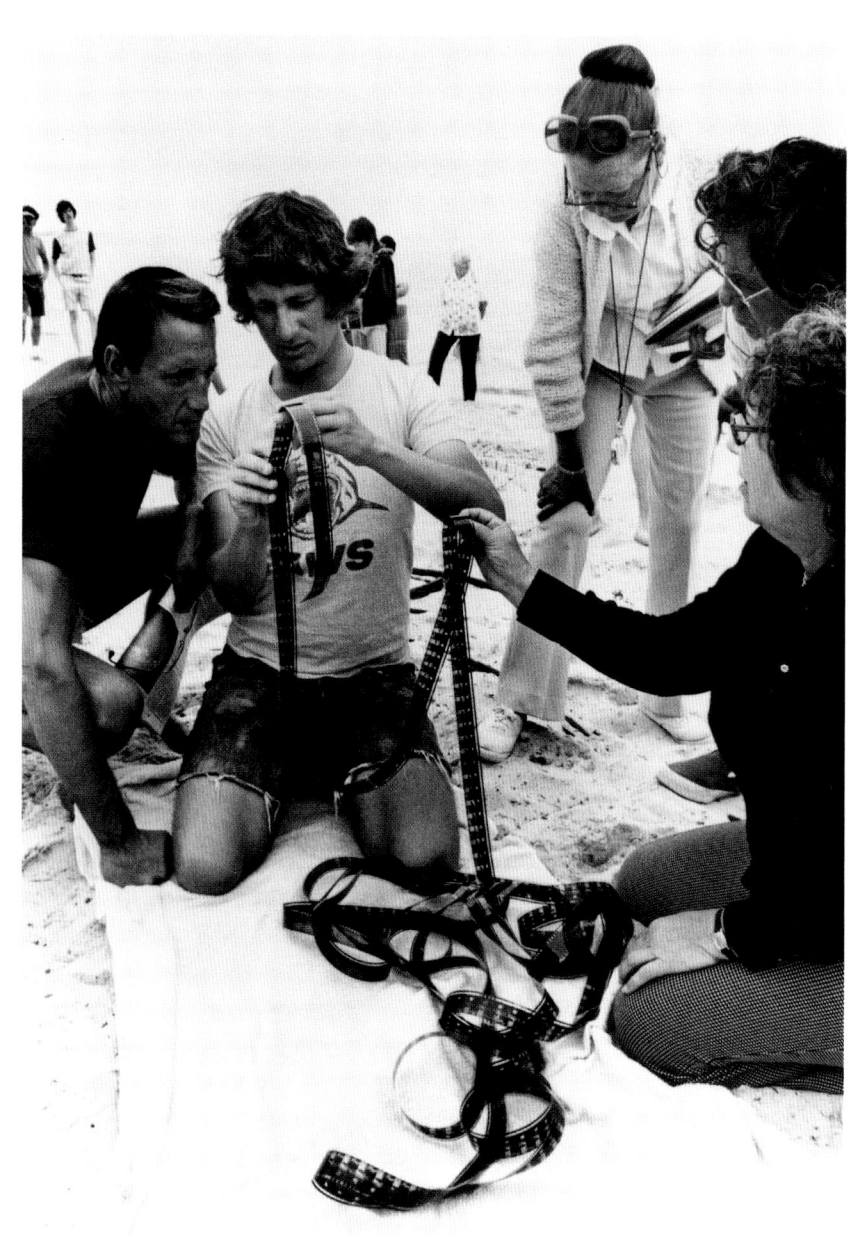

sche Wiedergabe des herannahenden Hais. Angst in Schallwellenform. Williams fing einen Hauch von Genreparodie mit seinen Piraten-Jigs ein, mit den ansteigenden Themen für das Fischerboot und den Fugen, die er zum Bau des Haikäfigs, in dem Hooper in die Tiefe geschickt werden soll, antreten lässt.

Der weiße Hai ist ein Meisterwerk. Vor allem, weil wir vergessen, dass es ein Horrorfilm ist. Wir sind wie hypnotisiert. Spielberg macht uns zu Gläubigen. Er hatte in dem Buch eine Grundlage für sein angeborenes Talent gefunden, eine Geschichte in Bildern zu erzählen. Angesichts der beängstigendsten Umstände, ja genau wegen dieser Umstände, zeigt er eine natürliche Kurzschrift, die Fähigkeit, unsere Gefühle gefangen zu nehmen und unsere Fantasie anzustacheln.

Auch wenn das Drehbuch hektisch und improvisierend zustande kam (Gottlieb lieferte seitenweise das, was er über Nacht in dem Haus – der „Blockhütte"[22] – geschrieben hatte, das er zusammen mit Spielberg auf der Insel bewohnte), ist die dramatische Architektur erstaunlich treffsicher. So taucht der Hai zuerst in Gestalt eines Buches auf, von dem Brody seinen Blick nicht lösen kann – ein schöner selbstbezüglicher Witz auf Kosten des Films. Aus diesem ersten, ruhigen Auftauchen konstruieren wir dann in unserer eigenen Imagination ein Monster: ein Rachen, viele Zähne, starre Augen. Und dann das Foto eines Weißen Hais, der in eine Sauerstoffflasche beißt, mit dem die abschließende Konfrontation vorweggenommen wird: „Fahr zur Hölle, du Schwein!"[23]

Spielberg stimmt den Film von Anfang an auf einen beängstigenden Ton: Die Schreie von Susan Backlinie, als die kleine Chrissie beim Baden von dem unsichtbaren Angreifer hin- und hergerissen wird. Die schrillen Rufe der Möwen und die grel-

Oben: In der Zeit, bevor die Videotechnik ins Spiel kam, kann Spielberg seinem Star Roy Scheider eine bestimmte Aufnahme nur zeigen, indem er das betreffende Einzelbild im Film heraussucht. Die Filmeditorin hält währenddessen den wertvollen Zelluloidstreifen hoch.

le Polizeipfeife, als am nächsten Tag ihre Überreste am Strand angespült werden.

Der weiße Hai ist mehr als ein Film über einen Hai. Der Hai ist die Bedrohung, der eine Stadt moralisch nicht gewachsen ist. Es ist ein Film über die Schwäche des Menschen. Spielbergs Fantasie ist von Glanzlichtern durchsetzt, von dem, was wir inzwischen als den Spielberg-Touch betrachten – die zärtliche Berührung der Realität über die Grenzen eines Genres hinweg. Die zarten Augenblicke der Figuren, so etwa wenn der beunruhigte Brody am Essenstisch gerührt sieht, wie sein kleiner Sohn seine Gesten imitiert.

Seine Arbeit als Filmemacher ist so überaus geschickt.

Der sattblaue Himmel, der sich wie eine Decke über Amity legt, war von den Gemälden Andrew Wyeths angeregt. Die Stadt wirkt auf den New Yorker Brody kränklich. Bald ist sie überbevölkert, ein Paradies, das sich in einen lärmenden, zänkischen, beunruhigenden Sumpf aus Haifischfutter verwandelt hat. Die Stadt ist mit ihren Angelgeschäften und Blaskapellen auf genauso perverse Weise typisch amerikanisch wie Lumberton in *Blue Velvet*. Auch das ist eine Stadt, in der es darum geht, was unter der Oberfläche liegt.

Die Strandszenen sind von einem lebhaften Treiben erfüllt, das eher an den überbordenden Robert Altman als an das uhrwerkmäßige Hitchcocks erinnert. In den Aufnahmen der sonnenmüden Badegäste zeigt sich Spielberg schon jetzt als Meister der Massenszenen, wie sie von *Unheimliche Begegnung* über die Indiana-Jones-Filme bis hin zu *Schindlers Liste* so charakteristisch sein werden. Gelbe Tupfer, etwa auf der Luftmatratze des kleinen Alex Kintner oder dem Hut seiner Mutter, stehen symbolisch für das Land. Blau steht für das Wasser. Das Meer glitzert, sieht aber nie einladend aus.

Spielberg ist ein Virtuose der Kameraführung, auch wenn wir das manchmal angesichts der Gesamtwirkung seiner Filme vergessen. So etwa bei der Kamerawagenfahrt mit umgekehrtem Zoom, den er aus

DER GROSSE FISCH 37

Gegenüber: Angst kommt auf – das Ehepaar Eileen (Lorraine Gary) und Brody (Roy Scheider) hören Schreie aus Richtung des Wassers, wo ihr Sohn spielt.

Unten: Der gut aussehende Romancier Peter Benchley wurde bei einer Stippvisite gleich für einen Cameo-Auftritt als Fernsehreporter verpflichtet – ein Beruf, den er selbst früher ausgeübt hatte.

Hitchcocks *Vertigo* übernommen hatte: Die Kamera fährt vom Strand her auf Brodys Gesicht zu und zoomt es gleichzeitig heraus, um ein unvergessliches Gefühl des Horrors hervorzurufen. Oder wenn er die Kamera in einen wasserdichten Kasten schließt und zwischen den Badenden treiben lässt, sodass die Aufnahme halb über der Oberfläche und halb darunter liegt. Beachtenswert auch, wie Spielberg seine Figuren in Trios aufbaut, all die scharfen Dreiecke, die an die Rückenflosse eines Hais erinnern.

Sogar die Tage auf dem Boot, nach denen sie heimkehrten, ohne etwas vorweisen zu können außer den Aufnahmen mit der Handkamera, bei denen der Kameramann Michael Chapman das Rollen und Stampfen der Dünung nur mit den Füßen ausgleichen konnte, geben dem Film Realitätsnähe. Es ist fast, als seien wir mit an Bord und warten auf das Auftauchen des Hais.

Spielberg hat einmal erklärt, es seien „die letzten 120 Seiten gewesen", die ihn am Buch angesprochen hätten, „das ausgedehnte Drama der Jagd, als sie auf dem Meer auf die Jagd nach dem großen Weißen Hai gehen".[24] Drei Männer, die gegeneinander stehen und doch vereint einen Feind bekämpfen. In diesem Teil hielt er sich am dichtesten an den Roman von Benchley. Und brachte den Optimismus zum Ausdruck, der ihm von den Zynikern den Vorwurf eintrug, er sei ein Populist und überhaupt nicht cool.

„Sie wurden zunehmend sympathischer", sagte Spielberg.[25] Sogar der sauer-

Links: Ein ironischer Blick auf den Machismo – der alte Seebär Quint (Robert Shaw) und der jüngere Hai-Fachmann Hooper (Richard Dreyfuss) vergleichen ihre Narben.

töpfische Quint. Die Schauspieler saßen wegen der Produktionsprobleme und der Wetterbedingungen auf dem Boot fest und gewannen eine unbezahlbare Ressource: Zeit, um zu proben, die Gelegenheit, was im Drehbuch stand, in etwas Lebendiges, Atmendes umzuwandeln. Ihre Frustration manifestierte sich auf der Leinwand als untergründige emotionale Strömung. Die deutliche gegenseitige Abneigung von Shaw und Dreyfuss wurde zu einem Gemisch aus Schauspieler und Rolle, Benzindämpfen und Gischt. Während Scheider trübsinnig zum Horizont blickte, ertrug Dreyfuss die Sticheleien von Shaw, um dann dessen Whiskey heimlich in die Wogen zu kippen. Die Schauspieler hatten mehr Spielraum für Improvisationen als bei irgendeinem späteren Film des Regisseurs.

Pauline Kael sah *Der weiße Hai* als einen Katastrophenfilm der Nach-Vietnam-Ära, in der die Konventionen des Genres gebrochen wurden. „Er gehört in die trivialste Tradition des Science-Fiction-Monsterfilms, stellt aber einige der Konventionen auf den Kopf."[26]

Die Männlichkeit von Old Hollywood wird ironisiert. Die Dargestellten sind hart gesotten und zugleich verklemmt. Spielberg gefiel diese Unsicherheit in seinen Figuren. Sie wirken zwar hart, haben aber menschliche Schwächen. Der Zuschauer kann eine Verbindung zu ihnen aufbauen. Brody sollte „alle Probleme, alle Fehler eines Menschen" haben, sagte Spielberg, darunter auch seine eigene Angst vor dem Wasser.[27] Quints Proklamationen bleiben genauso auf nur zwei Töne gestimmt wie die Filmmusik, aber Shaws eisblaue Augen neigen immer zu einem Zwinkern. Der nerdige Matt Hooper ist voller vorgetäuschter Munterkeit, und Dreyfuss stattet ihn mit einem neurotischen Kichern aus. „Man wird darin erinnert, dass es ein Junge ist, der diesen Film macht", sagt Antonia Quirke in ihrer unübertroffenen, detaillierten Analyse.[28] Dreyfuss fungiert als Spielbergs Alter Ego und Hauptkomplize, er plant die Szene, in der Hooper nachäfft, wie Quint seine Bierdose zerdrückt, indem er seinen Kaffeebecher aus Styropor zusammenfaltet. Es ist fast eine Satire.

Quint erhält im Gesamtverlauf des Films eine Tiefe, die über sein Posieren als alter Seebär hinausgeht. Bei einer Szene am Esstisch erzählt er die Geschichte der USS Indianapolis, auf der die Atombombe transportiert worden war, die Hiroshima auslöschte: In einem hypnotisierenden Monolog berichtet er mit knappen Hemingway-Sätzen und grabestiefer Stimme von ihrem Untergang. Nach einem Torpedoangriff sinkt das Schiff, und die Tigerhaie greifen sich die Überlebenden. „Beim ersten Tageslicht, Chief, gingen die Haie auf Raub aus", knurrt er – ein weiterer der fesselnden filmischen Widersprüche im *Weißen Hai*: die gruselige Anekdote wird erzählt, anstatt sie dem Zuschauer zu zeigen.[29] Wer die verdammte Szene geschrieben hat, verschwindet wieder im Nebel der Mythen. Lassen wir es dabei, dass Sackler auf die Idee kam, die dann aus Gefälligkeit von John Milius auf neun Seiten ausgeschmückt wurde, um schließlich von Shaw auf handhabbare Länge gekürzt zu werden.

Seit seinem Erscheinen hören die Kontroversen um den Film nicht auf. Auf der einen Seite wird erklärt, seine Reinheit sei ein Gottesgeschenk. Er sei genau das, was er zu sein behaupte: eine Studie darüber, wie man Urängste vor einem Weißen Hai auslöst, der sich an Touristen satt frisst, und über die starken Männer, die ihn zur

Rechts: Quint wurde als letzte der drei Hauptrollen besetzt. Lee Marvin und Sterling Hayden waren nicht verfügbar beziehungsweise nicht interessiert, aber die eisblauen Augen des Briten Robert Shaw scheinen inzwischen unlösbar mit der Rolle verbunden.

Unten: Auf zur Haijagd – die drei Helden Quint (Shaw), Brody (Scheider) und Hooper (Dreyfuss) stechen in See, und die zweite Hälfte des Films geht in das Genre des Abenteuerfilms über.

Strecke bringen. Derek Malcom machte sich im *Guardian* Gedanken über seine Vorzüge: Der Film sei „derartig unterhaltsam, dass man keinerlei Entschuldigung für ihn vorbringen muss".[30] Eine hervorragende cineastische Gleichung, die dazu führt, dass man als Zuschauer seine hohen Ansprüche aufgibt und sich einfach nur mitreißen lässt. Der Filmhistoriker David Thomson besteht darauf, dass der Film keine tiefere Bedeutung habe.[31]

Auf der anderen Seite stehen die, die finden, das reiche alles nicht aus. *Der weiße Hai* weise genauso viel thematisches Potenzial auf wie sein Vorläufer *Moby Dick*, er sei ein Symbol, auf das sich alles projizieren lasse.

Benchleys Roman stand in einer langen literarischen Traditionsreihe, zu der nicht nur *Moby Dick* gehörte, sondern auch Hemingways *Der alte Mann und das Meer* und sogar Homers *Odyssee*. Spielberg nannte auch noch Ibsens *Ein Volksfeind*, in dem es auch um den Kampf gegen die korrupte Elite einer Stadt geht. Ist *Der weiße Hai* also ein politischer Film? Sieht Murray Hamilton in der Rolle des schmierigen Bürgermeisters aus wie Richard Nixon? Erinnert der dümmliche Gerichtsmediziner an Henry Kissinger? Castro interpretierte ihn als einen marxistischen Film, in dem der mit Scheuklappen versehene Bürgermeister das Uhrwerk des Kapitalismus geschmiert hielt.

Spielberg sagte 1978: „Ich sehe mich eigentlich nicht als Sprecher für die paranoiden Siebziger, weil ich selbst nicht so paranoid bin."[32] Aber es gibt da doch etwas. Die Gewässer sind unruhig. Eine Neurose schwebt in der Luft. *Der weiße Hai* ist der erste von drei Filmen, die sich um Heimsuchungen, um Invasionen drehen.

„ ... derartig unterhaltsam, dass man keinerlei Entschuldigung für den Film vorbringen muss."

Derek Malcolm

DER GROSSE FISCH

Gegenüber: Das Filmen auf offener See war anstrengend. Robert Shaw, Roy Scheider, Spielberg und Richard Dreyfuss in einem der etwas entspannteren Augenblicke an Bord der *Orca*.

Rechts: Im Überblick – Spielberg erklärt seinen Produzenten David Brown (links) und Richard D. Zanuck (rechts) Aufnahmedetails.

Unten: Spielberg sieht dem Dilemma direkt ins Gesicht – das lebensgroße Modell des Weißen Hais war an einem Kran befestigt, der auf einer Plattform unter dem Wasser bewegt wurde. Das Monster war furchtbar kamerascheu.

Unten: Ganz entspannt – der Hauptdarsteller Roy Scheider, Produzent Richard D. Zanuck und Steven Spielberg genießen die schlichte Freude, an Land filmen zu können. Die ersten Szenen in Martha's Vineyard gingen täuschend einfach von der Hand.

Die Freudianer konnten natürlich kaum an sich halten. Der nimmersatte Hai ist ein Phallussymbol, er vergewaltigt die arme Chrissie. Oder eine Vagina dentata, die aus der Tiefe aufsteigt, um den ärmlichen Machismo von Quint zu vertilgen.

Um eine Interpretation gebeten, beließ Spielberg selbst es bei einer einfachen Analyse: In dem Film ginge es nicht um den Hai als solchen, sondern um Angst, vor allem um die Angst vor dem Wasser. Um das, was wir nicht sehen können.

Der entscheidende Geniestreich besteht darin, dass man den Hai nicht sieht. Das tägliche Rohmaterial hatte Spielberg und dem Studio eines klar gemacht: Trotz aller Probleme sah der Film gut aus – solange man nicht sah, wie Bruce im Was-

DER GROSSE FISCH   43

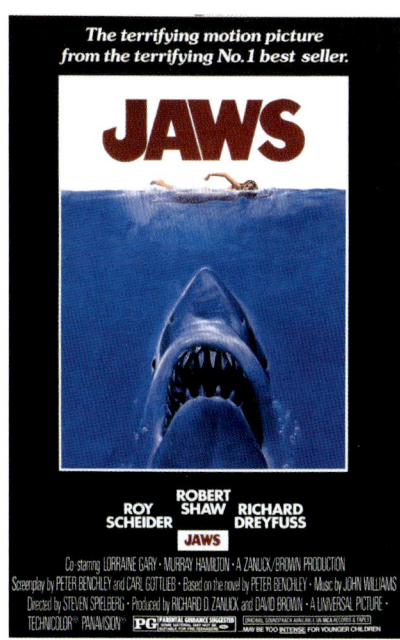

Oben links: Als er schließlich angreift und die *Orca* versenkt, stellt sich der Hai als lächerlich untermotorisiert heraus. Aber 50 Jahre später wirkt die Konfrontation wie entrückt – als ob man wüsste, dass es nur ein Modell ist, es einem aber vollkommen egal wäre.

Oben rechts Das Filmplakat für *Der weiße Hai* ist im Wortsinn eine Ikone, vielleicht das berühmteste Beispiel seiner Gattung. Das Bild stammt von Roger Kastel und zierte zuerst den Umschlag der Taschenbuchausgabe des Romans. Das Original ist seit fast 50 Jahren unauffindbar.

ser Grimassen schnitt. Daraus entwickelte sich eine Strategie, obwohl Spielberg schon vorher gegenüber Zanuck darauf bestanden hatte, dass er den Auftritt des Hauptdarstellers eine Stunde hinauszögern wollte. Er war so auf die Einstellung des Publikums eingestimmt, dass er die Idee eines Hais zuerst nur andeutete, projizierte, suggerierte: Unterwasserkamerafahrten durch den Seetang; hellgelbe Tonnen und die Überreste einer Mole, die sich auf den ungeschickten Fischer zudreht; und nicht zuletzt durch den pochenden Grundton von Williams Musik.

Um es mit Stephen King zu sagen: „Grauen ist das Klopfen an der Tür": das, was man nicht sieht, sondern sich nur vorstellt.[33] Die kleine Schwester des Grauens, die Angst, ist das, was kommt, wenn die Tür geöffnet wird. Wenn der Hai sein Gesicht zeigt. Sogar der arme alte Bruce hatte seine Fürsprecher: Chuck Bowen schrieb in *Slant* „Der Hai wird in der ersten Hälfte des Films zu einem mythischen, obsessi-

ven Objekt aufgebaut. Es wäre eine vernichtende Enttäuschung, wenn er ‚echt' aussähe."[34]

Man mag gar nicht daran denken, was aus dem Film geworden wäre, wenn er heute, durch die digitale Tricktechnik entfesselt, gedreht würde.

ERSCHÜTTERUNG UND EHRFURCHT

Unheimliche Begegnung der dritten Art (1977), *1941 – Wo bitte geht's nach Hollywood* (1979), *Jäger des verlorenen Schatzes* (1981)

Nachdem er eine ganze Branche umgeformt hatte, gab es noch ein Rendezvous, das Steven Spielberg außerordentlich wichtig war. *Unheimliche Begegnung der dritten Art* war der Film, den er schon die ganze Zeit drehen wollte. Und jetzt hatte er den kommerziellen Erfolg, der es ihm möglich machte. Sein erster offizieller Ausflug in das Genre Science Fiction, sein großer UFO-Film, sollte durchschlagend wirken, aber dennoch sehr persönlich sein. Sein bester Freund George Lucas hatte *Star Wars* in der Nachfolge der seriellen Science Fiction des Vorkriegsamerikas gedreht und damit die andere Filmsensation geschaffen, von der man behauptete, sie hätte dem anspruchsvollen Filmemachen der Siebziger ein Ende bereitet. Spielberg machte sich auf die Suche nach der Aufrichtigkeit und dem Grandeur von Stanley Kubrick, aber mit einer Wärme, die diesem fremd war. *Der weiße Hai* hatte sein Genre mit lebendigen, etwas schrägen Figuren aufgemischt, aber es ist die *Unheimliche Begegnung der dritten Art*, in der Spielbergs Programm deutlich wird.

Dies war der Film, den er seit seiner Kindheit drehen wollte. Anhand des Themas, das von Klischees behaftet ist wie kein anderes, die Existenz von außerirdischem Leben, erforscht Spielberg, was es bedeutet, Mensch zu sein. Er wollte aber auch wie Lucas und wie Kubrick mit *2001: Odyssee im Weltraum* neu definieren, was auf einer Kinoleinwand möglich ist. *Unheimliche Begegnung der dritten Art* griff nach dem Himmel und gab der Erde Glauben. Den Film auf die Leinwand zu bringen, stellte ihn vor Herausforderungen, die sogar die übertrafen, die ein nicht funktionierender Hai gestellt hatte. Im Vergleich zu *Der weiße Hai* war *Unheimliche Begegnung der dritten Art* „doppelt so schlimm – und auch doppelt so teuer", gestand Spielberg später.[1]

Es war eine Art Remake. Er hatte mit 16 *Firelight* gedreht, ein Amateurfilm, in dem die Eroberung der amerikanischen Vorstädte durch Außerirdische aus der Sicht einer zerbrochenen Familie gezeigt wurde. Das war ein wiederkehrendes Thema, aber die wahre Quelle des Films war eine Fahrt mit seinem Vater durch das nächtliche New Jersey, um den Meteoritenschau-

1977 UNHEIMLICHE BEGEGNUNG DER DRITTEN ART
Regisseur/Drehbuch

Links: Das fantastische Licht – *Unheimliche Begegnung der dritten Art* wendete die klassischen Invasions-Motive des Genres in ihr Gegenteil: ein himmlisch-friedliches Treffen mit außerirdischen Besuchern.

Unten: Der Landeplatz und untere Teil des Mutterschiffs wurden in einem riesigen Flugzeughangar in Alabama nachgebaut. Der Energiebedarf entsprach dem eines ganzen Stadtviertels.

Rechts: Klassische Disney-Filme hatten während seiner gesamten Laufbahn einen tiefgreifenden Einfluss auf Spielberg: *Pinocchio* und *Fantasia* waren die Vorbilder für die Stimmung und das Ende von *Unheimliche Begegnung der dritten Art*.

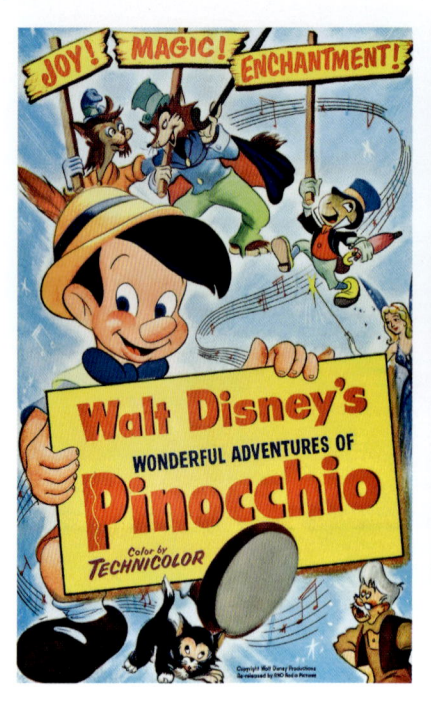

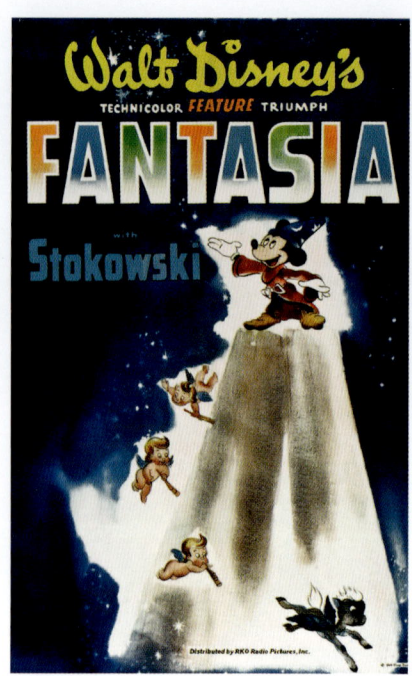

er der Perseiden zu beobachten. „Das war wahrscheinlich das erste Mal, dass ich den Himmel bewusst wahrnahm", erinnert sich Spielberg.[2] Die Erinnerung daran wird im Film verarbeitet, als Roy Neary (Richard Dreyfuss) seine verwirrte Familie zu der Stelle schleppt, wo er die Ufos gesehen hat. Unterwegs ergeben sich Ausblicke auf die malerischen Felder und Äcker Indianas, die an die Modelleisenbahn im Wohnzimmer der Familie erinnern.

Auch zwei Filme von Walt Disney spielten eine Rolle. Die eine Szene war zauberhaft, die andere eher bedrohlich. Das Grundgefühl wurde durch die Grille Jiminy bestimmt, die in *Pinocchio* „When You Wish Upon a Star" singt: „Ich habe meine Geschichte mehr oder weniger auf der Stimmung basieren lassen, die dieses Lied schuf."[3] *Die Nacht auf dem Kahlen Berg* aus dem Film *Fantasia* war hingegen die Vorlage für die „symbolische Endzone des Films".[4]

1970 hatte Spielberg eine Kurzgeschichte mit dem Titel *Experiences* geschrieben, aus der sich dann ein Drehbuch mit dem Titel *Watch the Skies* entwickelte.

Auftritt Paul Schrader. Der hochgelobte, aber auch schwierige Drehbuchautor von *Taxi Driver* war wie Spielberg, Lucas, Scorsese und Coppola einer der Movie Brats. Er griff in seiner Arbeit auf dunkle Motive zurück, die aus einer strikten kalvinistischen Erziehung herrührten. Er fügte *Watch the Skies* eine religiöse Komponente hinzu: die Idee, dass Neary durch einen gleißenden Lichtstrahl eine Vision von Außerirdischen eingepflanzt wird. Schauplatz der Begegnung ist der Devils Tower in Wyoming, ein Felsen, der ebenso ausdrucksstark ist wie John Fords Monument Valley.

Schrader war auf das Buch *The UFO Experience* von Dr. J. Allen Hynek gestoßen, der sich vom skeptischen Saulus (Astronomen) zum gläubigen Paulus (Ufologen)

gewandelt hatte. Er wurde als Berater für den Film engagiert und bekam auch einen Kurzauftritt, bei dem er (als Gelehrter mit Bart und Pfeife) durch die Menge geht, als die Piloten das Mutterschiff verlassen. Von Hynek stammt die „Klassifizierung der Nahbegegnungen".[5]

Eine Nahbegegnung der ersten Art ist die Sichtung eines Ufos.

Eine Nahbegegnung der zweiten Art besteht aus physikalischen Beweisen für ein Ufo.

Eine Nahbegegnung der dritten Art ist der Kontakt mit außerirdischem Leben.

Schrader und Spielberg gingen dann getrennte Wege. Schrader behauptete, dies habe „rein ideologische Gründe" gehabt.[6]

An seine Stelle traten Walter Hill und David Giler (der später bei *Alien* mitwirkte), dann Hal Barwood und Matthew Robbins, von dem der wichtige Vorschlag kam, die Außerirdischen sollten ein Kind entführen. Spielberg sah sich trotz all dieser Beiträge anderer zunehmend als Autor des

ERSCHÜTTERUNG UND EHRFURCHT

Drehbuchs und bestand darauf, als solcher auch im Abspann genannt zu werden.

Michael Phillips bezeichnete ihn als Filmemacher, der „sich als Mensch noch in einem Reifungsprozess befand".[7]

Wie immer steckte er voller Selbstzweifel. Was wäre, wenn der Erfolg von *Der weiße Hai* sich nicht wiederholte? Zudem arbeitete er an einem ungeheuer herausfordernden Film mit 200 Spezialeffekten, von denen er noch nicht wusste, wie sie auf der Leinwand wirken würden. Spielberg begann von dem Film als „Wissenschaftsspekulation" zu sprechen.[8]

Ufos flirren wie Leuchtwürmer um die Erde und hinterlassen physische wie psychische Spuren. Ihr Licht treibt Neary (Dreyfuss) fast in den Wahnsinn. Wer sind sie? Was wollen sie? Warum er? Die alleinerziehende Mutter Jillian Guiler (Melinda Dillon) will ihren kleinen Sohn wiederhaben, der aus ihrem abgelegenen Haus in Muncie, Indiana, entführt worden ist. Zwei normale Menschen – der Vater ein Träumer, die Mutter pragmatischer –, die unerbittlich trotz der Abwehr durch eine militärische Verschleierungsaktion in das unglaublichste Ereignis der Menschengeschichte verwickelt werden.

Was auch heute noch so radikal wirkt, ist die Umkehrung der Gewissheit, mit der die B-Movies der Fünfzigerjahre davon ausgingen, Ufos seien die Träger von tödlichen Strahlenkanonen. *Unheimliche Begegnung der dritten Art* zeigt noch aus den ersten Fassungen stammende Spuren der zu Nixons Zeit herrschenden Paranoia: die von Regierungsseite vorgebrachte Mär eines Giftunfalls (einschließlich vergaster Rinder am Straßenrand). Aber das bestimmende Thema ist nicht Gefahr, sondern Verbindungsaufnahme: Handsignale, musikalische

Unten links: Der Ufologe Dr. J. Allen Hynek war wissenschaftlicher Berater bei dem Film und gab auch einen Kurzauftritt. Auf ihn geht die Klassifizierung der UFO-Sichtungen zurück.

Unten rechts: Der Vater des Mutterschiffs – der legendäre Spezialist für Spezialeffekte Douglas Trumbull wurde wegen seiner bahnbrechenden Arbeit bei *2001: Odyssee im Weltraum* engagiert.

Codes, außerirdische Engel, die lichtgeflutet aus Sternkreuzern herabsteigen.

John Williams Filmmusik ist, falls überhaupt möglich, noch wesentlicher für die Geschichte als bei *Der weiße Hai*. Aber in diesem Fall hatte Spielberg recht. Williams hatte für eine Sequenz aus sieben Noten mit den Harmonien von „When You Wish Upon a Star" als Leitmotiv für die Außerirdischen plädiert, aber Spielberg schränkte ihn auf energischere fünf Noten ein. Es erforderte zwar 300 vergebliche Versuche, aber das Endergebnis wird inzwischen ebenso universell als Vorbote des Außerirdischen erkannt wie die zwei Noten aus dem vorhergehenden Film als einer für Haie.

Parallel zum Handlungsstrang um Neary und Jillian sammeln zwei Wissenschaftler (François Truffaut und Bob Balaban) weltweit Zeugenaussagen über ‚unheimliche Begegnungen': Indien, die Wüste Gobi, Mexiko ... Dokumentarisch scharfe Bruchstücke wissenschaftlichen Eifers; Beweise werden dem Glauben gegenübergestellt.

Der Grundton des Films steigt an. Die Außerirdischen kommen nach Amerika.

Seinen Regie-Kollegen Truffaut eine Rolle übernehmen zu lassen, bezeichnete Peter Bradshaw als „Meisterstück".[9] Der Franzose steht dem merkwürdigen Planeten eines Hollywood-Blockbusters, auf dem er sich wiederfindet, sichtbar ironisch-verwirrt gegenüber: Der Verhaltensforscher, den er spielt, ist selbst fast ein Außerirdischer. Er ist in jeder Hinsicht das Gegenstück zu Neary, dem aufgeregten amerikanischen Durchschnittshelden und Spielbergs Alter Ego, der sich seinen Weg zur Erleuchtung sucht.

Dreyfuss scheute nie davor zurück, seinen Gefühlen freien Lauf zu lassen. Während der Dreharbeiten zu *Der weiße Hai* hatte er sich tagein tagaus Geschichten über diesen Ufo-Film anhören müssen. Andere Stars waren für die Hauptrolle im Gespräch gewesen – Jack Nicholson, Dustin Hoffman, Gene Hackman und Al Pacino –, die alle in der Lage waren, hinter ihren Starruhm zurückzutreten und eine reali-

Oben links: Der Auserwählte – Richard Dreyfuss als der Mann von der Straße Roy Neary starrt in einer klassischen Spielberg-Haltung voller Ehrfurcht nach oben.

Oben rechts: Devils Tower – Neary findet die Antwort in einer Fernsehaufnahme. Der Bildschirm im Bildschirm ist ein Motiv, das Spielberg auch in *München* einsetzt.

Gegenüber: Die Suchenden – Neary und Jillian (Melinda Dillon) verkörpern die für den Film grundlegende Stimmung der Sehnsucht.

ERSCHÜTTERUNG UND EHRFURCHT

tätsnahe Darstellung zu liefern. Spielberg sagte lachend, Dreyfuss sei zwar etwas zu jung gewesen, er habe ihn aber schließlich überzeugen können: „Er hatte sich etwa 155 Tage das Gerede über *Unheimliche Begegnung* angehört. Er hatte Ideen beigesteuert. Und schließlich sagte er: ‚Hör mal, Mann, gib mir einfach die Rolle.'"[10]

Spielberg handelte oft entgegen der vorherrschenden Lehrmeinung. Truffaut war davon beeindruckt, wie es ihm gelang, „das Außerordentliche so wahrscheinlich erscheinen zu lassen" und Alltagsszenen aus der Vorstadt einen „etwas fantastischen Aspekt zu verleihen".[11]

Oft werden seine Filme von der Energie unbeirrbarer Männer angetrieben: Nearys verzehrendes Bemühen, das Mutterschiff zu finden, Indys unerbittliche Suche nach Ruhm und Vermögen, der Eifer und die Dringlichkeit, mit der Schindler versucht, seine Arbeiter zu retten, und Lincolns eiserne Entschlossenheit, sein Gesetz durchzubringen. Hinter ihnen allen steht ein Regisseur, der aufgerieben wird von dem, was er tut.

Nearys unheroischer Antrieb wird von Barry (Cary Guffey) gespiegelt, Jillians vierjährigem Sohn, der von diesen außerirdischen Rattenfängern entführt wird, die sich später selbst als uralte Kinder herausstellen sollen.

Guffey war unter 200 Kandidaten für die Rolle ausgesucht worden. Seine untertellergroßen Augen deuten auf die Besucher voraus, die noch kommen werden. Das Lächeln ist echt – er hatte noch nie einen Kinofilm gesehen und hielt die Dreharbeiten für ein Spiel. Spielberg verkleide-

Links: Überfall daheim – die nicht sichtbaren Außerirdischen ‚überfallen' in einer Flut orangeroten Lichts das entlegene Haus, in dem die alleinerziehenden Jillian Guiler (Melinda Dillon) mit ihrem Sohn Barry (der 4-jährige Carey Guffey) lebt.

Unten: Spielberg hielt die Aufnahme von Barry, der die Tür öffnet und im außerirdischen Licht steht, für seine beste. Sie erinnert sowohl an Dorothys Ankunft in *Oz* als auch an den Auszug von Ethan Edwards in *Der schwarze Falke*.

te sich als Osterhase und ließ den Jungen heimlich filmen, um seinen überraschten Gesichtsausdruck einzufangen.

Die Entführung von Barry ist Spielberg in Höchstform: Die Angst der Mutter und das Entzücken des Kindes steigern sich zu einer traumartigen Ekstase in einem Haus voller kosmischer Poltergeister. Die Haushaltsgeräte tanzen wie der Besen des Zauberlehrlings, das Licht dringt durch jede Öffnung wie Wasser in ein sinkendes Boot. Der Junge öffnet die Tür und wird von einem orangeroten Himmel begrüßt, der ebenso überraschend ist, wie der erste Anblick des Landes Oz. 1991 war es diese Aufnahme, die Spielberg vor allen anderen als den Inbegriff seiner Arbeit bezeichnete.

„Dieses wunderbare, aber schreckliche Licht, das wie Feuer durch die offene Tür drang", erinnert er sich. „Und er ist sehr klein, und es ist eine sehr große Tür, und draußen vor der Tür warten große Versprechen oder große Gefahren."[12]

Der virtuose Kameramann Vilmos Zsigmond erinnerte sich an einen jungen Spielberg, den die Möglichkeiten des Kinofilms fast trunken machten. Er sah sich jede Nacht während der Dreharbeiten ein oder zwei andere Filme an und übertrug seine Erkenntnisse in eine zunehmende Zahl von Storyboards. Auch sein Kopf füllte sich wie der Nearys mit Visionen.

In der Crew und beim Studio machten sich Zweifel breit. Konnte man darauf vertrauen, dass es Spielberg gelingen würde, diesen mystischen Film wirklich aus seiner Fantasie heraus zu entwickeln? Das Budget sprang in Riesenschritten nach oben. 2,7 Millionen US-Dollar, 4,1 Millionen US-Dollar, 5,5 Millionen US-Dollar, 9 Millionen US-Dollar, schließlich landete es bei atemberaubenden 19 Millionen US-Dollar. Columbia, das Studio, war aufgrund von Managementfehlern sowieso schon überschuldet, und die Bank begann, diesen Film infrage zu stellen, der den endgültigen Ruin bringen könnte.

Aber wahre Größe am Rande des Chaos zu suchen – das war die Religion der Movie Brats. Spielberg unterschied sich jedoch dadurch, dass er die Massen bekehrte, selbst als sein Ehrgeiz begann, die Ressourcen Hollywoods überzustrapazieren. Um den Canyon im Schatten des Devils Tower nachzubauen, in dem die spindeldürren Außerirdischen landen würden, reichten normale Staffagen nicht mehr aus. Der Bühnenbildner Joe Alves bekam von Spielberg den Auftrag „in ganz Amerika nach einem Ort zu suchen, von dem mir nur meine Fantasie sagt, es gebe ihn."¹³ Alves fand ihn in einem ehemaligen Flugzeughangar in Alabama, wo die Soundstage bis zur Größe eines Fußballfelds anwachsen konnte und so hoch war, dass es im Gebälk zu Witterungserscheinungen kam. Die Kosten beliefen sich auf 700.000 US-Dollar: hektargroße Betonflächen, der Stromverbrauch eines ganzen Stadtviertels. Und die endlosen Verzögerungen durch immer neue Forderungen des Tricktechnikers Douglas Trumbull verschlangen auch die Hälfte der Produktionszeit. Die Temperaturen stiegen auf 60° C. Spielberg starrte immer wieder in die dunklen Schatten und dachte „dieses Filmset ist der Hai, der mich verschlingen wird".¹⁴

Unheimliche Begegnung der dritten Art kam am 15. November 1977 in die Kinos und wischte alle Zweifel und Schulden weg. Die weltweiten Einnahmen betrugen 306 Millionen US-Dollar. Die *Chicago Sun-Times* erklärte: „Es ist eines der großen Kinoerlebnisse."¹⁵ In der *New York Times* las man: „Die Sensation als Selbstzweck".¹⁶ Das lässt allerdings außer Acht, dass die Lichteffekte eine Nebenrolle spielen, bis diese Studie über menschliche Sehnsüchte

> „Dieses wunderbare, aber schreckliche Licht … und draußen vor der Tür warten große Versprechen oder große Gefahren."
>
> Joseph McBride, *Steven Spielberg: A Biography*

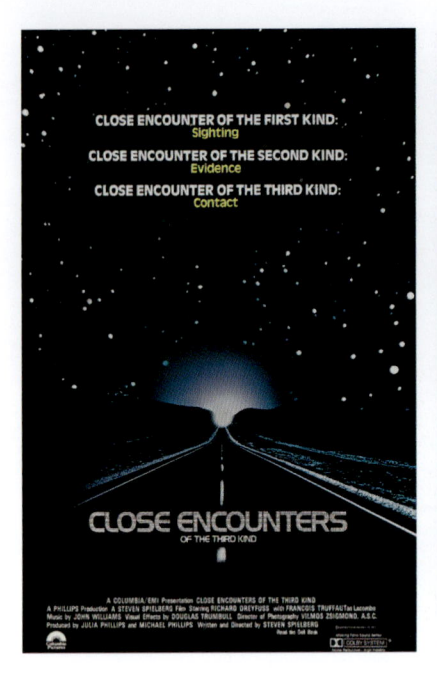

in den 43 Minuten der Landungssequenz gipfelt und einen neuen Klassizismus aus der Taufe hebt.

Die Außerirdischen zuerst nicht zu zeigen, war genauso Absicht wie es das beim Hai gewesen war. Die Ufos, die als perlglänzende Erscheinungen durch die Dunkelheit gleiten, sind wie die gelben Tonnen an der Wasseroberfläche in *Der weiße Hai*. Allerdings ist *Unheimliche Begegnung der dritten Art* sehr viel bewusster auf poetische Wirkungen hin angelegt. Wir haben den Film als einen Triumph der Spezialeffekte in Erinnerung, aber in Wahrheit ist er eine Ekstase des Lichts.

Mit dem Mutterschiff erteilt Spielberg sich selbst die Absolution für seinen untermotorisierten Hai. Ursprünglich sollte es ein riesiger Monolith sein, der die Sterne verdunkelt und aus dem ein himmlischer Strahl fällt (all diese blendenden Strahlen wurden „Götterlichter" genannt).[17] Als er auf dem Weg zum Drehort in Indien an einer riesigen Erdölraffinerie mit ihren Leitungen und Lichtern vorbeikam, änderte Spielberg seinen Kurs. Er bat Trumbull, ihm eine „Stadt im Himmel" zu bauen.[18] Das Modell aus Acrylglas und Stahl hatte einen Durchmesser von fast zwei Metern und war von unzähligen Quarzlampen und Neonröhren erleuchtet. Es tanzt mit einer an Kubrick erinnernden Eleganz zur Musik von Williams. Der Regisseur war sich sicher, es sei das wichtigste Ziel seiner Kunst, das Publikum in Verzückung zu versetzen. Der Filmkritiker David Thomson schrieb: „Die Kraft zur Erneuerung und zur wiederholten Überraschung sind offensichtlich ein wesentlicher Teil von Spielbergs Wesen."[19]

Vom Dunkel der umgebenden Felsen eingeschlossen strömt ein dickflüssiges Licht aus dem Mutterschiff: ein himmlisches Geschenk oder eine Kinoleinwand, in der man für immer verschwindet.

Erfolg kann jedem zu Kopf steigen. Ein Erfolg dieser Größe bescherte der Welt dann *1941 – Wo bitte geht's nach Hollywood*. Spielbergs erster Kriegsfilm, sein erster Historienfilm und seine letzte reine Ko-

Oben links: Auf dem geheimnisvollen Filmplakat werden die drei Kategorien der UFO-Sichtungen erklärt. Der brillante Einfall schlägt Kapital aus dem, was man nicht sieht.

Oben rechts: Die Mutter aller Raumschiffe – Spielberg erreichte sein Finale in einer Reihe von immer spektakuläreren Anblicken, die in der Ankunft des Raumschiffs gipfelten, das so groß war wie Manhattan.

Gegenüber oben: Der Kartograf David Laughlin (Bob Balaban) und der Verhaltensforscher Claude Lacombe (François Truffaut) folgen der Spur der Außerirdischen wie Vorläufer von Indiana Jones.

Gegenüber unten: Nach zahlreichen fehlgeschlagenen Experimenten wurden die Außerirdischen von 6-jährigen Mädchen gespielt, die sich graziöser bewegten als gleichaltrige Jungen.

ERSCHÜTTERUNG UND EHRFURCHT 53

mödie. Und der Film, der das Gesamtbild stört. Was wäre es für ein Panorama gewesen: von *Der weiße Hai* und *Unheimliche Begegnung der dritten Art* über *Jäger des verlorenen Schatzes* hin zu *E.T. – Der Außerirdische*, ein Quartett, das unsere Sicht auf Spielberg geprägt hat. Vier Filme, die kulturellen Totems vom Rang des *Zauberer von Oz*, *Casablanca* oder *Der Pate* gleichkamen.

Aber *1941 – Wo bitte geht's nach Hollywood* stört diese Reihe wie ein Betrunkener eine Hochzeit. Vielleicht war es aber auch ein notwendiger Exorzismus, mit dem Spielberg die Versuchung austreiben wollte, es dem wilden, gegenkulturellen Geist seiner Kollegen und der Zeiten gleichzutun. Vielleicht wollte er aber auch den kleinen Teufel in sich selbst ruhigstellen. Als Kind hatte Spielberg seine Schwestern mit Streichen gequält; Jahre

Oben: Steven Spielberg litt Qualen bei dem Versuch, seine Visionen für *Unheimliche Begegnung der dritten Art* zu verwirklichen und behauptete, die Dreharbeiten seien letztendlich schwieriger gewesen als die für *Der weiße Hai*.

Rechts: Der junge Regisseur ließ sich Dinge einfallen, von denen er keine Vorstellung hatte, wie sie zu verwirklichen sein könnten. Oft konnte er nicht einmal beschreiben, was er sich ausgedacht hatte. Er war Neary – gefangen in fantastischen Visionen.

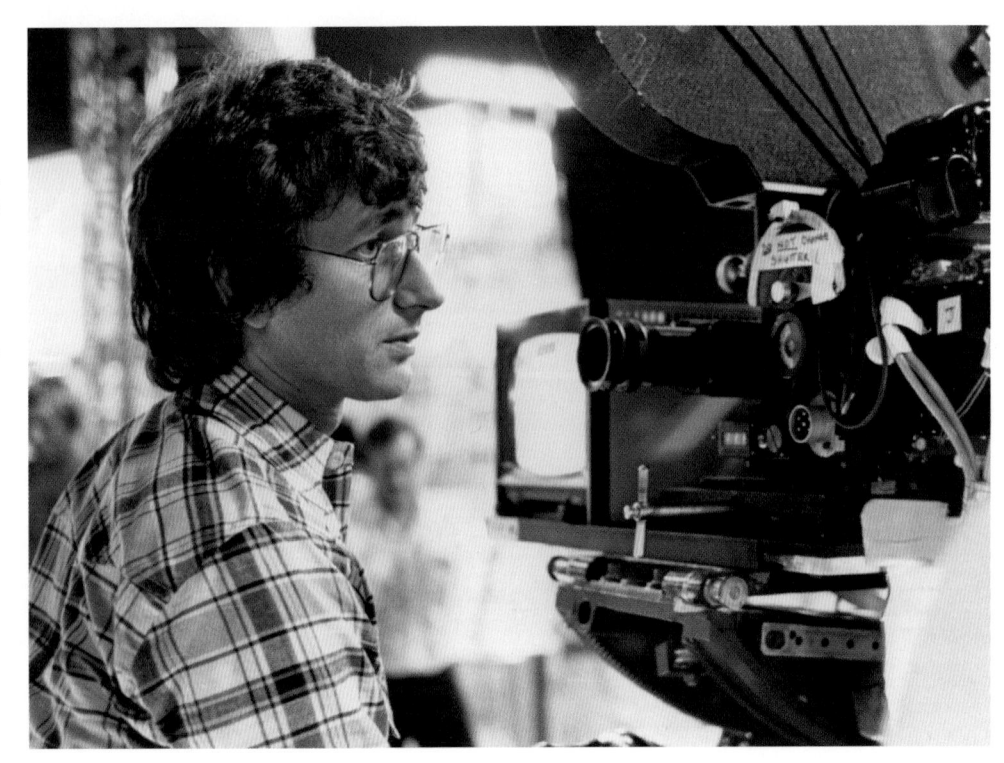

1979 · 1941 Regisseur

ERSCHÜTTERUNG UND EHRFURCHT   55

später ließ er auf dem Gelände von Universal Richard Nixon per Lautsprecherdurchsage suchen, nur um zu sehen, wie alle leitenden Angestellten lange Hälse machten. Jetzt wollte der zum Millionär avancierte Kobold Preston Sturges, die Zeitschrift Mad, Catch-22 – Der böse Trick, Dr. Seltsam oder: Wie ich lernte, die Bombe zu lieben und die Götter des Stummfilms in einem Film vereinen. Und obendrein noch seine geliebten Chuck-Jones-Cartoons in Fleisch und Blut auferstehen lassen. Jones wurde sogar in den Anfangsstadien als Berater engagiert.

„1941 – Wo bitte geht's nach Hollywood war kapriziös, aufwendig, er sprengte das Budget und den Zeitplan – und es war alles meine Schuld", sagte Spielberg.[20]

Der Film beruht teilweise auf historischen Vorkommnissen: Am 22. Februar 1942 hatte ein einzelnes japanischen U-Boot 20 Kanonenschüsse auf die kalifornische Küste abgefeuert und eine Welle der Paranoia ausgelöst. Das Drehbuch mit dem Titel The Night the Japs Attacked der beiden Autoren Bob Gale und Robert Zemeckis spielt in einer Nacht und vereint zahllose Handlungsstränge.

Spielberg verbrachte unglaubliche 247 Tage mit den Dreharbeiten bei Warner Brothers, in Malibu und in der Mojave-Wüste. Er hatte alle Zurückhaltung aufgegeben, wurde aber auch nicht durch eine Vision geleitet. Jede seiner Produktionen war zu einem Kampf mit den Größenordnungen geworden, aber in diesem Fall ging es darum „Lacher zu bekommen", die jedoch nie kamen.[21]

Die Koproduktion von Universal und Columbia kostete schließlich 26 Millionen US-Dollar. Brillante, fulminante Momente metastasierten zu Orgien der Zerstörung, denen aber trotz technischer Meisterleistung jede Pointe fehlte.

Es gibt eine Vielzahl von Figuren, aber keine Sympathieträger. Der legendäre

Oben links: Dan Aykroyd und John Belushi blieben auch bei den chaotischen Dreharbeiten von 1941 – Wo bitte geht's nach Hollywood vollkommen cool.

Oben rechts: Der überdrehte 1941 – Wo bitte geht's nach Hollywood überzeugte Spielberg davon, dass er nie komisch war, wenn er versuchte, komisch zu sein. Also drehte er nie wieder eine Komödie, was ihn wiederum umso witziger machte.

Rechts: Schwere See – Steven Spielberg besetzte die Rollen der Feinde, die Hollywood unter Beschuss nehmen, mit den renommierten Schauspielern Toshirō Mifune (Mitte) und Christopher Lee (rechts).

Toshirō Mifune spielt einen strengen japanischen U-Boot-Kommandanten, und Christopher Lee gibt Spielbergs erste Nazi-Charge, außerdem treten auch Murray Hamilton, Warren Oates, Slim Pickens, Dan Aykroyd, Treat Williams und Robert Stack auf. Erfahrene Charakterdarsteller mischen sich unter angesagte Komiker. Spielberg hatte das Drehbuch an John Wayne geschickt, aber der rief ihn sofort an und versuchte, ihm diesen verdammt bescheuerten Film auszureden.

„Gibt es irgendetwas in Los Angeles, mit dessen Zerstörung man die Amerikaner besonders treffen kann?", knurrt Mifune im Bauch des U-Boots.

„Hollywood!", ruft sein begeisterter Untergebener.[22]

Darum geht es. *1941 – Wo bitte geht's nach Hollywood* ist ein bis zum Exzess übertriebener Witz über die Exzesse von Hollywood, über den Wahnsinn, der in L.A. herrscht und in den gesamten USA, in der Vergangenheit wie in der Gegenwart. Sogar über sich selbst macht Spielberg sich lustig. Als erster Gag steigt Susan Backlinie wie schon in *Der weiße Hai* nachts ins Meer, um zu schwimmen. Sogar das musikalische Motiv für den Hai bekommt dabei eine traurige Reprise. Diesmal klammert Backlinie sich jedoch am Periskop eines japanischen U-Boots fest, das sie aus dem Wasser hebt. Und die Wüstentankstelle in Aqua Dunce ist die gleiche wie in *Duell*. Auf seine Weise beschäftigt sich *1941 – Wo bitte geht's nach Hollywood* mit ähnlichen Themen wie *Der weiße Hai* und *Unheimliche Begegnung der dritten Art*: Massenhysterie, latente Paranoia, ein Amerika, das angesichts des Unbekannten durchdreht. Aber ohne den Sauerstoff des menschlichen Elements ist der Film nicht mehr als das: durchgedreht.

1941 – Wo bitte geht's nach Hollywood war nicht ganz der Flop, als der er immer dargestellt wird. Er brachte zwar nur 90 Millionen US-Dollar ein, warf damit aber noch Profit ab. Spielberg sah die Verrisse schon kommen. „Ein Film, der als Schande fortleben wird", entrüstete sich der *Los Angeles Herald-Examiner*.[23] Eine „Ölpest", war das vernichtende Urteil der *Los Angeles Times*.[24]

„Ich habe Mut zur Komik, wenn es nicht um Komik geht", war die Analyse von Spielberg.[25] Mit anderen Worten: Er konnte nur witzig sein, wenn er die Dinge ernst nahm.

Das Manische in *1941 – Wo bitte geht's nach Hollywood* war aber wenigstens eine perfekte Generalprobe für das, was als Nächstes kam. Nämlich die Gelegenheit, mit äußerster Präzision Gags aufeinander zu türmen.

Die Silhouette ist auf Anhieb zu erkennen. Sogar damals schon, als man seinen Namen noch nicht kannte, sprachen sein Hut, die breiten Schultern und der Umriss einer Peitsche eine Sprache, die an die Ikonografie eines in die Jahre gekommenen Machismo erinnerte: Bogart, Wayne, Stewart, Flynn, Fairbanks Jr. Als wir In-

ERSCHÜTTERUNG UND EHRFURCHT 57

Links: Zu der großen Besetzung von *1941 – Wo bitte geht's nach Hollywood* gehörten viele spätere Stars, darunter Mickey Rourke (zweiter von links), Dan Aykroyd, John Candy und Treat Williams.

Unten: Die Rolle des unerschütterlichen Generals Joseph W. Stilwell (einer realen Person) ging an Robert Stack (links), da John Wayne nichts mit dem Film zu tun haben wollte.

diana Jones kennenlernten, kam er uns sofort vertraut vor. Er hatte das attraktive Gesicht von Han Solo, aber mit Bartstoppeln und einer nachdenklichen Intensität. Inzwischen ist es zu einem Mythos geworden, wie Harrison Ford an die Stelle von Tom Selleck trat, dessen Arbeit an der Fernsehserie *Magnum* ihn daran hinderte, die Rolle seines Lebens anzunehmen. Ein Verlust, der uns zugutekommt. Ford hat einiges, das weit über gutes Aussehen hinausgeht: einen Riss in der glatten Oberfläche; einen gereizten, knochentrockenen Humor; das Wesen eines überforderten Lehrers. Wir wussten, dass Indy ein Pastiche früherer Heldenrollen war, nicht ernst genommen werden sollte, aber er war keine Witzfigur.

Schuld hatte George Lucas. *Jäger des verlorenes Schatzes* war seine Idee. Lucas und Spielberg verbrachten auf Hawaii einen Urlaub zusammen, als *Krieg der Sterne* in die Kinos kam und *Unheimliche Begegnung der dritten Art* in der Postproduktionsphase steckte, und Spielberg erzählte nebenbei, dass er gerne einen Bond-Film in der Connery-Manier machen würde.

„Ich hab da was, was dir vielleicht genauso sehr gefällt wie Bond", erwiderte Lucas.[26] Um diese perfekte Szene am Strand zu entmythologisieren, sei erwähnt, dass Spielberg sich daran erinnert, bei einem Abendessen sei schon zuvor von einer „Reihe von ‚Jäger'-Filmen" die Rede gewesen.[27]

„Wir lassen es in den Dreißigern spielen, aber es wird ein moderner Film", versicherte Lucas seinem Freund.[28]

Daheim in Kalifornien hatte Lucas eine weitere Idee, wie sie die Kassen der Studios mit einem revolutionären Vertragsmodus plündern könnten. Sie würden die bisherige Praxis ablehnen, und den interessierten Studios nur einen Anteil am Profit zusichern, nachdem die Kosten eingespielt worden waren. Nach einigen Kompromissen stimmte Paramount zu und sollte reich belohnt werden. Spielberg war dabei, die volle Kontrolle über seine Karriere zu übernehmen.

Das Drehbuch entwickelte sich: Philip Kaufman schrieb die erste Rohfassung, in der er Lucas' Vorschläge aufnahm (den Hut, die Peitsche, das archäologische Artefakt und den Namen des Helden) und die Bundeslade hinzufügte, die als Requisit zusammen mit Hitlers Verliebe für das Okkulte dem Film Struktur gab. Nach Kaufman kam Lawrence Kasdan, der ein geschicktes Händchen für kurze, pointenreiche Dialoge im Stil der Vierziger hatte und die weibliche Hauptfigur namens Marion (Karen Allen) einbrachte.

1981 JÄGER DES VERLORENEN SCHATZES
Regisseur

ERSCHÜTTERUNG UND EHRFURCHT 59

Oben: Sie lassen an der falschen Stelle graben: der ehrlose französische Archäologe Belloq (Paul Freeman) und die Nazis, die ihn bezahlen (einschließlich des deutschen Schauspielers Wolf Kahler als Dietrich, rechts).

Gegenüber: Harrison Ford improvisierte viel während der Dreharbeiten und trug so wesentlich zu den heroischen Eskapaden von Indiana Jones bei, einem Kinohelden, den nicht irgendwelche Superkräfte definierten, sondern seine Menschlichkeit.

Der Plot stand: Im Jahr 1936 heuert der amerikanische Staat den Professor für Archäologie und Beschaffer seltener Antiquitäten Indiana Jones an, um vor den Nazis Zugriff auf die Bundeslade zu bekommen, jene sagenhafte Truhe, in der die Zehn Gebote der Hebräer aufbewahrt wurden und die zuletzt vor Jahrhunderten in Ägypten gesehen worden war. Indy tut sein Bestes, aber Jahwe muss eingreifen, um den Nazis ein Ende zu bereiten. Gott stellt sich als deutlich weniger wohlwollend heraus als die Außerirdischen.

Jäger des verlorenen Schatzes kam am 12. Juni 1981 in die Kinos und war genau der Hit, der kommen musste. Er spielte 390 Millionen US-Dollar ein und bestätigte damit, dass Spielberg in der Tat über die Gabe verfügte, kulturelle Großbrände auszulösen. „Wahnsinnig witzig, einfallsreich und stilsicher", schrieb die begeisterte *New York Times*.[29] Aber es gab auch Stimmen, die sich fragten, warum Spielberg nach *1941 – Wo bitte geht's nach Hollywood* immer noch darauf bestand, sein Talent zu vergeuden. Pauline Kael schrieb den Film als „unpersönlich" ab.[30] War aber *Der weiße Hai* nicht auch ein Ergebnis kommerziellen Kalküls? Spielberg sah sich ja selbst als einen Auftragstäter, auch wenn der Auftrag von seinem besten Freund kam. Und das Ergebnis war genau das, was man erwarten kann, wenn zwei Freunde nach Herzenslust Pläne schmieden und Ideen austauschen können. *Jäger des verlorenen Schatzes* ist der Film, an den man sich Szene für Szene besser erinnert als an jeden anderen Spielberg.

Nach der ersten Großaufnahme des Helden wird das Ende seines vorhergehenden Abenteuers erzählt, in dem es ihm gelingt, aus einem peruanischen Grabmal eine herrliche goldene Kultfigur zu rauben. Die Fallen im Inneren, die Vogelspinnen, spitzen Pfähle und Pfeile können ihn nicht aufhalten, und auch dem riesigen Felsbrocken, der ihm durch die Gänge hinterherrollt, kann er entkommen.

„Der Felsen muss so groß sein wie ein Haus", verlangte Spielberg.[31] Er hatte dann auch einen Durchmesser von fast fünf Metern und bestand aus nahezu 140 kg Glasfasergewebe.

Man sollte immer so anfangen, wie man auch weitermachen will.

Lucas und Spielberg orchestrierten die Actionszenen mit der musikalischen Strenge der drei engelhaften Stummfilm-Clowns Chaplin, Lloyd und Keaton – immer haarscharf an der Katastrophe vorbei. Indys Feinde sind nicht so sehr die Nazikarikaturen, sondern das Schicksal, Gott oder die Machenschaften der Regisseure. Aber es ist auch das Schicksal, das ihn retten wird, ihn und seinen Hut (die Seele des Mannes), immer und immer wieder. Spielberg erweckt seinen Cartoon zum Leben.

Ein Beispiel: die Sequenz mit dem Nurflügelflugzeug. Die Nazis hoffen, mit diesem merkwürdigen Flugkörper die Bundeslade zu Hitler bringen zu können. Indy und Marion wollen diesen Plan vereiteln, indem sie das Flugzeug in die Luft jagen. Es ist ein perfekt komponierter Gag über das Chaos. Der deutsche Muskelprotz (Pat Roach), der in Bonn oder Düsseldorf eine Karriere als Berufsboxer aufgegeben hat, lässt sich auf einen Faustkampf ein, anstatt Alarm zu schlagen. Der rasende Propeller verkündet den unentrinnbaren Tod, als Indy nach einem Faustschlag zu Boden geht – das typische Slapstick-Opfer, blutverschmiert und bar jeder Würde –, während Marion im Cockpit eingesperrt ist und sich Flammenzungen einer Lache vergossenem Kerosin nähern. Es ist maßgefertigtes Chaos, das ganz knapp am Absurden vorbeigeht. Es gibt eine lange Liste solcher Bravourstücke: der Kampf in Marions Bar, die Verfolgungsjagd über den Markt, die „Quelle der Seelen", die Verfolgungsjagd mit dem Lastwagen ... *Jäger des verlorenen Schatzes* ist nicht ein Film der Trickeffekte, obwohl er viele enthält, sondern eine Symphonie des von den Gesetzen der Physik bestimmten Filmemachens, in dem die Nervenkitzel sich aneinanderreihen wie umfallende Dominosteine – Ursache und Wirkung.

Spielberg machte das Meiste aus seiner größten Stärke. Die perfekte Balance zwischen Ironie und Ernsthaftigkeit, eine postmoderne Sensibilität, die uns jedes Mal wieder in die Irre führt. Ford hält auf ebenso sublime Weise die Balance: nachdenklich und kindisch, brillant und voreilig: der vertrottelte Professor mit den

ERSCHÜTTERUNG UND EHRFURCHT

Gegenüber: Das Vorbild für *Tomb Raider:* Indiana Jones (Harrison Ford) tauscht in der unsterblichen Eingangssequenz von *Jäger des verlorenen Schatzes* das goldene Idol gegen ein Sandsäckchen aus. Es ist sein Schicksal, dass er seine Beute nie behalten darf.

Unten: Duell unter brennender Sonne – Indy sieht sich einem arabischen Krieger mit Krummschwert gegenüber (Terry Richards). Direkt danach kommt es zur vielleicht berühmtesten Improvisation der Filmgeschichte.

Genen von 007. Spielberg sucht immer die Menschlichkeit in den verletzten Reaktionen und anrührenden Fehlern seiner Figur („Warum müssen es ausgerechnet Schlangen sein?"[32]). Indy ist auch Spielberg selbst, mit dem Glanz eines Filmstars ausgestattet, jungenhaft, unaufhaltbar, etwas geekig, ein Stehaufmännchen, das meisterhaft aus einer Krise ein Feuerwerk entzündet.

„Und jetzt?", verlangt Marion zu wissen, als die Nazis sich wieder mit der Bundeslade davonmachen. „Ich weiß es nicht", faucht Indy, dem die Bürde des Kinohelden schwer auf den Schultern lastet. „Ich improvisiere das alles, während ich es mache."[33]

Ford bekam eine Dysenterie, sein Gesicht zeigt manchmal Spuren von dringenderen Angelegenheiten als der Bredouille, in der seine Figur grade steckt. Zu einem Mythos ist eine Szene geworden, in der

Ford mit Magenproblemen kämpfte und seinen Regisseur überredete, das geplante Duell mit einem ein Krummschwert schwingenden Araber zu kürzen.

Das Storyboard hatte einen langen Kampf mit Peitsche und Klinge zwischen den Marktständen vorgesehen. „Ich hatte während des ganzen Films noch nicht einmal meinen Revolver gezogen", erinnert sich Ford, „also sagte ich, ,Lasst uns das Arschloch einfach erschießen' und das taten wir dann auch. So erwachen Action-Szenen zum Leben."[34]

Spielberg zuckt heutzutage etwas zusammen, aber der Gag wurde zu einem definierenden Moment für den gesamten Film: Sind Kinofilme nicht albern?, scheint er zu sagen. Die Statisten waren genauso begeistert wie später das Publikum.

Der französische Archäologe Belloq ist ein gerissener Gegner. Paul Freeman spielt

den Schurken als die dunkle Seite von Indy, er ist mit seinen schicken Anzügen und öligem Charme aber auch das dunkle Gegenstück zu Truffauts Lacombe in *Unheimliche Begegnung der dritten Art*. Karen Allen als Marion ist sowohl eine starke als auch eine relativ schwache Besetzung. Sie ist hartgesotten, nicht maulfaul. Es gibt eine Vorgeschichte mit Indy, noch ein Relikt, das ausgegraben und untersucht werden muss. Aber sie ist eine Lauren Bacall ohne deren coole Gewitztheit, sie wird oft auf lautes „Indddyyy"-Geschrei reduziert, während ihr Held eine Lösung für die Klemme aus dem Hut zaubert, in der sie sich gerade befinden. Es gibt einige Schwachstellen. Gegen Ende wird Indy auf eine Nebenrolle in der Geschichte reduziert. Die Frage bleibt, ob der Film über das Lob des Eskapismus hinaus eine Aussage hat. Aber der Vergleich mit modernen Blockbustern fällt wegen seines Einfallsreichtums und seiner Eigentümlichkeit positiv aus. Die zerfließenden Gesichter der Nazis sind der Zuckerguss auf der Torte – die verspielte Vorliebe des Regisseurs für das Dunkle. Für den Zauberkasten, der göttliches Feuer entfesselt, das wirklich von Gott kommt. Das Ende erinnert an *Citizen Kane* und ist sehr beunruhigend. Die Bundeslade wird wieder versteckt, diesmal im Innersten der Bürokratie, aber ihre bösen Absichten lassen sie immer noch pulsieren. *Jäger des verlorenen Schatzes* mag zwar ein Lückenfüller gewesen sein, etwas verspielt und eine Erinnerung an alles, was Spaß macht, aber es ist ein unsterblicher Film.

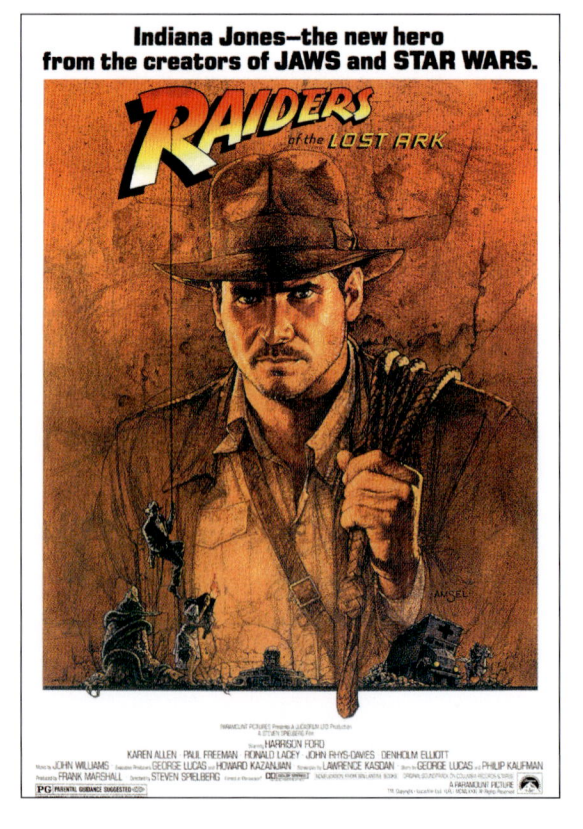

Oben: Indiana Jones' frühere Geliebte Marion (Karen Allen) mit dem alles entscheidenden Kopfstück des Stabes von Re.

Links: *Jäger des verlorenen Schatzes* ist auf vielfältige Weise zu dem Film geworden, der Steven Spielbergs Ruhm als weltweit größter Unterhaltungskünstler begründet hat.

DER INNERE ZIRKEL

Steven Spielbergs wichtigste Kollaborateure

SID SHEINBERG
Sidney Jay Sheinberg, der Leiter der Universal Pictures, war Spielbergs großer Mentor. Er setzte nicht nur auf den jungen Regisseur, er gab auch Ratschläge, hörte sich Ideen an, war ihm eine Inspirationsquelle und beruhigte ihn (etwa während der schwierigen Dreharbeiten zu *Der weiße Hai*).

GEORGE LUCAS
Verschwörer, Kollaborateure, Partner, Movie Brats und beste Freunde: Spielberg und Lucas sind Hollywoods erfolgreichstes Doppel. Zusammen schufen sie die Saga von Indiana Jones. Sie dienten einander immer wieder als Resonanzboden für ihre jeweiligen Projekte und bilden dabei einen faszinierenden Kontrast: Spielbergs instinktives Genie und die branchenumspannende Vision von Lucas.

RICHARD DREYFUSS
Richard Dreyfuss erweckte als Spielbergs erstes Alter Ego das Konzept des Geeks als Helden in *Der weiße Hai* und *Unheimliche Begegnung der dritten Art* zu einem brillant-widerborstigen Leben. Seine nervöse Präsenz, die durch ihre schiere Unwahrscheinlichkeit als Hauptfigur so eine starke Energie entwickelt hatte, fehlt in den späteren Filmen.

KATHLEEN KENNEDY
Kathleen Kennedy war eine Hälfte eines Produzentenehepaars und sorgte seit *Jäger des verlorenen Schatzes* dafür, dass Spielbergs Ideen organisierte Gestalt annahmen. Sowohl *Die Farbe Lila* als auch *BFG* gehen auf ihre Vorschläge zurück.

Rechts: Vollkommen im Einklang – die Partnerschaft des Komponisten John Williams mit Steven Spielberg führte zu 29 Filmmusiken.

FRANK MARSHALL
Frank Marshall, der Ehemann von Kennedy, war für Spielberg der zweite wichtige Produzent. Auch er arbeitete zuerst an *Jäger des verlorenen Schatzes* mit und ahnte sofort, dass der Regisseur jemanden brauchte, der für ihn die Zusammenarbeit mit dem Studio übernahm. „Er wollte einen Produzenten, der das vorgesehene Budget des Films tatsächlich einhalten konnte."[1]

JOHN WILLIAMS
Am wichtigsten war vermutlich Spielbergs Zusammenarbeit mit dem Komponisten John Williams. Sie begann mit *Sugarland Express* und erstreckte sich danach über 29 Filme, in denen Musik und Bild untrennbar miteinander verbunden sind. Oder in Spielbergs Worten: „Ich erzähle eine Geschichte, und dann erzählt John sie musikalisch ein weiteres Mal."[2]

MICHAEL KAHN
Michael Kahn war jahrzehntelang Spielbergs Filmeditor. Der Grund ist leicht zu erkennen. Kahns erzählerische Rhythmen sind immer natürlich, sodass Spielbergs Filme mühelos anzusehen sind. „Ich bin ein sehr guter Zuhörer", lautete seine Erklärung ihrer Zusammenarbeit. „Wenn Steven redet, höre ich genau zu. Ich höre dem zu, was er erzählt, und dann höre ich auf das, was ich glaube, was er meint, und dann höre ich auf mich selbst."[3]

ALLEN DAVIAU
Der erste wichtige Kameramann war Allen Daviau. Er hatte *Amblin'* für den noch unentdeckten Spielberg aufgenommen und war dann für *E.T.* zurückgekommen, um das Märchen und die Vorstadt miteinander zu verschmelzen und die unverkennbare traumartige Atmosphäre zu schaffen.

JANUSZ KAMIŃSKI
Der polnische Kameramann arbeitete zuerst bei *Schindlers Liste* für Spielberg. Seitdem sind sie unzertrennlich. Der überaus sorgfältige Kamiński weitete das Repertoire vielseitig aus: Geschichtsepen, Science Fiction, Musical, Trickfilme mit Riesen – alles war möglich. Kamiński hält sich zugute, er habe dazu beigetragen, Spielbergs Vorstellung von „traditioneller Schönheit" zu verändern.[4]

TOM HANKS
Tom Hanks ist nach fünf Filmen mit Spielberg zu dessen Jedermann der ersten Wahl geworden. Spielberg wusste sehr früh, dass er Hanks naturalistische Gabe in seinen Filmen einsetzen wollte. Als Gespann Regisseur-Hauptdarsteller finden wir sie dann zuerst in *Der Soldat James Ryan*. „Ich suchte einen Schauspieler, der nicht sofort vorschlagen würde, mit den Zähnen den Sicherungsstift aus einer Handgranate herauszuziehen", erklärte Spielberg. „Und das war Tom Hanks."[5]

DAS PHÄNOMEN

Das Wunder: *E.T. – Der Außerirdische* (1982)

Es kam alles auf Elliott an. Er war das Prisma, in dem sich alle Teile des Films brechen sollten – ein verlorener Junge, zehn Jahre alt, vom Vater verlassen und von einer verletzten Mutter vernachlässigt, das mittlere Kind, das nach Anschluss sucht: Elliott ist ein Fremder in seiner eigenen Familie. Als Spielberg sich *Der geheimnisvolle Fremde* ansah, war ihm klar, dass der vaterlose Junge in dem Film mit Sissy Spacek die Hauptrolle in seinem neuen Film sein sollte.

Henry Thomas füllte die Leinwand mit seinem Ernst und seinem Trotz, mit seinen dunklen, von Not erfüllten Augen unter einem Schopf schwarzer Haare. Spielberg wusste intuitiv, dass Kinder so waren, weil er sich selbst noch daran erinnern konnte. Sein Film war voll solcher Erinnerungen. Hollywood hatte seine Kinderstars in eine Reihe altkluger kleiner Waisenkinder verwandelt. Kinder, echte Kinder, waren ernsthafte Wesen, aber mit unberechen- und unbeherrschbaren Impulsen. Spielbergs Kinderfiguren werden in das Erwachsensein hineingestoßen, während seine Erwachsenen nach dem Kind suchen, das sie einst gewesen sind. „Spielberg gelingt es, Eskapismus mit Unentrinnbarkeit zu verbinden. Keine schlechte Leistung." So seine Biografin Molly Haskell.[1] Die Kritiker bemängelten, der Regisseur sei eine Peter-Pan-Gestalt, aber seine Filme handeln von der Tragik des Erwachsenwerdens.

Während der langen Dreharbeiten für *Unheimliche Begegnung der dritten Art* wies François Truffaut mehr als einmal darauf hin, dass er einen Film über „kiehds" drehen müsse.[2] Spielberg erzählt die Anekdote immer mit einem liebevollen französischen Akzent. Truffaut selbst hatte mit *Sie küssten und sie schlugen ihn* einen der großartigsten, unaffektierten autobiografischen Filme über ‚kiehds' gedreht.

„Du bist das Kind", erklärte er Spielberg.[3]

Die Saat ging im fruchtbaren Boden der Fantasie des jungen Regisseurs auf. Selbstporträts hatte es schon zuvor gegeben – Hooper, Neary und Indy –, aber dies war die Geschichte seiner Jugend in den Vorstädten, seiner nicht intakten Familie und seiner Versuche, in seine Fantasie zu entkommen. In einem Interview gab er zu, dass diese eigenartige Liebesgeschichte aus „einer Unmenge vorstädtischem Psychodrama" entstanden war.[4]

Er hatte an eine normale Komödie mit dem Titel *Growing Up* gedacht, in der ein

Rechts: Das Schlüsselbild von Elliott (Henry Thomas) und E.T., die am Mond vorbeifliegen, zeigt viele Elemente, die typisch für den Spielberg-Touch sind: das magische Licht, die Anspielung auf Peter Pan, die Silhouette, das Alltägliche (ein Fahrrad) und das Magische, und ein Augenblick absoluter Verbundenheit.

E.T. – DER AUSSERIRDISCHE
1982 Regisseur/Produzent

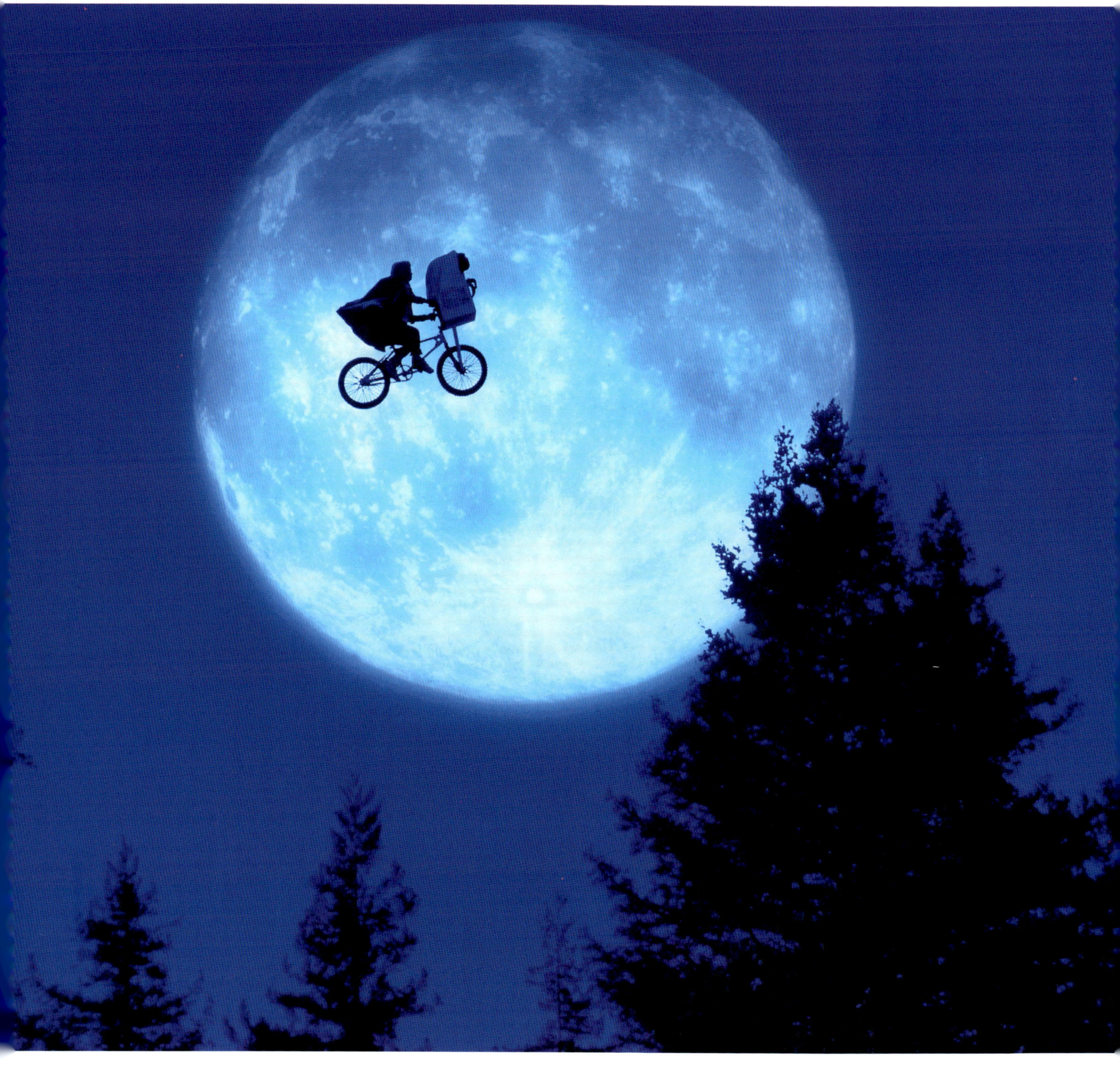

Links: Das Leben eines Jungen – Steven Spielberg hilft Henry Thomas, mit den emotionalen Belastungen einer Szene umzugehen. Elliott war auf jede Weise eine Version des jungen Spielberg und der Film die Science-Fiction-Version einer Autobiografie.

Junge die Scheidung seiner Eltern durchlebt. 40 Jahre später entstand daraus *Die Fabelmans*. Aber 1980 konnte er nicht anders, als das Ganze auf Spielbergsche Art etwas aufzupeppen. Es sollte ein autobiografisches Märchen über einen imaginären Freund (seinen imaginären Freund) werden, der zur Realität wird. Es war einmal: In einem amerikanischen Vorort, der sich nicht sehr von demjenigen in Saratoga unterscheidet, in dem Spielberg aufwuchs, trifft ein einsamer Junge auf einen schiffbrüchigen Außerirdischen, und sie retten sich gegenseitig.

Der Film erhielt den Decknamen *A Boy's Life*, um Spielbergs Absichten vor den neugierigen Medien zu verstecken. Er sollte schließlich den Titel *E.T. – Der Außerirdische* erhalten.

Beim ersten Treffen mit seinem späteren Hauptdarsteller befürchtete Spielberg, er könnte zu ernsthaft sein. Nachdem sich die Nervosität gelegt hatte, erwachte Thomas jedoch zum Leben. Als Spielberg ihn mitnahm, um seinen Co-Star zu treffen, der mit seinem breiten Kopf, dem untersetzten Körper und den sanften, grapefruitgroßen blauen Augen in der Werkstatt stand, machte sich auf Thomas' Gesicht ein manisches Lachen breit. Als man ihn bat, eine Szene zu improvisieren, in der E.T. fortgebracht wird, erinnerte sich der Junge an den Tod eines Familienhundes und brach in Tränen aus. Alle im Raum verstummten. Der Junge war unheimlich – er war wie eine Stimmgabel, die mit Gefühlen mitschwang. Spielberg gab ihm auf der Stelle die Rolle.

Im Laufe der Jahrzehnte hat es beeindruckende Auftritte in Spielbergs Filmen gegeben. Der Naturalismus von Roy Scheider in *Der weiße Hai*, Dreyfuss in *Unheimliche Begegnung der dritten Art*, der leicht ramponierte Stolz von Harrison Ford in *Jäger des verlorenen Schatzes*; später dann Ralph Fiennes in *Schindlers Liste*, Leonardo DiCaprio in *Catch Me If You Can* und Daniel Day-Lewis in *Lincoln*. Das Besetzen der Rollen war eine Kunst für sich. Aber in seinem sechsten Spielfilm gibt es ein Quartett von Rollen, die so treffend dargestellt werden, dass wir sie kaum als Darstellungen wahrnehmen. Der 15-jährige Robert MacNaughton brilliert als Elliotts großer Bruder Michael, der darum kämpft, den Mann im Haus abzugeben, aber noch von den vertrauten Spielen der Kindheit getragen wird. Als Elliott ihm sein Geheimnis anvertraut, gleitet sein Grinsen in Furcht ab, und der unsichere Erwachsene in ihm regt sich. Und dann die wunderbare, damals sechs Jahre alte Drew Barrymore als Gertie: unbezähmbar, frech, witzig. „Mach mal 'nen Punkt", stöhnt sie, wenn ihre Brüder wieder platte Witze reißen.[5] Sie reagiert, sie ist das Publikum – lachend, weinend, kreischend.

Und dann Dee Wallace als die Mutter. Sie ist so wichtig für die Geschichte, und die relativ unerfahrene Wallace macht so viel aus dem Wenigen, das die Rolle der Mary hergibt. Spielberg sah Mary als ein weiteres Kind unter Kindern, eine Version seiner eigenen Mutter, gehetzt und verletzt, zerbrechlich wie eine Porzellanvase. Sie trug die außerordentliche Szene bei, in der Mary auf ihre Urinstinkte reagiert und ihren Sohn von seinem kranken Gefährten

DAS PHÄNOMEN 67

Links: Die Macht des Seelenschmerzes – Gertie (Drew Barrymore) und Mary (die fabelhafte Dee Wallace) sehen zu, wie E.T. abbaut, und in keinem Kino des Landes bleiben die Taschentücher trocken.

Unten: Henry Thomas, Drew Barrymore und Robert MacNaughton spielen die drei Hauptrollen so natürlich, dass wir sie kaum als schauspielerische Darstellungen wahrnehmen. Sie sind schlicht und einfach diese Kinder.

wegreißt. Die Schreie klingen wie Fingernägel auf einer Schultafel.

Spielberg war nach vier Riesenproduktionen erschöpft. Er beschloss einfach, nicht Steven Spielberg zu sein. Seit *Der weiße Hai* hatte stets Erwartungsdruck auf ihm gelastet. Zur Hölle damit. Als am 8. September 1981 die Dreharbeiten begannen, ging er davon aus, dass das Publikum vermutlich kein Interesse an seinem neuen Film zeigen würde. Aber das war okay. Diesen Film machte er für sich selbst.

„Ich musste niemanden etwas beweisen, außer mir selbst", betonte er entschieden, „und allen, die sich fragten, ob unter dem Herz, von dem sie annahmen, die Firma Industrial Light and Magic hätte es für mich angefertigt, auch ein menschliches schlug."[6]

Sein kleines Experiment, die Science-Fiction-Geschichte, die er so sanft umfasste wie eine Kinderhand, sollte zu einem der innig geliebtesten Filme der Geschichte werden.

Das Filmemachen war für den jungen Spielberg fast etwas Existentielles, er war in jeder Hinsicht ein Naturtalent, das unter Hintanstellung alles anderen in einen Film eintauchte. Er sagte selbst, er hätte mit seinem Film „eine Affäre".[7] Er war aber auch ein Mitglied des Publikums, darauf wartend, dass die Lichter im Kino ausgingen. Es war nie Kunst um der Kunst willen. Er brauchte unsere Tränen.

Angefangen hatte der Film als Fortsetzung von *Unheimliche Begegnung der dritten Art*. Er hatte Angst, Columbia könnte ohne ihn eine Fortsetzung machen, die seine Kreation nachträglich schmälern könnte, wie *Der weiße Hai 2* das Erbe seines ersten Hits vergeudet hatte. Das Drehbuch stammte von John Sayles und erinnert an *Firelight*. In *Night Skies* geht es um eine Gruppe böswilliger Außerirdischer, die eine abgelegene Farm terrorisieren. Es war ein gutes Drehbuch, kam aber zur falschen Zeit. Spielberg hatte den Kopf nicht frei für noch mehr Angst und Abenteuer, noch mehr des gleichen Strickmusters. *Night Skies* landete in der Schublade (Ideen daraus wurden aber in *Poltergeist* und *Gremlins* aufgenommen, die er später produzierte).

Während der anstrengenden Dreharbeiten zu *Jäger des verlorenen Schatzes* in Tunesien schüttete der heimwehkranke Spielberg sein Herz gegenüber Melissa Mathison aus, damals Fords Freundin, später seine Ehefrau.[8] Seine Einsamkeit nahm die Gestalt einer Geschichte an. Mathison war eine begabte Drehbuchautorin. Science Fiction sprach sie als Genre nicht an, aber sie war davon begeistert, wie unerwartet zart der Außerirdische war, der im Mittelpunkt stand, und wie die Geschichte sich um diese Freundschaft drehte, die aus intergalaktischen Bedürfnissen entstand.

Die Drehbuchautorin und der Regisseur fanden sofort auf eine gemeinsame Ebene. „Melissa besteht zu 80 Prozent aus

Gegenüber: Der für Halloween geschminkte Elliott (Henry Thomas) führt E.T. in den Wald, um zu versuchen, mit seinem Schiff Kontakt aufzunehmen.

Unten: E.T.s leuchtende Fingerspitze mit ihren Heilkräften ist das perfekte Symbol für Spielbergs eigene Fähigkeit, das Publikum zu rühren.

Herz und zu 20 Prozent aus Logik", erinnert sich Spielberg. „Um E.T. – Der Außerirdische zu machen, waren ihre Sensibilität und mein Know-how notwendig."⁹ Mathisons erste Fassung war nach zwei Monaten fertig, und der begeisterte Spielberg legte sich selbst die Beschränkungen auf, die auch bei seinen Fernsehfilmen galten: Das Budget betrug nur zehn Millionen US-Dollar und die Dreharbeiten sollten nach zehn Wochen abgeschlossen sein – eine echte Herausforderung seines Talents.

„*E.T. – Der Außerirdische* hat mir von all meinen Filmen eindeutig das meiste Vergnügen bereitet, und es war auch mein bester", sagte er.¹⁰

Columbia beging den Riesenfehler, den Film abzulehnen. Wo waren die ganzen Horrorelemente geblieben? Sein Mentor Sid Sheinberg überzeugte Universal Pictures, ihn gewähren zu lassen. Sie wollten warten, bis er wieder zu Sinnen kam und ihr Geld ausgab. Niemand glaubte an den Film. Nie war er so wenig am *Mechanischen* interessiert. Es gab zwar fliegende Fahrräder, in der Luft schwebendes Obst und natürlich eine äußerst raffiniert gebaute außerirdische Lebensform, aber der Film wird durch die Schlauheit seiner jungen Figuren und ihrer heimlichen Pläne zum Leben erweckt, die so ernsthaft und zugleich so witzig sind.

Spielberg behauptete oft, er sei ein Handwerker ohne eigenen erkennbaren Stil. Aber alles Abstreiten hilft nicht: *E.T. – Der Außerirdische* war eine großartige Demonstration absoluten Stilgefühls.

„Ich glaube, wenn man sich seine Arbeiten aus dieser Zeit ansieht und einem nicht klar wird, dass hier ein Meister der Einstel-

> „E.T. – Der Außerirdische hat mir von all meinen Filmen eindeutig das meiste Vergnügen bereitet, und es war auch mein bester."
>
> Steven Spielberg

lungen, des Timings und des Rhythmus am Werk ist, ein geborener Filmemacher, dann fehlt einem auf grundlegende Weise ein Verständnis für den Film", schrieb Charles Taylor in *Salon* anlässlich des 20. Jubiläums der Premiere.[11]

Spielberg vertraute überall auf seinen Instinkt. Die Wahl des Kameramanns war ihm immer schwergefallen. Er rief den relativ unerfahrenen Allen Daviau an, der *Amblin'* gedreht hatte, jetzt aber vor allem für das Fernsehen arbeitete.

„Würdest du meinen nächsten Spielfilm machen?", fragte er den verblüfften Daviau.[12] Er suchte jemanden, der hungrig war, der schnell arbeiten, der „einen kühnen Eindruck machen würde".[13] Auch das war wieder eine perfekte Wahl.

Spielberg forderte von ihm widersprüchliche Ansätze: real und traumartig. Es gibt kaum mehr als vier Drehorte: der Wald, das Haus, die Schule und das Grundstück. Aber diese Welt liegt unter einem Zauber, wenn Daviau das Leben von Elliott in Nebelschleier oder das magische Licht des sanft-orangenen Himmels einhüllt. Spielberg löste sich von der Tyrannei der Storyboards und schoss aus der Hüfte. Im wahrsten Sinne des Wortes: Die Kamera filmte auf Augenhöhe von E.T. oder Elliott, sie lenkte nie die Aufmerksamkeit auf sich, war aber immer mittendrin.

„Ich bin das Betäubende des Lebens in den Vorstädten immer noch nicht losgeworden", sagte Spielberg.[14] In den Vororten, das wusste er, haben die Kinder Geheimnisse. „Wo könnte man einen Außerirdischen besser vor den Erwachsenen verstecken als dort?"[15]

E.T. – Der Außerirdische ist das beste Beispiel dafür, wie Spielberg Selbsterlebtes verwendet, um seine Fantasien aufzuladen: die Brownsche Bewegung von Kindern, die in einem Haus herumtollen, die kleinen Rivalitäten und Streitigkeiten unter Geschwistern, die Rituale an Halloween und bei den Spieleabenden und das Sich-Ins-Wort-Fallen. Spielbergs Erinnerungen zeigen sich auch im Szenenbild von Jim Bissel, das laut Karal Ann Marling

Oben: Ein Vorstadt-Märchen – Elliott (Henry Thomas) geht einem merkwürdigen Geräusch im Schuppen nach. Spielberg tauchte die Szene ohne Hemmungen in Licht und Nebel.

Links: Ein globales Phänomen – Mike (Robert MacNaughton) und Elliott (Henry Thomas) versuchen E.T. zu erklären, wo er sich befindet. Elliotts Kinderzimmer mit den vielen Spielsachen ist, wie das ganze Haus, ein brillant arrangiertes Durcheinander. Wie im echten Leben.

Gegenüber: Gertie (Drew Barrymore) spielt mit dem neuen Hausgenossen Verkleiden. Elliott ist entsetzt.

„deutliche Benutzungsspuren aufweist".¹⁶ Diese Zimmer kann man einfach nicht als Kulissen betrachten.

Charles Taylor sah darin sowohl eine Satire auf den American Way of Life als auch seine Poetisierung: „Spielbergs Arbeiten erinnerten einen daran, was an Amerika gut war – der Optimismus, die verrückten Überschwänglichkeiten der einfachen Leute, und die Art, in der sich die Menschen im lärmenden Gerangel ihres Familienlebens Freiräume schafften."¹⁷

Große Teile des Films spielen nicht einmal im Mutterschiff des Haushalts, sondern in dem wechselnden Ambiente von Elliotts Zimmer, das mit einfachen Mitteln immer wieder in anderes Licht getaucht wird – ein gelbes Tuch, das über eine Glühbirne gelegt wird, eine Aufnahme durch farbiges Glas oder das Herunterlassen der Jalousien. Daviau wollte vom Regisseur immer genau wissen, um welche Tageszeit jede Szene spielte, und ließ den Mond oder die Sonne dementsprechend am Himmel stehen.

Melissa Mathison übertrug die Drehbuchszenen des Tages für die Kinder auf kleine Karten und blieb auch am Set, um für gute Stimmung zu sorgen. Spielberg hatte noch keine eigenen Kinder und war stellvertretender Vater für eine fiktionale Familie. In den Mittagspausen spielte er mit Thomas Pac-Man. Er führte seine menschliche Hauptfigur auf eine fast osmotische Weise. Er sprach davon, seinen „Stoffwechsel [auf die jungen Schauspieler] abstellen" zu müssen, ihnen Zeit und Raum geben zu müssen, damit sie sich in eine Szene einfühlen konnten.¹⁸ Er musste immer bereit sein, ein „Göttergeschenk" in Empfang zu nehmen – eine Aufnahme, in der das Leben selbst in den Film einbricht.¹⁹ Sie lebten im Studio in einer Blase, ohne Störungen von außen, gehüllt in eine

Links: Die 6-jährige Drew Barrymore reagiert als Gertie mit markerschütternden Schreien auf die Begegnung mit E.T.

Wolke der Geheimhaltung, die zu lüften es der Presse nicht gelang.

E.T. – Der Außerirdische ist so vertraut wie eine Erinnerung, aber man kann den Film nicht einordnen. Das Genre heißt Spielberg. Es ist ein Film über den Besuch Außerirdischer, eine weitere *Unheimliche Begegnung der dritten Art*, aber im kleinen Maßstab eines Independent-Films. Es ist die Geschichte einer Rettung, der Versuch, den Gestrandeten zu seinem Raumschiff zurückzubringen. Es ist aber auch ein Coming-of-Age-Film und eine Parabel über die zerfallenden Gewissheiten des amerikanischen Lebens – in dieser Familie ist nicht alles in Ordnung. Die Achtziger werden keineswegs idealisiert. Scheidung war das unausgesprochene Geheimnis eines Amerikas, in dem jede zweite Familie keine heile Familie mehr war. Außer dem um sich selbst kreisenden *Kramer gegen Kramer* hatte bisher kein Hollywood-Film die bösen Konsequenzen einer Scheidung mit solcher Ehrlichkeit geschildert. Aber dieser Film war ebenso sehr eine Komödie, in der dieser vollkommen Fremde versucht, sich in den Merkwürdigkeiten des kalifornischen Alltags zurechtzufinden.

Das Timing der komischen Szenen ist so perfekt wie bei Chaplin. Als sie das erste Mal ihren unerwarteten Hausgenossen sieht, fängt Gertie an zu schreien. Der emphatische E.T. erwidert jeden Schrei mit einem eigenen, und das Zimmer löst sich im Chaos auf, während von unten die fragenden Rufe der Mutter heraufschallen. Man muss einfach lachen, hat aber zugleich Angst, der Außerirdische könnte entdeckt werden.

Auf jeden Fall gehört *E.T. – Der Außerirdische* zu den großen Kindergeschichten: Rudyard Kipling, L. Frank Baum, Roald Dahl und besonders J.M. Barrie mit seinem Peter Pan, der immer als Inspiration im Hintergrund steht. Es gibt eine wunderbare Szene (unter vielen), in der Mary der gebannt zuhörenden Gertie aus Peter Pan vorliest, während E.T. sie belauscht. In der betreffenden Passage des Buchs wird der Leser aufgefordert, an die Existenz von Feen zu glauben, so wie wir am Ende versuchen, E.T. durch unseren Glauben an ihn ins Leben zurückzurufen. Es gibt auch Anklänge an die gerissenen Helden verschiedener Kinderbücher mit jugendlichen Detektiven in den Hauptrollen.

Neben der Literatur bezog Spielberg sich auch auf die Mythen des Kinos: *Der Zauberer von Oz*, *Lassie*, *In den Wind gepfiffen*, *Die Nacht des Jägers* und Victor Erices bewegenden *Der Geist des Bienenstocks*, in dem zwei Mädchen während des Spanischen Bürgerkriegs einen gegnerischen Soldaten verstecken, weil sie glauben, er sei die bedauernswerte Kreatur von Dr. Frankenstein. E.T. und seine Besatzung sind enthusiastische Botaniker, die einen an die Roboter in Douglas Trumbulls *Lautlos im Weltraum* erinnern. Und dann ist da natürlich noch die Verwandtschaft mit seiner eigenen *Unheimlichen Begegnung der dritten Art*.

DAS PHÄNOMEN 73

Links: Die Rettung: Elliott (Henry Thomas, in seinem unverkennbaren roten Hoodie), E.T. und die anderen Kids fliehen vor den Anzugträgern.

Unten: Mike (Robert MacNaughton) folgt der Spur des vermissten E.T. Die Landschaft wird im Einklang mit dem kränkelnden Außerirdischen langsam herbstlich.

Vor allem hat *E.T. – Der Außerirdische* aber die Struktur eines Liebesfilms. E.T. und Elliott treffen sich, entwickeln Gefühle füreinander, trotzen allen Widerständen und trennen sich mit süßem Schmerz. Mathison hatte sich für die ersten Augenblicke der außerirdischen Kundschaftermission einen mitteleuropäischen Wald wie aus den Märchen der Gebrüder Grimm vorgestellt. Spielberg wandelte ihn in ein Dickicht aus kalifornischen Redwoods ab. Taschenlampen kündigen den Menschen an, an seiner Hüfte scheppert ein Schlüsselbund. Wir werden Zeugen einer Jagd, einer bruchstückhaften Montage, die ebenso nervenaufreibend ist wie die ersten Szenen von *Der weiße Hai*. E.T.'s Körperschwerpunkt liegt niedrig, er schwankt wie betrunken, kann aber durch das Unterholz brechen. Sein Schrei zerschneidet Williams anschwellende Filmmusik. Gibt es einen Regisseur, der besser Filmanfänge inszeniert? Die acht Minuten ohne Dialog finden ihr Ende, als E.T. auf die Lichter der Zivilisation blickt.

Daviaus Ausleuchtung spielte eine wesentliche Rolle für die Alchemie, die Polyurethan in etwas Lebendiges umwandelte. Zu viel Licht, und E.T. war deutlich als Puppe zu erkennen, zu wenig, und er verschwand in den Schatten. Spielberg wollte das Gesicht „gerade genug" sehen.[20] Daviau lenkte mit Metallfolie einzelne Lichtflecken auf die uralte Haut.

„E.T. konnte nicht nur traurig aussehen, er konnte merkwürdig traurig aussehen", stellte Spielberg mit Befriedigung fest.[21] Der himmlische Besucher war von Carlo Rambaldi kreiert worden, einem italienischen Animatroniker, der schon Gigers Geschöpfen für *Alien* Gestalt verliehen hatte. Sein heiliger Narr hat die Leiter der Evolution erklommen, bis er schließlich emotionale Telepathie und das Levitieren von Fahrrädern beherrscht.

Auch dadurch wird der Albtraum von *Der weiße Hai* in sein Gegenteil verkehrt: Dies ist eine Puppe, die so gut ist, dass sie ganz nach Spielbergs Wunsch überall und jederzeit auftauchen kann. Als Elliott (und die Kamera) Gelegenheit bekommen, E.T. genauer zu betrachten, entdecken sie runzlige, reptilienhafte Haut, einen streckbaren Hals und einen grazilen Finger, dessen Spitze leuchtet.

DAS PHÄNOMEN   75

Oben links: Empathie – die seelische Verbindung zu seinem froschähnlich aussehenden besten Freund hindert Elliott (Henry Thomas) daran, in der Schule einen Frosch zu sezieren.

Oben rechts: Die Kunst liegt im Einfachen: Um die Halloween-Szenen aus E.T.'s Sicht zu filmen, der sich unter einer Bettdecke versteckt hatte, schnitt Spielberg zwei Augenlöcher in ein Stoffstück.

Gegenüber: Gertie (Drew Barrymore) verabschiedet sich von E.T. Die Kinderschauspieler behandelten die Puppe bei den Dreharbeiten wie ein lebendiges Wesen.

Spielberg hatte natürlich Unmögliches verlangt – eine Kreatur, die zugleich alt und kindlich war. Die Wesen, die in *Unheimliche Begegnung der dritten Art* aus dem Mutterschiff kommen, sind surreales Beiwerk ihrer Technologie. E.T. verlangte nach einer *Darstellung*. Er hat das Kindergesicht mit den großen Augen eines Disneygeschöpfes, aber auch die Falten eines weisen Philosophen, die ironische Gelassenheit von Einstein, die gefurchte Stirn von Hemingway und das leuchtende Herz Tausender Christus-Darstellungen. Gott ist in Spielbergs Fantasie nie weit entfernt.

Der Regisseur hatte eine „Röntgenaufnahme" von E.T.'s inneren Organen gefordert.[22] Das Herz sollte direkt vor unseren Augen schlagen.

Nachdem Rambaldi vor der Aufgabe kapituliert hatte, ein voll bewegliches Modell zu bauen, hatten drei verschiedene Schauspieler in einem Kostüm die Szenen eingespielt, in denen E.T. geht. Die „A-Version" der Puppe war fast einen Meter groß und konnte hydraulisch und elektrisch gesteuert 85 verschiedene Bewegungen ausführen.

Debra Winger steuerte die erste Fassung der gurgelnden, schnurrenden Stimme mit der Grammatik eines Kleinkindes bei („E.T. zuhaus telefonieren!").[23] Der Tontechniker Ben Burtt arbeitete schließlich mit der Radioschauspielerin und starken Raucherin Pat Welsh zusammen und überlagerte ihre Stimme mit Aufnahmen von Waschbären, Ottern, Pferden und dem schweren Atmen seiner schlafenden Frau, die an einer Erkältung litt.

David Thomson fragt auf seine zuverlässig kritische Art, ob der Film nicht etwas interessanter wäre, wenn er wenigstens eine Szene enthielte, in welcher der Außerirdische „nicht ganz so perfekt" wäre.[24] E.T. mag zwar nicht bösartig sein, aber etwas Koboldhaftes hat er doch. So etwa, wenn er im Kühlschrank Bier findet und rülpsend vor dem Fernseher sitzt (als komödiantische Beigabe überträgt er auch noch seine Trunkenheit auf Elliott, der in der Schule ist).

Links: Rückkehr von den Toten – Elliott (Henry Thomas) wird Zeuge von E.T.'s leuchtendem Herzen. Ein Wunder, das es Spielberg erlaubt, im Film Bilder mit christlich konnotierter Symbolik zu verwenden.

Unten: Der mitfühlende Keys (Peter Coyote) war ein weiteres Alter Ego von Steven Spielberg – der erwachsene Mann, der noch im Einklang mit seiner Kindheit steht.

DAS PHÄNOMEN   77

Als Anklang an *Der Weiße Hai* und *Unheimliche Begegnung der dritten Art* macht sich aber auch hier ein Hauch von Paranoia breit. Gesichtslose Autoritätsfiguren, in Raumanzüge, Gesichtsmasken und die kalte Klarheit wissenschaftlicher Erkenntnis gehüllt, versiegeln das Haus mit Kunststofffolie. Diesmal ist es der Mensch, der wie ein außerirdischer Eroberer auftritt. Als der Agent Keys (Peter Coyote) sich als harmlos entpuppt, ist der Zuschauer etwas enttäuscht, weil Spielberg ihn zu leicht vom Haken lässt.

Spielbergs wichtigster Film bricht einem das Herz. Er ist eine Schnulze, er ist so emotional erschöpfend wie *Jäger des verlorenen Schatzes* aufregend war. Aber er ist nicht sentimental. Als ausgerechnet die begeisterte Pauline Kael den Film „eine Glückseligkeit" nannte, griff sie ausnahmsweise einmal zu kurz.[25] Glücksgefühle gibt es natürlich, aber der Film zeugt von Qualen, deren Spuren sich länger in der Seele halten als bei den meisten Horrorfilmen. Manchmal ist das schwerer zu ertragen als *Der weiße Hai*. Das Geheimnis von Disney wird offenbar – das grundlegende Gefühl des Märchens ist das Trauma. Nicht nur, dass die Behörden den Versteckten in einem zerrütteten Zuhause entdecken oder die Vororte Gift in sein Herz träufeln könnten, sondern es gibt auch die Gewissheit, dass die Kindheit enden wird.

Die Befürchtung, das Elliott und E.T. sich werden trennen müssen, lässt sich nicht abschütteln.

Gibt es in allem, was Spielberg gedreht hat, eine perfektere Aufnahme als die, in der Elliott im Glauben, sein kosmischer Freund sei umgekommen, seine Liebe gesteht? Thomas steht dicht an der Glasscheibe, und sein Atem kondensiert wie ein feiner Nebel daran. „Ich muss tot sein", flüstert er, „weil ich nicht mehr weiß, wie man fühlt."[26] Sowohl E.T. als auch seine Unschuld sind ihm entglitten. Währenddessen hat sich Mike in einen Schrank zurückgezogen, wo er inmitten der Spielzeuge, denen er längst entwachsen ist, verzweifelt den Trost der Kindheit sucht.

Diese wilde Intimität weicht am Ende einer normaleren, sonnigeren Spielbergschen Überdrehtheit: der wiederauferstandene E.T. in seiner weißen Robe als Christus auf einem Fahrrad, der die Jungen über die waffenstarrenden Uniformierten hinweghebt. Falls wir hier von einem Meister manipuliert werden, dann sind wir willentliche Opfer.

Der Erfolg des Films war so beispiellos, so phänomenal, dass man schätzte, Spielberg habe zeitweise durch seinen Anteil am Profit eine halbe Million US-Dollar am Tag verdient. *Star Wars* hatte *Der weiße Hai* den Rang als erfolgreichster Film aller Zeiten abgelaufen, jetzt überholte ihn wiederum *E.T. – Der Außerirdische* und brachte unglaubliche 793 Millionen US-Dollar ein, als die Merchandising-Maschinerie Fahrt

Rechts: Über all die Genres hinaus, in die *E.T. – Der Außerirdische* eingeordnet worden ist (Science-Fiction, Märchen, Kinderabenteuerfilm, Komödie), ist es vor allem ein Liebesfilm.

aufnahm. Am Premierenwochenende von *E.T. – Der Außerirdische* gönnte Spielberg sich eine der original Schneekugeln aus *Citizen Kane*, die bei Sotheby's für lockere 60.500 US-Dollar versteigert wurde: eines der großen cineastischen Symbole für eine verlorene Kindheit.

Das erste Preview im texanischen Houston war wie ein religiöses Erlebnis. „Ich glaube, es hat niemals ein derartiges Publikum gegeben," erinnerte sich der Universal-Chef Sid Sheinberg daran, wie seine Nachsicht einem Genie gegenüber schließlich Geschichte schrieb.[27] Als die Lichter angingen, war Spielbergs Gesicht ebenso tränenüberströmt wie die der Zuschauer. Der Film wurde als Abschlussvorführung der Filmfestspiele 1982 in Cannes ausgewählt, wo ein Publikum aus hartgesottenen Filmkritikern und streitlustigen Filmleuten aufstand wie ein Mann, um Spielbergs Film zu huldigen.

„Wir weinten um unsere verlorenen Seelen. Dies ist das grundlegend Geniale an Spielberg", sagte der Schriftsteller Martin Amis, der ein Interview mit dem erschöpften Regisseur führte. „Und *E.T. – Der Außerirdische* ist der eindeutigste Beweis seiner Universalität."[28]

Rolling Stone schrieb, Spielberg zeige „die unheimliche intuitive Kraft eines Jean Renoir des Raumfahrtzeitalters".[29] In der *LA Weekly* las man: „Er ist der Fellini unserer Kultur der Spielekonsolen."[30]

Natürlich gab es auch jene, die der Film kalt ließ. „Was ist schon so großartig an dem, was diese Außerirdischen zu bieten haben", wunderte sich Don McKellar in der *Village Voice*.[31] In *Newsweek* erschien eine Kolumne unter der Überschrift „Also, ich liebe Dich nicht, E.T."[32]

Spielberg hatte dazu beigetragen, den Blockbuster als neues wirtschaftliches Modell für Hollywood zu etablieren – mehr ausgeben, um mehr einzunehmen. Aber *E.T. – Der Außerirdische* erinnert uns deutlich daran, dass sein Erfolg das Ergebnis von etwas Tieferem und Instinktiverem war.

Gegenüber: In seinem Element – Steven Spielberg gibt den Bildausschnitt für eine Aufnahme mit Peter Coyote und Dee Wallace vor. Henry Thomas wich selten von seiner Seite. Der junge Regisseur verließ sich auf seine filmemacherische Raffinesse, um ein Meisterwerk zu schaffen.

Unten links: Entgegen allen Annahmen entwickelte sich der bescheidene *E.T. – Der Außerirdische* (der keineswegs ein Blockbuster war) zum größten Kinohit der Welt.

Unten rechts: Ein Mann und sein Starship – nach dem Phänomen E.T. wuchs Spielbergs Ruhm unaufhaltsam. Sein Name wurde zu einem Alltagsbegriff und in Hollywood zu einem Markenzeichen.

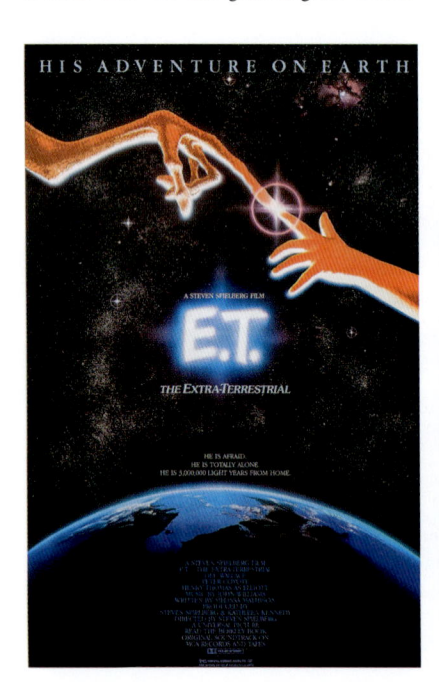

DAS PHÄNOMEN 79

Martin Amis setzte seine Einschätzung des jungen, bärtigen Messias des Kinos mit den Worten fort: „Wie Disney – und auch ein bisschen wie Dickens – ist sein Herangehen vollkommen nicht-intellektuell. Es zielt direkt auf das Herz, die Nerven, die Eingeweide."[33]

Spielberg schloss seine Kindheit in cineastischen Bernstein ein. Diese Sehnsucht verließ zwar nie vollkommen sein Filmemachen, aber nach der Apotheose von *E.T. – Der Außerirdische* war er nie wieder ganz derselbe. Kein Geringerer, aber ein anderer. Nach dem Film wusste er, dass er Vater werden wollte. Und dass er auch als Filmemacher Neuland betreten, sich an Erwachsenenthemen versuchen wollte. Vielleicht vergaß er dabei, dass die Kindheit oft das tiefgründigste Material bereithält. Herzschmerz ist alterslos.

Die Dreharbeiten waren fast chronologisch vorangegangen. In der letzten Szene schlägt Elliott – anders als Neary – eine Einladung aus, zu den Sternen zu reisen.

„Komm", winkt E.T.

„Geh nicht", antwortet Elliott.

Der Gesichtsausdruck der Kreatur – einer Puppe! – zeugt von Seelenpein.

„Autsch", sagt er.[34] Ihr Geheimwort für ein Verletzung. Aber für diese Wunde gibt es keine Heilung.

„Die Emotion war echt", sagte Spielberg.[35] Diese letzten Drehtage waren die traurigsten, die er je an einem Filmset erlebt hatte.

VERLORENE JUNGS

Unheimliche Schattenlichter (1983), Indiana Jones und der Tempel des Todes (1984), Die Farbe Lila (1985), Das Reich der Sonne (1987), Indiana Jones und der letzte Kreuzzug (1989), Always – Der Feuerengel aus Montana (1989), Hook (1991)

Im Frühjahr 1983 traf sich Steven Spielberg mit dem 1948 von Westdeutschland nach Los Angeles emigrierten Poldek Pfefferberg. Der Regisseur wusste es zwar noch nicht, aber dies sollte sich als einer der wichtigsten Augenblicke seines Lebens herausstellen. Einige Monate zuvor hatte sich Sid Sheinberg von Universal Pictures bei ihm gemeldet: „Ich habe deinen nächsten Film", sagte er und schickte ihm eine Buchkritik aus der New York Times.[1] In *Schindlers Liste* erzählte der australische Autor Thomas Keneally die erstaunliche, kaum bekannte Geschichte des deutschen Unternehmers Oskar Schindler, der Tausende seiner jüdischen Fabrikarbeiter vor den Gaskammern rettete. Diese Geschichte hörte Spielberg jetzt aus erster Hand. Pfefferberg hatte auf Schindlers Liste gestanden.

„Wann erzählst du unsere Geschichte?", drängte er.

„In zehn Jahren", antwortete Spielberg.[2] Das traf genauer zu, als er vielleicht dachte.

Ein Jahrzehnt lang lauerte Oskar Schindler in den Randbereichen seines Denkens. Spielberg versuchte sich zu wehren, er suchte nach Auswegen, er machte herrliche Filme, aber er spürte wie Neary den unausweichlichen Ruf, auf der dunklen Seite des Berges für Licht zu sorgen.

Im Jahr 1993 hatte er weitere neun Filme gedreht. Außerdem hatte er neue Talente betreut und seinen Einfluss als Produzent ausgeweitet, sodass sein Name mit Hits wie *Poltergeist*, *Gremlins*, *The Goonies*, *Zurück in die Zukunft* und *Das Geheimnis des verlorenen Tempels* zu einem Markenzeichen und Gütesiegel wurde.

Aber die Wahl der Filme, bei denen er Regie führte, zeugt von seinem Kampf mit der Größe seines Ruhms. Die Erwartung stand im Raum, dass jeder seiner Filme wieder welterschütternd sein würde. Die beiden folgenden Indiana-Jones-Abenteuer waren zuverlässige Hits, aber es kam nichts, was auch nur entfernt dem Rang von *E.T. – Der Außerirdische* oder *Der weiße Hai* entsprach. Die alte existenzielle Frage tauchte wieder auf. Was für ein Regisseur wollte er sein? „Ich verlor meine Identität als Steven Spielberg", sagte er, und stellte sich selbst wie nach einer kafkaesken Verwandlung als ein Stück Zelluloid vor, mit Filmtransportlöchern an den Rändern seines Gesichts.[3]

Es kam noch etwas anderes hinzu: Hollywood hatte ihm bisher in leiser Geringschätzung alles außer einigen Oskars für

Links: Short Round (Ke Huy Quan), Willie Scott (Kate Capshaw) und Indiana Jones (Harrison Ford) wandeln in *Indiana Jones und der Tempel des Todes* auf dunklen Pfaden.

Unten: Auf Schwertes Schneide – Fords Indy entscheidet sich im Finale des aufregenden, aber auch umstrittenen Prequels für die radikale Option.

technische Sparten vorenthalten. *Der weiße Hai* war nicht einmal für die beste Regie nominiert worden, die *Unheimliche Begegnung der dritten Art* auch nicht als Bester Film, und *E.T. – Der Außerirdische* hatte sich bei den wichtigsten Preisen nicht gegen den großartigen, aber überladenen *Gandhi* durchsetzen können.

Trost gaben ihm seine alten Instinkte. Sich in einen Schrank voller Spielzeuge zurückzuziehen wie Michael in *E.T. – Der Außerirdische*, um die Welt der Erwachsenen auf Abstand zu halten. 1982 wurde er im Fernsehen gefragt, was das Schlimmste wäre, was man über einen Spielberg-Film sagen könnte.

Die Antwort kam prompt: „Dass man ihn langweilig fand."[4]

Zuerst kam *Unheimliche Schattenlichter*, der auf einer von Rod Serling moderierten Fernsehserie basierte. Das Angebot stammte von Terry Semel, dem Chef von Warner Brothers, der ein begehrliches Auge auf Spielbergs Talent und Profitmargen geworfen hatte. Spielberg sollte eine Sammlung von vier kurzen, nicht unbedingt ‚süßen' Episoden zusammenstellen, bei einer selbst Regie führen und andere zur Zeit beliebte Regisseure (John Landis, Joe Dante und George Miller) einladen, die übrigen zu übernehmen. Als beste Episode wird allgemein die von Miller (*Nightmare at 20.000 Feet*) angesehen. Die Kosten waren gering, die Einnahmen aber auch: 29 Millionen US-Dollar.

Spielberg bat Richard Matheson um das Drehbuch für seine eigene Episode *Kick the Can*. Matheson hatte die Kurzgeschichte geschrieben, auf der *Duell* basierte, und auch schon zur Fernsehserie Folgen beigetragen. Spielberg war wieder in seiner eigenen Kindheit unterwegs, über die er gewitzelt hatte, er habe drei Elternteile gehabt: „Mama, Papa und der Fernseher."[5] Er war ein Fan der zugrunde liegenden Serie *Twilight Zone* und führte für Serlings Nachfolgeserie *Night Gallery* bei *Eyes* Regie. *Kick the Can* grenzte, wie die *Village Voice* den Grundton der Kritiken seufzend zusammenfasste, an eine „kümmerliche Selbstparodie".[6]

Die dahinsiechenden Bewohner eines Altersheims werden auf magische Weise von dem geheimnisvollen Mr. Bloom (Scatman Crothers) in ihre Kindheitsträume (und -körper) zurückversetzt. Jedem von ihnen wird klar, dass er sich nicht erneut den Härten des Lebens aussetzen kann, während Mr. Bloom vom Sunnyvale Rest Home in die nächste Seniorenresidenz weiterzieht, wie Mary Poppins oder E.T. – oder Steven Spielberg.

Indiana Jones und der Tempel des Todes wird oft als der dunkelste unter den Indy-Filmen kritisiert. Der Regisseur sah es genauso. „Mit dem zweiten Film war ich überhaupt nicht zufrieden", gab er später zu, obwohl auch er (mit 333 Millionen US-Dollar) ein absoluter Hit gewesen war. „Er war zu dunkel, spielte zu viel unter der Erde und war viel zu sehr von Horror bestimmt. ... Der

Rechts: Ewig jung – Helen Shaw, Selma Diamond, Martin Garner, Bill Quinn, Scatman Crothers und Peter Brocco in Steven Spielbergs Episode von *Unheimliche Schattenlichter*.

UNHEIMLICHE SCHATTENLICHTER
1983 Regisseur (Episode Kick the Can)/Produzent

Tempel des Todes enthält keine Spur meiner eigenen Gefühle."[7]

Trotz aller Kritik ist *Indiana Jones und der Tempel des Todes* ansprechend und mit seinem Erfindungsreichtum, Humor, den tödlichen Gefahren, den schon fast an Slapstick grenzenden Stunts und seiner eigenartigen Exotik typisch für Spielberg. Manche finden, die Geschichte um magische Steine, böse Kulte und versklavte Kinder werde in einer immer unbedeutender werdenden Reihe aus fünf Filmen nur von *Jäger des verlorenen Schatzes* übertroffen. Die Kritiker, die zu viel Blut und Grausamkeit sahen, litten auch an Erinnerungslücken – die schmelzenden Nazis und ein Boxer, der von einem Propeller zu Hackfleisch gemacht wird, hatten *Die Jäger des verlorenen Schatzes* auch nicht gerade zu einem ,netten' Film gemacht.

Von Georg Lucas stammte der Vorschlag, die Stimmung düsterer zu gestalten, so wie sie es schon – durchaus gelungen – bei seiner Arbeit *Das Imperium schlägt zurück* gewesen war. Die beiden Regisseure waren sich einig, dass sie nicht einfach das wiederholen wollten, was bei *Jäger des verlorenen Schatzes* funktioniert hatte, sondern die lebhafte Komik in einer anderen Umgebung in Szene zu setzen – statt der Wüste Ägyptens die Höhlen Indiens. Es gab auch einen Vorrat an Ideen, die aus verschiedenen Gründen nicht in *Die Jäger des verlorenen Schatzes* verwirklicht worden waren. Lucas wollte damals zum Beispiel, dass Harrison Ford zuerst im Abendanzug auftritt und so deutlich an James Bond erinnert. Genauso passiert es dann auch diesmal in den einleitenden Szenen in Schanghai.

Darauf folgt dann Spielbergs erste Musical-Nummer (bisher hatte es nur eine Tanzszene in *1941 – Wo bitte geht's nach Hollywood* gegeben): Massenchoreografie in strassgeschmückten Kostümen und hochhackigen Schuhen. Indy ist in diesem schicken Nachtklub natürlich vollkommen außerhalb

Ganz oben: Daher der Begriff Action-Film – Kate Capshaw, Spielberg, George Lucas und Harrison Ford bei einer Pause während der Dreharbeiten für *Indiana Jones und der Tempel des Todes* in Sri Lanka.

Oben: Markenzeichen – Harrison Ford und Spielberg in einer nicht gestellten Aufnahme mit ihren typischen Kopfbedeckungen..

1984 — INDIANA JONES UND DER TEMPEL DES TODES
Regisseur/Schauspieler (ohne Nennung)

Oben: Nicht in seinem Element – Indy (Harrison Ford) und Willie Scott (Kate Capshaw) bekommen in den sensationellen Anfangsszenen von *Indiana Jones und der Tempel des Todes* in einem Nachtklub Probleme.

Rechts: Rasender Kassenhit – Steven Spielberg forderte die Kritiker geradezu heraus, seinen neuen Film als ‚Achterbahnfahrt' zu bezeichnen.

1984 STROKES OF GENIUS (TV-MINISERIE)
Regisseur (einleitende Segmente, ohne Nennung)

seines Elements. Es geht dann atemlos weiter: Vergifteter Champagner auf Kosten chinesischer Gangster. Schüsse. Tänzerinnen. Chaos, als Indy in seiner eigenen verrückten Choreografie versucht, an das Fläschchen mit Gegengift zu gelangen.

Indy und der amerikanischen Sängerin und Tänzerin Willie Scott (Spielbergs spätere Ehefrau Kate Capshaw, hier witziger, als wir sie meist in Erinnerung haben) stürzen schließlich durch ein Fenster und landen, von mehreren Markisen abgefedert, in einem Auto. Der Fahrer des Autos ist der junge, liebenswerte und kratzbürstige Short Round (Ke Huy Quan): Spielberg hatte ihn als Indys Juniorpartner eingebaut, um dem Film etwas von seiner Härte zu nehmen.

Das Drehbuch von Gloria Katz und Willard Huyck (das Ehepaar hatte schon *American Graffiti* geschrieben und einen wichtigen Beitrag zu *Star Wars* geliefert) traf bereits drei Wochen nach einem fünftägigen Gipfeltreffen mit Spielberg und Lucas ein.

Zu den Dingen, die immer wieder zum Reiz von *Indiana Jones und der Tempel des Todes* beitragen, ist die Abfolge von geradezu freudianischen Albträumen: die Flucht aus einem Flugzeug ohne Piloten und ohne Fallschirme (auf einem Rettungsfloß!); ein Bankett, bei dem Augapfel-Suppe serviert wird; ein vor Insekten wimmelnder Tunnel (in den Zeiten vor CGI-Trickaufnahmen noch mit echten Tieren aufgenommen); eine herabsinkende, mit Schwertern gespickte Raumdecke; ein Becken geschmolzener Lava und ein herrenloser unterirdischer Förderwagen. Huyck fragte sich, wie viele dieser Motive aus den Kindheitsängsten des Regisseurs gespeist wurden.

Die Außenaufnahmen wurden in den üppigen Dschungeln Sri Lankas gedreht. Bei den Innenaufnahmen im Elstree-Studio gab es Probleme: Ford erlitt einen Bandscheibenvorfall (Indy war eine fordernde Rolle für Ford), wodurch sich die Produktion um Wochen verzögerte und der Stuntmann Vic

Unten links: Indiana Jones einen Juniorpartner an die Seite zu stellen, war ein kalkuliertes Risiko, das sich auszahlte. Ke Huy Quan lieferte als Short Round eine zündende Darstellung.

Unten rechts: *Der Tempel des Todes* sollte trotz teilweiser Ablehnung ein Riesenhit werden und erwarb sich im Laufe der Zeit eine immer größere Kultanhängerschaft.

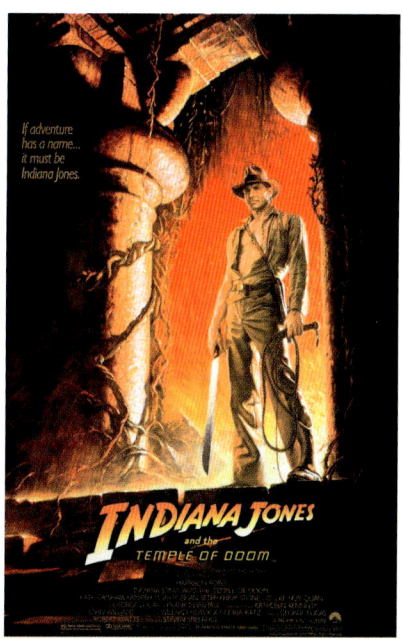

1985 UNGLAUBLICHE GESCHICHTEN (TV-SERIE)
Regisseur/leitender Produzent/Drehbuch

Armstrong öfter als vorgesehen als Double eingesetzt werden musste.

Aus heutiger Sicht ist die Darstellung der Inder viel problematischer: Sie werden als Anhänger eines makabren Kults, als verfressene Sahibs, als Sklaven oder als verzweifelte, wenn auch tapfere Dorfbewohner dargestellt. White-Saviour-Syndrom? Der Weiße als Retter der hilflosen Primitiven? Aber Indiana Jones ist natürlich gegen solche Anwürfe nicht nur durch Leder gewappnet: Es ist schließlich eine Satire. Im Dunkeln darf man dann ruhig lachen.

Falls es damals Stirnrunzeln gab, wird sich das bei Spielbergs nächstem Film noch verstärkt haben.

Alice Walker hatte sich den jungen Regisseur genauer angesehen: weiß, adrett, nervös, aber anscheinend auch der beliebteste Unterhaltungskünstler auf Erden. Sie beschloss, dass sie ihn mochte. Es war ein kaum vorherzusehendes Zusammenkommen: der zaubermächtige Regisseur und die Pulitzerpreis-gekrönte Autorin von *Die Farbe Lila*, einem Geschichtsroman aus weiblicher Perspektive, der als grundlegende Darstellung der Erfahrungswelt der Afroamerikaner galt.

Der Briefroman spielt Anfang des 20. Jahrhunderts im Südstaatenmilieu und thematisiert eheliche Gewalt, Inzest und lesbische Liebe. Der Film erzählt die Geschichte von Celie (Whoopi Goldberg), der ihre Kinder genommen werden und die von ihrer geliebten Schwester Nettie (Akosua Busia) getrennt in Abhängigkeit von ihrem brutalen Ehemann Mister (Danny Glover) lebt. Zwei Menschen lösen dann eine Transformation aus: die entschlossene Sofia (Oprah Winfrey), die Celies Stiefsohn heiratet, und die charismatische Blues-Sängerin Shug (Margaret Avery), Misters frühere Geliebte, die mit Celie eine Beziehung eingeht.

Das waren Themen, die Spielberg nahe am Herzen lagen: die Bindungen innerhalb einer Familie, die Suche nach einer Identität, nach Liebe, und das Wesen Amerikas. Zwischen all den verlorenen Jungen erschien hier ein verlorenes Mädchen.

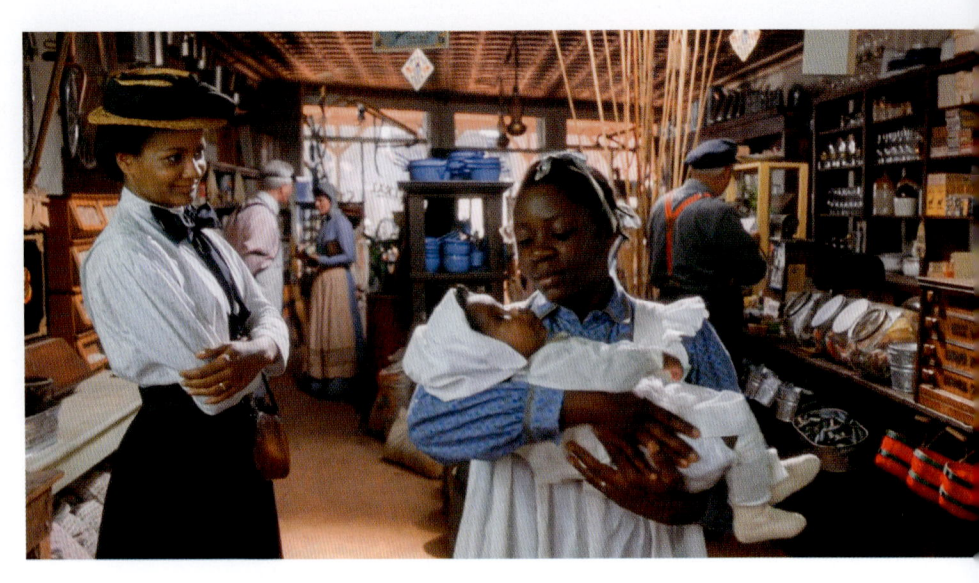

Insofern war der Film weniger ein kalkuliertes Manöver, um einen Oscar zu ergattern, als es schien und ihm von der Presse vorgeworfen wurde.

Die Farbe Lila und der folgende Film *Das Reich der Sonne* waren beide Coming-of-Age-Filme. „Der große Unterschied bei *Die Farbe Lila* ist, dass die Geschichte nicht größer ist als das Leben dieser Menschen", sagte er.[8] Hier waren die Figuren die Geschichte.

Walker hatte der Wahl Spielbergs als Regisseur zugestimmt. Vielleicht sprach sie die darin liegende Ironie an. Vielleicht gefiel ihr die Vorstellung, ihre Geschichte in den Mainstream zu bringen – und sie sogar für 15 Millionen US-Dollar bei Warner Brothers produzieren zu lassen. Außerdem hatte ihr *Sugarland Express* gefallen. Andererseits hatte sie Probleme mit Spielbergs Wertschätzung von *Vom Winde verweht* mit allen seinen schmerzhaften Stereotypen.

Die Farbe Lila brachte respektable Einnahmen (99 Millionen US-Dollar), aber die

„Das waren Themen, die Spielberg nahe am Herzen lagen: die Bindungen innerhalb einer Familie, die Suche nach einer Identität, nach Liebe, und das Wesen Amerikas. Zwischen all den verlorenen Jungen erschien hier ein verlorenes Mädchen."

1985 DIE FARBE LILA
Regisseur/Produzent

VERLORENE JUNGS 87

Gegenüber: Susan Beaubian als Corrine und Desreta Jackson als die junge Celie in *Die Farbe Lila*. Die Wahl Spielbergs als Regisseur für die Verfilmung des preisgekrönten Romans wurde damals kritisiert.

Rechts: Der Spieß wird umgedreht – Celie (Whoopi Goldberg, rechts) setzt sich endlich gegen den grausamen Mister (Danny Glover) zur Wehr.

Unten: Die Geschichte einer Familie – Akosua Busia und Desreta Jackson spielen die jüngeren Versionen der Schwestern, die im Mittelpunkt von Alice Walkers Geschichte stehen.

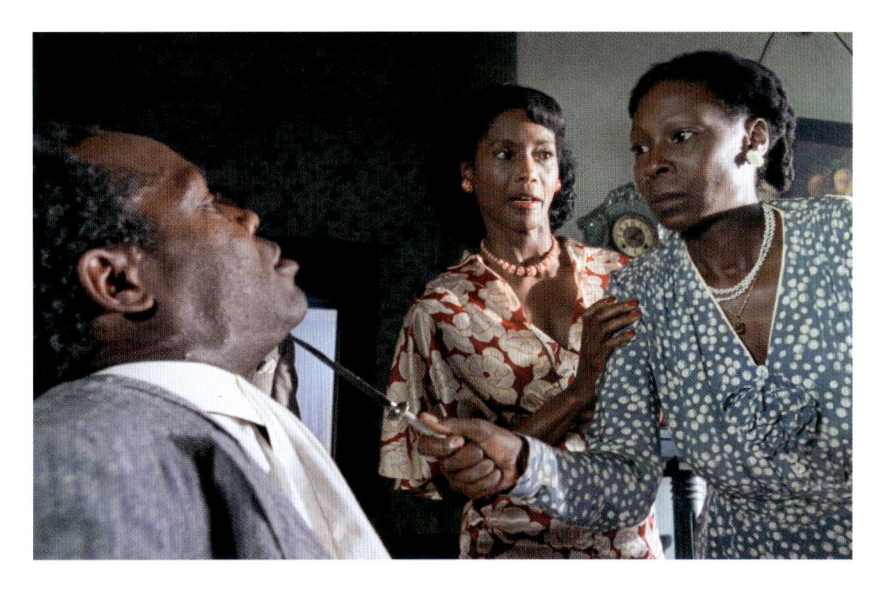

Reaktionen waren gemischt. Elf Oscar-Nominierungen ohne einen einzigen Preis – schon fast gehässig. Die Kritiker waren aus dem gleichen Grund ebenso des Lobes wie des Tadels voll: der lyrische Ton, mit dem Spielberg das Buch wiedergab, polarisierte.

Die Drehaufnahmen fanden im heißen Sommer 1985 in Marshville und Anson County in North Carolina statt. Alice Walker war selbst oft anwesend und steuerte zusätzliche Dialoge und Ratschläge für die Darsteller bei. Ihre erste Fassung des Drehbuchs hatte eindeutigere Szenen enthalten, die der aus den Niederlanden stammende Menno Meyjes ‚entschärft' hatte.

Spielberg verglich den Film mit Charles Dickens: ein Leben voller Widrigkeiten, und am Ende das Wunder einer glücklichen Wiedervereinigung, als die Schwestern in einem Regen fliederfarbener Blumen wieder zusammenkommen. Spielberg flirtete in den Szenen mit Blues- und Gospelmusik erneut mit dem Musical (2023 gab es dann auch eine – nicht von Spielberg stammende – Musical-Fassung des Buchs). Goldberg war selbst Kinokennerin, und so erläuterte Spielberg ihr auf dem Set seine Ideen durch

1986 UNGLAUBLICHE GESCHICHTEN (TV-SERIE)
Regisseur (Episode Die Notlandung)/leitender Produzent (ohne Nennung)/Drehbuch

Links: Whoopi Goldberg im Gespräch mit dem Regisseur Steven Spielberg während der Dreharbeiten zu *Die Farbe Lila*. Der Vorschlag, die Hauptrolle der Celie mit der kaum bekannten Komikerin Goldberg zu besetzen und sie so mit Leben zu erfüllen, stammte von Alice Walker.

Vergleiche mit anderen Filmen: Dies ist ein Augenblick wie in *Wer die Nachtigall stört*, das hier ist eine Szene aus *Casablanca*.

War das Ganze zu ‚nett'? Zu sehr cineastisch verschönert? Man kann die Überzeugungskraft der Darsteller nicht verleugnen (Goldberg, Winfrey und Glover wurden ermutigt zu improvisieren). Die *New York Times* sprach von einer „kolossalen Diskrepanz" zwischen den Sensibilitäten des Buchs und denen des Films, aber etwas an Spielbergs Effekthascherei sei auch „anrührend".[9] Die *Los Angeles Times* beklagte jedoch Fehlentscheidungen in jeglicher Hinsicht (außer der Besetzung), die das Buch verflachten oder gefälliger machten. „Das Ergebnis ist leider ein Film, der zu sehr durch stilistische Spielereien zu beeindrucken versucht."[10]

Schnitt: 1. März 1987. Am ersten Drehtag in Schanghai ging alles schief. Die 5000 Statisten ignorierten die Anweisungen des Regieassistenten, liefen über die Straße und ruinierten die sorgfältig arrangierten Sichtlinien der Aufnahme. Der Regieassistent wollte sich bei Spielberg entschuldigen, aber dieser war begeistert. „Sieht großartig aus!", sagte er.[11] Also ließen sie die Kameras laufen und fingen das Chaos ein – der Regisseur machte das Beste daraus, wie schon bei *Der weiße Hai*.

Was ihn an *Das Reich der Sonne* angesprochen habe, sei die Geschichte über „den Tod der Unschuld, nicht der Wiederaufguss der Kindheit, die zu meinem eigenen Leben – ich gebe das zu, und alle anderen haben den gleichen Eindruck – gehört."[12]

Das Drehbuch beruhte auf einem autobiografischen Werk von J.G. Ballard und stammte vom Dramatiker Tom Stoppard. Der Film ist Spielbergs bester aus dieser Schaffensperiode: ein echter Historienfilm, aber zu seinen eigenen Bedingungen erzählt, kühl seine eigenen Themen (die Leiden des Erwachsenwerdens) auf den Schock des Zweiten Weltkriegs abstimmend.

Das Projekt war nicht geplant zustande gekommen. Spielberg hatte gehofft, den Kurs seines alternden Idols David Lean wieder ansteigen zu lassen, indem er die Produktion von dessen Ballard-Verfilmung übernahm. Als Lean jedoch ablehnend auf seine Ratschläge reagierte, zog er sich wieder zurück, nur um dann die Regie zu übernehmen, als der Veteran das Vorhaben ganz aufgab. Erzählt wird die Geschichte eines englischen Jungen, der alleine zurechtkommen muss, als die Japaner 1941 die Kontrolle über Schanghai übernehmen. Vielleicht sah Spielberg in der zuvor beschützten Kindheit in den wohlhabenden Vororten einen Anklang an seine eigene neue Existenz im goldenen Käfig des Erfolgs.

Er gab zu: „Von dem Augenblick an, als ich das Buch las, wollte ich es insgeheim selbst verfilmen."[13] Während *Die Farbe Lila* noch Hoffnungsschimmer vor einem dunklen Hintergrund zeigte, gab es hier eine neue Düsterheit in der Darstellung menschlicher Verzweiflung und der Amoralität des Überlebenskampfes aus der Sicht eines verlassenen Kindes.

Jim durchläuft unter der Anleitung des amerikanischen Gauners Basie (John Malkovich) eine Ausbildung zum gewieften

1987 — DAS REICH DER SONNE
Regisseur/Produzent

Schwarzmarkthändler – der Anklang an Dickens' Oliver Twist und Fagin ist absichtlich und unübersehbar. Ballard bezeichnete es als „unsentimentale Erziehung".[14]

Die hellen und dunklen Seiten von Spielberg treffen hier zusammen und schaffen eine zuvor nicht bei ihm gesehene Doppeldeutigkeit. Im Hintergrund der erhebenden Bilderwelt lauert der Tod. Jims bewundernder Blick fällt auf ein japanisches Kampfflugzeug, das auf einen Selbstmordeinsatz mit Kamikaze-Fliegern vorbereitet wird. In einem Stadion sind zurückgelassene Luxusgüter aufgetürmt wie Indys Antiquitäten, nutzlose Spuren der vergangenen Kolonisationszeit. Amerikanische Flugzeuge nehmen den japanischen Luftstützpunkt unter Beschuss, und Jim bejubelt von einem Dach

Oben: Das Märchenhafte und der Krieg – am Anfang von *Das Reich der Sonne* bestaunt Jim (Christian Bale) im Maskenballkostüm den surrealen Anblick eines abgeschossenen japanischen Kampffliegers in der Umgebung von Schanghai.

Links: Anklänge an Oliver Twist – die Szenen, in denen das Überleben des jungen Jim auf den Straßen des vom Krieg gezeichneten Schanghais geschildert wird, erinnern nicht zufällig an Charles Dickens.

die Orgie aus Geschwindigkeit und Blutvergießen.

Der 12-jährige Christian Bale wurde unter 4000 Vorsprechen für die Hauptrolle ausgewählt. Er war schon damals charismatisch und eindringlich und stellte Jim als fast verrückt dar. Er ist so ernsthaft wie Henry Thomas, erinnert aber noch mehr an Close Guffey in *Unheimliche Begegnung der dritten Art*: seinem früheren Leben entfremdet, Gefahren ignorierend, Alice in einem Wunderland des Krieges. Die Grenze zwischen Fantasie und Wirklichkeit verschwimmt. Wie so oft in Spielbergs Werk.

Wie *Der weiße Hai* ist auch dieser Film klar in zwei Akte gegliedert: die Stadt und das Lager. Nach der Trennung von seiner Mutter (das Spielbergsche Trauma) muss sich Jim auf den Straßen von Schanghai allein durchschlagen. Die Stadt ist in ein kälteres Licht gehüllt, als wir es je in einem Spielberg-Film gesehen haben: eine grimmige Konstellation aus Grautönen, in der neonbeleuchtete Kinopaläste und Riesenplakate für *Vom Winde verweht* aus der Düsternis auftauchen wie Zeugnisse aus einer anderen Welt.

Der zweite, weniger energische Akt spielt in einem japanischen Internierungslager, in dem sich Jim zwei Ersatzväter anbieten: der korrupte Basie, zu dem Jim aufblickt, und der erschöpfte Dr. Rawlins (Nigel Havers), der entschlossen ist, diesen kleinen Wilden zu erziehen. Aber Jims Seele sehnt sich nach dem Himmel, er kennt die Silhouetten aller Flugzeuge, die über ihm fliegen.

„Das Fliegen ist für mich ein Synonym für Freiheit und unbegrenzte Fantasie", sagt Spielberg, um zu erklären, warum er das Motiv immer wieder aufgreift. „Interessanterweise leide ich jedoch unter Flugangst."[15]

Es gab immer noch Kritiker, die Spielbergs theatralischen Stil nicht schätzten. Die *Washington Post* murrte: „Auch Virtuosität hat ihre Grenzen. Der Film ist mit Epiphanien überlastet."[16] Andererseits setzte sich *AV Club* für den vernachlässigten Film ein (er hatte nur 22 Millionen US-Dollar eingespielt), in dem „Spielberg seinem Repertoire an Emotionen das Gefühl von Verlust hinzufügte".[17] Hatten sie *E.T. – Der Außerirdische* nicht gesehen?

Das Reich der Sonne ist eine entscheidende Station auf dem Weg zu *Schindlers Liste* und *Der Soldat James Ryan*: die Lager, die Zwangsmärsche, das Feilschen um Menschenleben: ein Film, der dem Tod ins Gesicht blickt, ohne zu blinzeln. Das Licht, das Jim in der Ferne sieht, stammt von der Atombombe, die Nagasaki auslöscht. Spielberg sagte, er habe eine „Parallele zwischen dem Sterben der Unschuld des Jungen und dem Sterben der Unschuld der ganzen Welt" ziehen wollen.[18]

Die letzte Szene ist fulminant. Es ist diesmal keine Trennung, sondern eine Wiedervereinigung. Jims verständnislose, uralte, tränenlose Augen, die leer in den Raum blicken, als seine Eltern ihn nicht erkennen.

Oben: Das Leben eines anderen Jungen – Christian Bale und Steven Spielberg am spanischen Drehort für die Szenen im japanischen Internierungslager. *Das Reich der Sonne* enthüllte eine dunklere und sehr viel ambivalentere Seite des Regisseurs.

VERLORENE JUNGS 91

Links: Vaterrolle – Jim (Bale) gerät unter den fragwürdigen Einfluss des Gauners Basie (hervorragend: John Malkovich). Ist es aber nicht Basie, der ihm das zum Überleben Notwendige lehrt?

Unten: Verkehrte Welt – Jim widersetzt sich furchtlos einem feindlichen Soldaten, während die Erwachsenen entgeistert und sprachlos die beiden umringen.

Zurück zum Wesentlichen. Schließlich erwarten wir nichts Geringeres. *Indiana Jones und der letzte Kreuzzug* hat eine andere Tonlage als seine Vorgänger. Alle Zutaten sind vorhanden. Spielberg, und Lucas bis zu einem gewissen Grad, waren bemüht, für die Wildheit von *Indiana Jones und der Tempel des Todes* Abbitte zu leisten, indem sie auf das Rezept von *Die Jäger des verlorenen Schatzes* zurückgriffen: die hartnäckige Suche nach einem christlich-römischen Artefakt, in diesem Fall der Gral; die Wüstenlandschaft; die Verfolgungsjagden; karikierte Nazis und zerfließende Gesichter (diesmal durch beschleunigtes Altern).

Lucas hatte die Idee eines „Films über ein Gespensterhauss" ins Spiel gebracht.[19] Ein Drehbuch von Chris Columbus mit dem Titel *An African Monkey King* drohte, sie wieder in die gefährlichen Gewässer des tendenziell rassistischen *Indiana Jones und der Tempel des Todes* zu bringen. Nachdem der Gral als Leitmotiv feststand, wollte Spielberg eine Vater-Sohn-Beziehung als Handlungsstrang.

Nach dem ersten, untypisch redseligen Auftreten von Indy, dem man sein Alter inzwischen etwas ansieht, entwickelt sich *Indiana Jones und der letzte Kreuzzug* zu einem Doppel. Die Filmserie liefert ihre (bisher) kalkulierteste Pointe – der Vater von Indiana Jones wird von James Bond gespielt. Es ist die tiefstmögliche Verneigung vor dem großen Vorbild. Und durch die Besetzung des verschrobenen, permanent genervten Henry Jones mit Sean Connery wurde die Rolle noch kerniger und witziger. Im dritten Film der Reihe tritt die Handlung gegenüber den Figuren zurück. Er spielte weltweit 474 Millionen US-Dollar ein, sodass auch die Erinnerung an etwas weniger erfolgreiche Filme der jüngeren Vergangenheit verblasste.

War es wirklich nötig, Indys persönliche Geschichte auszugraben? Man gewann dadurch zwar etwas, aber es ging auch etwas verloren – eine archetypische Rätselhaftigkeit. Wenn es einen Vater gibt, dann gibt es auch eine Kindheit. In die führt uns dann gleich die Anfangssequenz zurück. Zwar sieht der Mann, der darin auftaucht,

Oben links: Längst vergangene Zeiten – Henry Jones (Sean Connery) und sein Sohn (Harrison Ford) werden in *Indiana Jones und der letzte Kreuzzug* wieder vereint.

Oben rechts: River Phoenix als der junge Indiana Jones. In der Anfangssequenz wird im Laufe einer Verfolgungsjagd die vollständige Vorgeschichte des Helden nachgeliefert.

1989 INDIANA JONES UND DER LETZTE KREUZZUG
Regisseur

Indy ähnlich, ist aber nur ein gutmütiger, wenn auch unehrlicher Schatzsucher. Der muntere Pfadfinder (River Phoenix) ist jedoch der junge Indiana Jones. Es ist 1912, und die Verfolgungsjagd auf den Dächern eines Zirkuszugs ist mit Erklärungen für die Running Gags der Filmreihe überladen: die Leidenschaft für Archäologie, die Angst vor Schlangen, die Peitsche und der Hut werden erklärt und ihrer Geheimnisse beraubt. Es ist eine überschwängliche, fein austarierte Sequenz, die aber dennoch von des Gedankens Blässe angekränkelt ist. Wir erhalten Antworten auf Fragen, die wir nicht gestellt hatten.

Danach führt der Film auf oft beschrittenen Pfaden weiter, einschließlich vielfältiger Elemente der Selbstparodie: drehbare Kamine in deutschen Burgen, Motorrad-Verfolgungsjagden, Zeppeline, an Panzern hängende Menschen, ein verräterisches Mädchen (Alison Doody), die mit Jones Vater und Sohn ins Bett geht. Das Finale findet wieder in einer Art Grabmal statt (jetzt in einer nicht genannten Ecke des Morgenlands), ist aber nicht zu vergleichen mit dem Aufgebot an Fallen im südamerikanischen Dschungel, die am Anfang von Jäger des verlorenen Schatzes stand. Spielberg behauptete, er habe sich mit dem Film „bewusst einen Rückschritt", etwas Spaß erlaubt, und Indy sei mit ihm regrediert.[20]

Es ist die Chemie zwischen Ford und Connery, die den Film zum Leben erweckt. Das Vergnügen, derart mit dem Ruhm der Stars zu kokettieren. Ford war nach seinen Arbeiten mit Lucas und Spielberg ein etablierter Superstar, und Connery eine Legende

Unten: Das dritte Abenteuer von Indiana Jones war der Versuch, wieder zum Grundlegenden zurückzukehren. Das bedeutete auch, dass Indy auf einem fahrenden Panzer Nazis verprügelte.

Links: Beide wohlbehütet – *Indiana Jones und der letzte Kreuzzug* ergötzte sich an der komödiantischen Chemie, die sich daraus ergab, das Sean Connery und Harrison Ford ein Vater-Sohn-Gespann spielten.

aus einer weit entfernten Galaxie – jener der Blockbuster ihrer Jugend. Der Gral, erkennt Indy schließlich, ist sein Vater. Dieses Motiv der Versöhnung macht den Film zum persönlichsten der ursprünglichen Trilogie. Spielberg und sein eigener Vater waren sich fremd gewesen. In der letzten Szene fahren Indy und seine Freunde in einen blutigroten Sonnenuntergang: bedeutungsträchtig, andächtig, ein Abschied von allem, was war. Wenn es das denn auch gewesen wäre.

Always – Der Feuerengel von Montana ist ein weiterer Film über den Tod. Oder wenigstens über das Nachleben. Es war die erste Neuverfilmung, die Spielberg drehte, das MGM-Original *Kampf in den Wolken* aus dem Jahr 1943 war mit Spencer Tracy und Irene Dunne in den Hauptrollen besetzt. Joseph McBride betrachtet den Film als ein Zeichen für Spielbergs Midlife-Crisis. Er war 43 und geschieden (von der Schauspielerin Amy Irving). Seine Kindheit verblasste langsam in ihm. Der Originalfilm war eine metaphysische Liebesgeschichte über einen Weltkriegspiloten (Tracy), der bei einem Einsatz abgeschossen wird und als Geist zurückkehrt, um seiner Witwe (Dunne) zu helfen, eine neue Liebe zu finden. Das Leben geht weiter, ermahnt der Film den Zuschauer. „Als Kind war ich sehr frustriert. Vielleich sah ich auch meine eigenen Eltern in dem Film", sinnierte Spielberg, der schon seit 1974 an ein Remake gedacht hatte.[21]

Andere betrachteten seinen Film eher als Kuriosität. Warum drehte Spielberg eine Neufassung eines vergessenen Hollywood-Schinkens? Im heutigen Montana, mit Piloten von Löschflugzeugen und ihren Mechanikern anstatt der Kampfflieger des 2. Weltkriegs? Wenigstens fliegen sie mit den Douglas A-26 Invaders Originale aus der Kriegszeit. *Always – Der Feuerengel von Montana* war wieder ein Film, der angestrengt alles tat, um unterhaltsam zu sein.

Es war ein Film, der geradezu nach einer Starbesetzung schrie. Spielberg widersetzte sich aber dem Impuls und folgte seiner eigenen Sensibilität. Er hatte Paul Newman und Robert Redford in Betracht gezogen, griff dann aber doch auf sein Alter Ego Richard Dreyfuss für die Figur des todgeweihten Pete Sandich zurück. Dessen wahre Liebe Dorinda Durston wurde mit Holly Hunter besetzt, und John Goodman übernahm die Rolle des komischen Sidekicks Al Yackey. Eine Hommage an das alte Hollywood ist die himmlische Erscheinung von Audrey Hepburn in ihrer letzten Rolle als der Engel Hap. Sie sorgt für eine leise, verzauberte Atmosphäre, die dem folgenden Spielberg-Film *Hook* so sehr fehlt.

Bezeichnenderweise wurden alle Trickeffekte gestrichen; Pete geht als Engel nicht durch Wände. Am schwierigsten war es, die richtige Tonlage zu treffen. Wie witzig sollte der Film sein? Wie tragisch? Wie romantisch? Wie magisch? Der Film hat einen gewissen Charme, die Schauspieler sind gut, aber an der Kasse war er nicht so stark (74 Millionen US-Dollar sahen schon fast wie ein Flop aus).

Die Begeisterung für *Hook* kann man im Nachhinein für unangebracht halten. Damals war der Film aber Stadtgespräch. Die Szenenbilder waren unglaublich. Die Branchenschwergewichte kamen zum Set wie die Teilnehmer einer Studiorundfahrt. Die Studios bei Sony Pictures waren im

1989 ALWAYS – DER FEUERENGEL VON MONTANA
Regisseur/Produzent

VERLORENE JUNGS 95

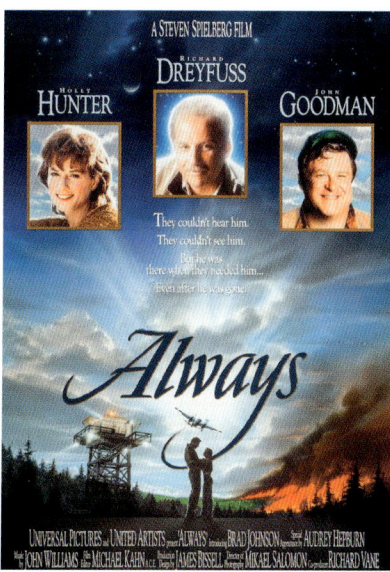

Oben links: *Always* war ein Ausnahmefilm – bis zu *West Side Story* Steven Spielbergs einzige echte Neuverfilmung. Die metaphysische Liebesgeschichte spielt im Milieu der fliegenden Feuerwehrleute in Montana …

Oben rechts: … und bot den beruhigenden Anblick von Richard Dreyfuss in seiner ersten Rolle in einem Spielberg-Film seit *Unheimliche Begegnung der dritten Art*.

Rechts: Pete Sandich (Dreyfuss) als Geist (ohne Trickeffekte) sieht zu, wie Dorinda Durston (Holly Hunter) in Ted Baker eine neue Liebe findet (der ehemalige Marlboro Man Brad Johnson).

ersten Halbjahr 1991 Nimmerland: Für 75 Millionen US-Dollar war hier ein Spielplatz der Träume entstanden, mit Piratenschiffen, Baumhäusern und der Dachlandschaft von London, so kompliziert wie ein Uhrwerk, so groß wie ein Vergnügungspark, so theatralisch wie Broadway.

Das Drehbuch von Jim V. Hart und Malia Scotch Marmo (in einer Bearbeitung von Carrie Fisher) hörte sich nach einem sehr großen Abenteuer an. Robin Williams kehrt als erwachsener Peter Pan, der das Fliegen verlernt hat, in seine alten Gefilde zurück, um seine Kinder zu retten, die von Piraten entführt worden sind.

Der Film leidet allerdings wie *1941 – Wo bitte geht's nach Hollywood*, wenn auch nicht so stark, darunter, dass der Regisseur versuchte, sich einen Weg aus Material zu bahnen, das einfach nicht passte. Das ist insofern ironisch, als er eine ehrgeizige Antwort

Oben: Der ungeliebte *Hook* – Robin Williams als Peter Pan entdeckt sein Talent als Flieger rechtzeitig wieder, um gegen seinen Erzfeind zu kämpfen.

Rechts: Dustin Hoffmans charismatische Darstellung von Captain Hook zeigt leicht tragische Züge und ist eines der erfolgreicheren Elemente des Films.

1990 THE VISIONARY (VIDEO)
Regisseur (Episode Par for the Course)

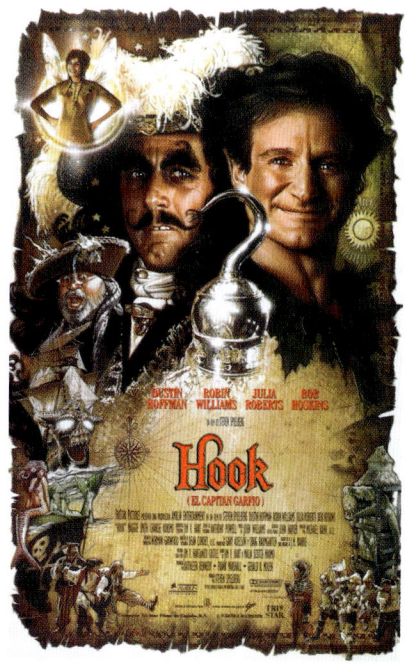

Oben links: Auf hoher See – obwohl die Aufnahmen im Studio stattfanden, war Spielberg doch wieder in den gefährlichen Fahrwassern von *Der weiße Hai*: *Hook* überschritt die vorgesehene Drehzeit um 40 Tage.

Oben rechts: Obwohl er oft als ein kommerzieller Misserfolg Spielbergs bezeichnet wird, spielte *Hook* tatsächlich einen Profit ein.

auf den verbreiteten Witz war, Spielberg sei der Peter Pan von Hollywood. Was wäre, wenn Peter erwachsen würde? Es waren Spielbergs Ängste, die hier zu Realität wurden, seine „Peter-Panik", wie die *Village Voice* es hämisch wie immer ausdrückte.[22]

Im Gegensatz zu Lucas verliert Spielberg den Faden, wenn er ganze Welten erschaffen soll; er muss sich durch die Realität leiten lassen. Die Welt von Indiana Jones ist zwar weit hergeholt, aber wir spüren den Sand unter seinen Füßen, wir schmecken das Blut auf seinen Lippen. Bei *Hook* ist alles eine Inszenierung, sogar die Symbolik. Es gibt Lichtblicke: Dustin Hoffman als einsamer Captain Hook, ohne seinen Rivalen noch verlorener als die „Verlorenen Jungs"; die Anfangsszenen mit Peter als verklemmtem Rechtsanwalt in Los Angeles; Bob Hoskins als wortverwechselnder Smee; und die funkelnde Musik von John Williams. Aber der Film war, einfach gesagt, eine künstlerische Pleite. „Es gibt zu viele Figuren, zu viele Requisiten, zu viele Schilder, zu viele Kostüme", seufzte die *Chicago Sun-Times*.[23] „Wie der Fantasie eines untypisch gefälligen Hieronymus Bosch entsprungen", regte sich die *New York Times* auf.[24]

Es war mit 300 Millionen US-Dollar Einnahmen zwar keine kommerzielle Pleite, aber es gab kein Triumphgeschrei. Der Film war ein handwerkliches Versagen. Hatte Spielberg das Fliegen verlernt? Es war nicht so, dass er erwachsen werden musste. Er musste sich daran erinnern, wer er einmal gewesen war.

1991 HOOK
Regisseur

(PRÄ-)HISTORISCHES

Jurassic Park (1993), *Schindlers Liste* (1993)

Branko Lustig wartete darauf, an die Reihe zu kommen. Die kurzen Reden, die auf den Applaus folgten, waren würdevoll und ehrerbietig, die übliche Euphorie wurde überlagert von einem Ton ruhiger Befriedigung. Unverkennbar war auch die Erleichterung. So sehr die Auguren der Branche auch vom Sieg überzeugt waren, muss sich Steven Spielberg doch gefragt haben, ob die größtmögliche Erniedrigung noch vor ihm lag.

Diesmal nicht. Harrison Ford hatte *Schindlers Liste* vorgestellt, und der Film hatte den Oscar in der Kategorie Bester Film gewonnen.

„Ah, wow! Das ist der beste Schluck Wasser nach der längsten Durststrecke meines Lebens", scherzte Spielberg.[1]

Lustig war der letzte der Produzenten, die an jenem 21. März 1994 an das Mikrofon traten. Er sprach ruhig, aber seine Worte waren eindrucksvoll. „Meine Nummer ist 83317 … Es ist ein langer Weg von Auschwitz bis zu dieser Bühne."[2]

Es war ein außergewöhnliches Jahr in einer außergewöhnlichen Karriere. 1993 bestätigte Spielberg alles, was wir über ihn dachten, und definierte es zugleich neu. Er schuf in diesen zwölf Monaten *Jurassic Park*, einen klassischen Blockbuster, und dann mit *Schindlers Liste* ein Meisterwerk einer neuen Dimension, das ihn so gut wie unwidersprochen hier auf diese Bühne gebracht hatte (auch die anderen Nominierten sahen ihre Niederlage sicher ein): sieben Oscars, vor allem aber Oscars für die Beste Regie und den Besten Film.

Rückblende: 1989 hatte Spielberg den Arzt Michael Crichton getroffen, der zum Romancier geworden war und sich auch als Filmemacher versucht hatte (er hatte bei *Westworld* und *Coma* Regie geführt). Sie wollten einen Film besprechen, der in einer Notaufnahme in Chicago spielen sollte. Aus dem Projekt entstand die

Oben: Der Oscar für Bester Film geht an … Die drei Produzenten von *Schindlers Liste*: Branko Lustig, Steven Spielberg und Gerald R. Molen.

Links: Wiederauferstehung der Dinosaurier – Spielberg konnte der Möglichkeit, die großen Echsen wieder zum Leben zu erwecken, nicht widerstehen. Wie kaum anders zu erwarten, wurde *Jurassic Park* der größte Film aller Zeiten.

Unten: Appetitverderber – der Paläontologe Alan Grant (Sam Neill) stört einen T. rex beim Abendessen.

bahnbrechende Fernsehserie *Emergency Room – Die Notaufnahme*. Sie war das Basislager, von der aus es zu den Gipfeln des Goldenen Zeitalters des Fernsehens gehen sollte.

Crichton erwähnte bei dem Treffen den Roman, den er gerade geschrieben hatte. Es ging um einen Vergnügungspark mit Dinosauriern, die aus 65 Millionen Jahre alter, in Bernstein konservierter DNA geklont worden waren. Er hatte die Gabe, seine aberwitzigen Thriller mit wissenschaftlichem Jargon glaubwürdiger zu machen. Spielberg überredete Crichton, ihn die Korrekturfahnen lesen zu lassen. Im Gegensatz zu *Der weiße Hai* mit seinem beißenden Zynismus griff Jurassic Park wieder auf Steven Spielbergs Kindheitvorlieben zurück: Er konnte sich genauso für Dinosaurier begeistern wie für Ufos und für Flugzeuge.

Am nächsten Tag rief er zurück. „Ich würde gerne einen Film draus machen."

„Wenn du mir garantierst, dass du Regie führst, kannst du ihn haben", antwortete Crichton.[3]

So einfach war es nicht. Crichtons Agenten hatten einen Bieterkrieg für die Filmrechte mit einem Minimalgebot von 1,5 Millionen US-Dollar in Gang gesetzt. Universal setzte sich gegen die anderen Studios durch, sie konnten Spielberg als Regisseur und Crichtons stillschweigendes Einverständnis in die Waagschale werfen.

Sid Sheinberg von Universal hatte Spielberg zwar *Schindlers Liste* vorgeschlagen, bat ihn aber, *Jurassic Park* vorzuziehen. Das Studio brauchte einen Blockbuster für den Sommer. Man deutete an, der eine Film könnte als Absicherung des anderen dienen, der erwartete kommerzielle Knaller für das künstlerisch anspruchsvolle Vorhaben. Spielberg wurde von seinen eigenen Dämonen angetrieben. Seinem Drang nach einem Spektakel war kaum zu widerstehen. Nach dem kreativen Fehlschlag von *Hook* musste er sein Selbstvertrauen wiedergewinnen.

„Es ist mir nicht peinlich zuzugeben, dass ich mit *Jurassic Park* einfach nur eine gute Fortsetzung von *Der weiße Hai* drehen wollte. An Land. Es war schamlos", gab er zu.[4]

Auf einer anderen Insel, genauso dem Vergnügen gewidmet wie Amity, zeigt die Natur ihre Zähne. Aber die Panik ist hier selbstverursacht: Geklonte Dinosaurier richten Verwüstungen an, als die Elektroeinzäunungen sabotiert werden. Die Protagonisten, mehrere Wissenschaftler und zwei Kinder, versuchen, nicht ganz unten in der Nahrungskette zu landen. Es ist ein Monsterfilm in der Nachfolge von Mary Shelley, Arthur Conan Doyle, Jules Verne und H.G. Wells – der Mensch, der sich an Gottes Stelle setzen möchte.

Das Publikum stürmte bei *Jurassic Park* mit pawlowscher Gier in die Kinos. Dinosaurier von Spielberg! Innerhalb von vier

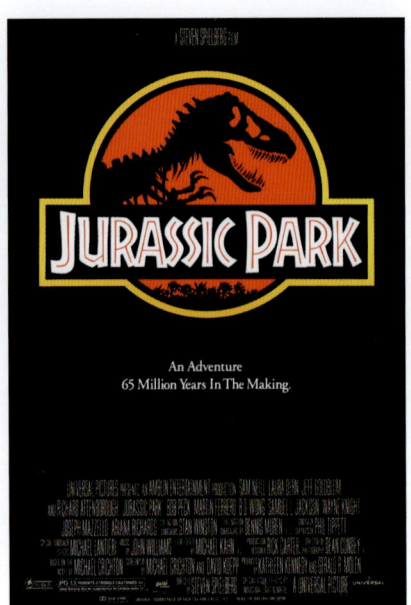

Oben links: Steven Spielberg legt den Bildausschnitt fest – noch gibt es die Dinosaurier nur in seiner Fantasie. *Jurassic Park* machte dann mit seinen Spezialeffekten einen Riesenschritt in die Zukunft des Kinos.

Oben rechts: Das Filmplakat wurde zu einer modernen Ikone eigenen Rechts. Wenn es je einen Film gab, der von vornherein zum Hit bestimmt war, dann dieser. Man könnte ihn vielleicht sogar als Spielbergs ersten bewussten Versuch betrachten, einen Blockbuster zu machen.

Gegenüber: Der T. rex wurde in einer Mischung aus animatronischen und CGI-Effekten zum Leben erweckt und verkörpert die Suche des Films nach einer realistischen Darstellung der Dinosaurier.

JURASSIC PARK
1993 Regisseur/Produzent (ohne Nennung)

Monaten war der Rekord von *E.T. – Der Außerirdische* überboten, insgesamt spielte der Film weltweit 913 Millionen US-Dollar ein und machte damit Geschichte.

Crichton schrieb ein erstes Drehbuch, David Koepp begann mit einer zweiten Version von vorne und hielt sich dabei dicht an den Roman. Crichton war überrascht, wie Spielberg bei ihren Diskussionen die Angriffe der Dinosaurier darstellte: Er sah den Film schon vor seinem inneren Auge. Die Muskeln, die sich unter der Haut bewegten, das Gewicht eines riesigen Fußes, der im Schlamm einsinkt. Es ging darum, etwas zum Leben zu erwecken. Er wollte, dass der T. rex mit über 100 Kilometern pro Stunde einem Jeep nachjagte.

„Steven", fragte der Schriftsteller, „wie willst du das machen?"[5]

Die Frage schien für Spielberg belanglos zu sein. Das Kino würde schon einen Weg finden.

Vom Vertrag bis zu den Dreharbeiten hatten sie 25 Monate Vorproduktionszeit, um die Dinosaurier wieder zum Leben zu erwecken. Geplant war eine Mischung aus lebensgroßen Animatronikaufnahmen und aufwendigen Go-Motion-Animationen für Weitwinkeleinstellungen. Dann führte aber Dennis Muren von Industrial Light & Magic (der schon bei *Terminator 2: Tag der Abrechnung* mitgewirkt hatte) Spielberg eine Demosequenz der Gallimimus-Dinosaurier-Herde vor, die komplett in CGI-Technik aufgenommen war. Damit waren alle vorherigen Pläne hinfällig.

George Lucas verglich die Leistung seines Freundes auf dem Gebiet der Trickeffekte mit der Erfindung der Glühbirne durch Edison (womit er die Beiträge Camerons in *Terminator* und *Aliens* unter den Tisch fielen ließ).

Auch im Medium Film herrschten die Gesetze der Evolution: Jetzt, da Computer die Dinosaurier wiedererstehen lassen konnten, war der Beruf des Modellbauers zum Aussterben verurteilt. Und doch ist es dann das Computersystem, dass sich als Achillesferse des Vergnügungsparks entpuppt.

Trotz der ganzen neumodischen Technologie ist der Film im Wesentlichen eine Kompilation von Spielbergs ‚Greatest Hits'. Was ist der ruppige, zu den Kindern unfreundliche Paläontologe Alan Grant anderes als eine Mischung aus Hooper in *Der weiße Hai* und Indiana Jones? Die Figuren

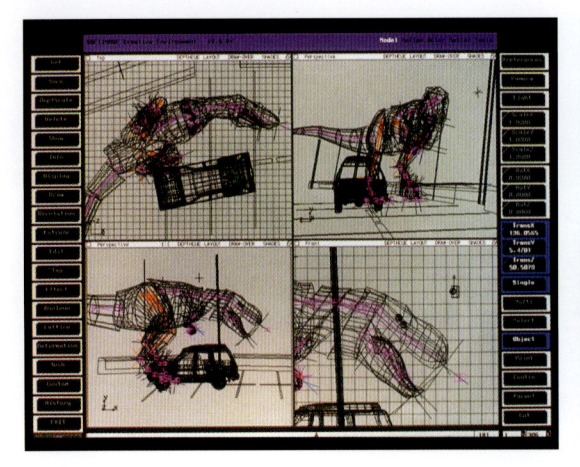

Oben links und rechts:
Die Spezialeffekte-Firma Industrial Light & Magic sorgte für lebensnahe Animationen. Es war das erste Mal, dass ‚die Wirklichkeit' durch Pixel imitiert wurde.

sind die Schwachstellen des Films: Jeff Goldblums Chaostheoretiker Ian Malcom ist eine aalglatte Kassandra („Oh Mann, wie ich es hasse, immer recht zu behalten").[6] Die Paläobotanikerin Ellie Sattler (Laura Dern) kreischt häufiger als Willie in *Der Tempel des Todes*. Lediglich Samuel L. Jackson als der kettenrauchende Ray Arnold und Bob Peck als Großwildjäger in Khaki-Shorts sind Ahnungen von etwas Interessanterem. Die Kinder – Joseph Mazello und Ariana Richards als bibbernde Wracks – sind in diesem Fall überraschend schnell hingeworfene Skizzen. Wir sehen den Park nie durch ihre Augen.

Jurassic Park sei zwar sehr unterhaltsam, stellte Julie Salamon in *The Wall Street Journal* fest, habe aber nicht „die Tiefe eines großartigen Films".[7] *Variety* betonte jedoch: „Wo es drauf ankommt, liefert der Film."[8]

Sobald die Spitzenprädatoren frei herumlaufen, gelten die Genre-Regeln des Horrorfilms, und Spielberg wird ihnen gerecht. Die Struktur zeigt drei Akte: die langatmige Exposition (mit einem ersten Blick auf Brachiosaurier), der Angriff des T. rex (außen) und abschließend die Velociraptoren (innen). Die beiden letzten Akte sind hervorragend: ein wunderbarer Monsterfilm aus der Hand eines wahren Meisters. Konzentrische Wellen in einem Wasserglas, die von der Ankunft des T. rex künden. Der Angriff ist ein wilder Rodeoauftritt schierer Kraft. Es sind die agilen Velociraptoren mit ihrer fast menschlichen Größe, in denen sich das Geschick von Spielberg zeigt: Im Zuschauer wird eine Ambivalenz geweckt, ob man sich nicht auf die Seite dieser Reptilien stellen sollte.

Das Finale ist eine durchgedrehte Anspielung auf E.T., der es sich zu Hause gemütlich macht – Dinosaurier treffen auf die Zivilisation. Sie öffnen Türen, verstreuen Töpfe, springen durch Deckenkacheln und zwitschern wie Vögel, während sie nach den menschlichen Leckerbissen suchen. Gemein, aber sehr unterhaltsam. Die Aufnahme, in der genetische Codes uralte Schuppen überlagern, verdient einen Platz in der Ruhmeshalle des Films.

Die Augen und wie sie an dem Menschen Maß nehmen, sind ein Schlüsselmotiv. Die Iris des T. rex, die sich im Strahl einer Taschenlampe erweitert, das katzenähnlich Berechnende der Velociraptoren und als Gegensatz dazu die Panik in den Blicken von Neill, Dern oder Peck.

Jurassic Park ist auf seine Weise satirisch, wenn man ihn als Film über die Filmbran-

(PRÄ-)HISTORISCHES 103

Rechts: Da naht etwas mit Schuppen: Der erschrocken-ehrfürchtige Blick nach oben ist ein Markenzeichen Spielbergs. Diesmal geben Laura Dern, Jeff Goldblum und Bob Peck eine Variation: das von Grauen erfüllte Lauschen.

Unten: Lex Murphy (Ariana Richards), Alan Grant (Sam Neill) und Tim Murphy (Joseph Mazzello) weichen in einem Vergnügungspark voller tödlicher Gefahren von den sicheren Wegen ab.

Links: Wissenschaft oder Fantasie? John Hammond (Richard Attenborough, zweiter von links) zeigt seine Brutanlage für Dinosauriereier. Es gab viele Diskussionen darüber, inwiefern die Theorien von *Jurassic Park* wissenschaftlich haltbar waren.

Unten: Ellie Sattler (Laura Dern), Tim Murphy (Joseph Mazzello) und Alan Grant (Sam Neill) untersuchen einen kranken Triceratops. Dies war eine der bedeutenderen animatronischen Darstellungen eines Dinosauriers.

(PRÄ-)HISTORISCHES | 105

Links: Die Küchenbrigade – in einer der spannendsten Sequenzen des Films dringen Velociraptoren in die Gebäude des Parks ein. Es ist ein klassisches Verfahren Spielbergs, unbekannte Wesen zu zeigen, die versuchen, sich in etwas derart Alltäglichem wie einer Küche zurechtzufinden.

che sieht (es gibt Verweise auf *1941 – Wo bitte geht's nach Hollywood* und *Hook*). Es ist ein entfesselter Vergnügungspark! Die Kamera streift durch einen düsteren Andenkenladen, dessen Regale mit niedlichen Spielzeugen gefüllt sind. Währenddessen quollen die echten Spielzeuggeschäfte von Dinosauriermodellen über, und auf dem Studiogelände von Universal wurden Fahrgeschäfte mit Dino-Motiven errichtet. Slim Nedry (Wayne Knight) verkauft Betriebsgeheimnisse an einen Rivalen, während seine Kostüme wie eine übertriebene Hommage an *Die Goonies* wirken. Es ist die Geschichte einer Unterhaltungsindustrie, die außer Kontrolle geraten ist.

Vielleicht kann man sogar eine unter der Spannung liegende Parabel über die Gefahren der Blockbuster erkennen? Sie können einen bei lebendigem Leib auffressen. Während seine Träume in Trümmer fallen, entringt sich Hammond der schmerzliche Schrei: „Mit diesem Ort wollte ich ihnen etwas zeigen, das keine Illusion war. Etwas, das real war."⁹

Sechs Wochen nach Ende der Dreharbeiten für *Jurassic Park* saß Steven Spielberg in einem Flugzeug nach Polen, um seinen eigenen Ängsten ins Auge zu blicken.

„Es gab riesige Überschneidungen", erinnert er sich. „Bei *Schindlers Liste* und *Jurassic Park* habe ich fast in einem Atemzug Regie geführt."¹⁰

Er bewegte sich an allen 35 Drehorten für *Schindlers Liste* schnell und befreite seine Kamera vom übertrieben Durchdachten und dem Storyboard. Auf der Ulica Józefa, Ulica Szeroka und der Ulica Straszewskiego. Im stillen Vorort Płaszów. Reale Straßen und Orte in Krakau. Und unter schiefergrauem Himmel vor den Toren von Auschwitz-Birkenau, der Metropole des Todes. Innerhalb des ehemaligen Vernichtungslagers selbst durfte er nicht drehen: Der Jüdische Weltkongress befürchtete, er könnte aus dem Holocaust einen Vergnügungspark machen – es waren nicht die ersten und nicht die letzten Zweifel an Spielbergs Absichten, die geäußert wurden. Auch die rekonstruierten Gleisanlagen auf der anderen Seite des berüchtigten Torspruchs „Arbeit macht frei" blieben ihm versperrt.

„Es war nicht wie ein Film", sagte Spielberg.¹¹

Die lange Vorbereitungszeit war für Spielberg nicht ungewöhnlich. Es gab Vorhaben, denen er sich sofort zuwenden musste, und andere, denen er sich Entwurf um Entwurf vorsichtig näherte.

Spielberg hatte Angst davor, den Holocaust darzustellen, so wie jeder andere Regisseur das wohl auch gehabt hätte. Das Grauen drohte den Rahmen dessen zu sprengen, was man in einem Film zeigen konnte, ohne den Anstand und alle Moral zu verletzen. Theodor Adornos Zitat klang in seinen Ohren: „Nach Auschwitz ein Gedicht zu schreiben, ist barbarisch."¹² Es gab eindringliche Dokumentarfilme, vor allem Alain Resnais' *Nacht und Nebel* und den neunstündigen *Shoah* von Claude Lanzmann. Filme, die er sich wiederholt ansah. Es gab die einflussreiche, wenn auch wenig überzeugende, von Branko

Lustig produzierte Miniserie *Holocaust* aus dem Jahr 1978. Und es gab Melodramen mit geschichtlichem Hintergrund wie *Der Pfandleiher*, *Sophies Entscheidung* und *Music Box – Die ganze Wahrheit*. Wie sollte er mit seinem angeborenen Wesen als Unterhalter umgehen? Bestand die Gefahr, dass er die geschichtlichen Tatsachen trivialisierte? Oder schlimmer noch, sie instrumentalisierte? Er würde kein Honorar nehmen (kein „Blutgeld"[13]) und seine Einnahmen an wohltätige Stiftungen leiten.

Er war nicht der Erste, der eine Verfilmung geplant hatte: MGM hatte 1963 ein Drehbuch bei Howard Koch in Auftrag gegeben, Sean Connery war als Hauptdarsteller vorgesehen. Billy Wilder (der seine Mutter in Auschwitz verloren hatte) wollte die Geschichte zu seinem letzten Film machen. Spielberg versuchte zuerst, das Vorhaben an Roman Polanski (selbst ein Holocaust-Überlebender), an Brian De Palma, Sydney Pollack und Martin Scorsese weiterzureichen.

Die Umsetzung des langen, halbdokumentarischen Romans mit seinen vielen Figuren, Handlungsorten und -strängen in ein Drehbuch war schwierig. Wie sollte man all das zu einem Spielfilm machen? Der Schriftsteller Thomas Keneally hatte es versucht, dann Kurt Luedtke, der das Drehbuch für *Out of Africa* geschrieben hatte. Schließlich schlug Steven Zaillian ein Charakterstück vor, in dem es um die Errettung von Oskar Schindlers Seele ging. Es ist ein schon fast klassisches Dreieck: Schindler (Liam Neeson) – Geschäftemacher, Schürzenjäger, Schuft, Erlöser – steht zwischen dem Teufel in Gestalt des Kommandanten des KZs Płaszów, Amon Göth (Ralph Fiennes), und dem leisen Engel Itzhak Stern (Ben Kingsley), dem Buchhalter und Beschützer der jüdischen Arbeiter in Schindlers Emailwarenfabrik. Die Schau-

Oben: Die Geschichte zweier Deutscher – im Mittelpunkt von *Schindlers Liste* steht die entscheidende Freundschaft, Rivalität und gegenseitige Manipulation von Amon Göth (Ralph Fiennes) und Oskar Schindler (Liam Neeson).

Gegenüber: Einen deutlichen Gegensatz dazu bildet die Beziehung zwischen Schindler und dem jüdischen Buchhalter Itzhak Stern (Ben Kingsley, links), der als das Gewissen des deutschen Unternehmers fungiert.

SCHINDLERS LISTE
1993 Regisseur/Produzent

spieler retteten sich in Galgenhumor und nannten es einen „Buddy-Film".[14]

Spielberg wollte einen eher „horizontalen" Film.[15] Zaillians Drehbuch wuchs deshalb auf 195 Seiten und 359 Szenen an. Es wurde mit drei Stunden und 15 Minuten Spielbergs längster Film.

Er wollte parallel zu Schindlers Vorhaben das Schicksal der jüdischen Familien zeigen, die Leben, die er retten konnte und die vielen Leben, bei denen ihm das nicht gelang. Er wollte auch die persönlichen Erinnerungen eine Rolle spielen lassen – Frauen im Lager, die sich in die Finger stachen, um Blut auf ihre blassen Wangen zu schmieren, ein Junge, der sich in einer Latrinengrube versteckt.

Die Erörterungen darüber, wie sich dieser Spielberg-Film von allen vorhergehenden unterschied, sollten viele Spalten füllen. Aber der Biograf Joseph McBride wies zu Recht darauf hin, dass die Frage sehr viel erhellender ist, inwiefern der Film „zutiefst charakteristisch für Steven Spielberg" ist.[16]

Schindlers Liste ist näher an *Der weiße Hai* als an *Jurassic Park*. Nicht thematisch, sondern in der Kunstfertigkeit und Lebendigkeit des Filmemachens. Er zeigt die Unmittelbarkeit der frühen Spielberg-Filme, allerdings mit einer radikalen Veränderung der Zeit und des Ortes. Es war Spielberg klar geworden, in welchem Moment er zuvor vom richtigen Pfad abgekommen war. Er akzeptierte, dass man beim Filmemachen „nicht bewusst und absichtlich arbeiten kann".[17] Ganz von selbst entwickelte sich ein Meisterwerk in ihm.

Die Dreharbeiten dauerten vom 1. März bis zum 11. Mai 1993, und die Dimensionen waren ungeheuer: 126 Sprechrollen, 30.000 Statisten, 148 Bühnenbilder und eine Mannschaft von 210 Personen. Keinen von ihnen ließ das eisige Echo der dargestellten Vergangenheit unberührt.

Die Produktion war so schwierig wie die von *Der weiße Hai*, aber diesmal waren die Strömungen unter der Oberfläche historischer Art. Der in Polen geborene Kameramann Janusz Kamiński sah einen Spielberg, der mit „dem Herzen Regie führte", der zuerst seine Szene zusammenstellte und dann intuitiv auf sie reagierte.[18] Er drehte im Schnitt 35 Szenen am Tag und häufte mehr Rohmaterial an als in den vorhergehenden fünf Filmen zusammen. Er wollte nichts auslassen. Er verweigerte seinen nachdenklichen Schauspielern Zeit zum Proben, er wollte die Panik, die so in ihnen entstand. Er nahm immer wieder Veränderungen an der Mise en Scène vor, am Zusammenspiel von Thema, Erzählung, Stil und Psychologie in einer Szene. Wie sonst hätte man diese Geschichte erzählen können?

Authentizität war das Ein und Alles: die kleinsten Details der Bühnenbilder und Kostüme, der Gesichtsausdruck der Statisten, die Grausamkeit der Nazis. „Es muss echt sein", verlangte er immer und immer wieder.[19] Jede Szene, jede Aufnahme, jeder einzelne Augenblick erfüllten ihn ganz und gar. „Lasst sie das sehen", rief er, und machte mit dem Nächsten weiter.[20]

Er brauchte keine Kräne mehr, kein Zoom, keine Steadicam, keine „Utensilien", wie er sie scherzhaft nannte.[21] Der technische Aspekt des Filmemachens dürfe nie Aufmerksamkeit auf sich lenken. Er stellt uns als Zeugen in die Geschichte.

Schon beim Lesen des Buches war Spielberg klar, dass er in Schwarz-Weiß drehen würde. Und zwar mit echtem Schwarz-Weiß-Material, um das Studio daran zu hindern, eine Farbversion für das Fernsehen herauszubringen. Der Film sollte so zu den alten Wochenschauen und zur Monochromie der echten Lager passen. Schwarz-Weiß war keine Verkleidung, es war Klarheit – es betone die Schande, wie er in einem Interview sagte. Er redete die ganze Zeit, die Fakten, Wahrheiten, Ziele seiner Arbeit sprudelten nur so aus ihm heraus, um sich seiner Aufgabe zu vergewissern.

„Wenn man in einem Getto wie diesem ist, sieht man an jeder einzelnen Mauer die Details in Schwarz-Weiß, all die Risse im Putz an den Fassaden dieser Gettohäuser."[22]

Es gab Zeiten, da konnte er selbst kaum hinsehen. Als die Gefangenen im Lager im Kreis laufen mussten, nackt der Witterung ausgesetzt, drehte er seiner eigenen Szene den Rücken zu.

Ältere Statisten traten an ihn heran, um ihm ihre Geschichten zu erzählen. Sie hatten es erlebt. Die Nazis, das Getto, die Liquidierung. Es war grauenhaft, das wieder zu sehen: die gelben Sterne an jüdischen Ärmeln, die Hakenkreuze in Schwarz und Rot (Farben, die man als Zuschauer nicht

Oben: Ben Kingsley und Steven Spielberg beraten sich während der Dreharbeiten für *Schindlers Liste* in Krakau. Der Regisseur hatte beschlossen, dass auch die Standaufnahmen während des Drehs in schwarz-weiß aufgenommen werden sollten.

Gegenüber: Spielberg legt die Aufnahmeperspektive für eine Szene fest, in der Juden auf einen Eisenbahnzug verladen werden. Bei *Schindlers Liste* war er getrieben wie nie zuvor, legte zahlreiche Aufnahmen persönlich fest und wich nicht von seinen ersten, spontanen Ideen ab.

sieht). Er interpretierte ihre bleichen Gesichter als Zeichen der Zustimmung. Es war ein Akt des Gedenkens.

Weinte er wirklich jede Nacht? Wieder bildete sich ein Mythos um die Entstehung einer seiner Filme: Das Thema habe ihn am Ende jedes Arbeitstages noch weiter verfolgt. Seine Familie war mit ihm nach Polen gekommen und schirmte ihn ab. Zudem wirkten die zwei Stunden, die er täglich noch mit seinen Dinosauriern verbringen musste, etwas entlastend. Nach dieser Ablenkung drängte ihn Michael Kahn (der seit *Unheimliche Begegnung der dritten Art* als Filmeditor an seiner Seite stand) zurück zu den Unmengen von Rohmaterial, das bei *Schindlers Liste* entstand.

Spielberg entdeckte sich durch den Film selbst. Oder er entdeckte sich wieder. Er fand sein jüdisches Erbteil wieder, das Leben als orthodoxer Jude, das er als Schüler von sich gewiesen hatte und dessentwegen er dennoch gehänselt worden war. Er erinnerte sich an die Geschichten, die ihm seine Großeltern über die Shoah erzählt hatten. „Das jüdische Leben strömte in mein eigenes Leben zurück", sagte er.[23] Deshalb wurde der Film ein Teil von ihm und er ein Teil des Films.

Schindlers Liste war nicht ein getrennter Teil von ihm, irgendeine neue Daseinsweise als Künstler, es war alles, was er war. Hier kamen alle Fähigkeiten zum Zug, die er sich angeeignet hatte: Seine Gewandtheit und die Stärke seiner Emotionen. Die Art und Weise, in der das Leben und der Film ineinander übergingen. Sein ganzes Talent. Alle seine Instinkte.

„Es ist, als habe er erstmals verstanden, warum ihm Gott so außerordentliche Fähigkeiten verliehen hat", pries David Denby in der Zeitschrift *New York*.[24]

Die Kritiker fielen von einem Lobestaumel in den nächsten: der Film sei fast dokumentarisch, unverzagt, unprätentiös; ein neuer, offener, reinerer Spielberg, eher Reporter als Filmemacher. Der Film sei schön, mit einem üppigen Glanz. Wie ein Film noir. Oder ein Spionage-Film.

Kamiński bestätigte, dies sei eine Mischung aus deutschem Expressionismus und italienischem Neorealismus. Europäische Traditionen und die Geschichte des Kinos: *Metropolis*; *Rom, offene Stadt*; *Der dritte Mann*. Schindler, der sich bei gutem Essen und Wein mit ranghohen Nazis amüsiert, das Parteiabzeichen am Revers, ist ein Schauspieler auf einer Bühne und erinnert an das Hollywood der 40er-Jahre. Er könnte auch Bogart oder Gable sein. Es

Rechts: Nur Kontorhengste? – Itzhak Stern (Ben Kingsley) und Oskar Schindler (Liam Neeson) geben sich den Anschein, nichts als Geschäfte im Sinn zu haben.

Unten: Feste mit den Nazis feiern – Steven Spielberg stellt einen deutlichen und manchmal humoristischen Kontrast zwischen Schindlers beiden Freundschaften her.

gibt Montagen, die Chaplins würdig sind – Schindlers entzückte Aufmerksamkeit für eine Reihe von hübschen Schreibkräften, die aber nicht gut tippen können, und dann sein lustloses Rauchen angesichts einer erfahrenen älteren Kollegin, deren Finger über die Tasten rasen.

Auch wenn man den erschütternden Hintergrund von *Schindlers Liste* beiseitelässt, ist es noch ein überwältigender Film. Die Fiktion geleitet uns durch die Tortur der Tatsachen. Spielberg bezog die Geschichte, die er erzählte, aus dem Paradoxon Oskar Schindler: der höfliche Industrielle, der zwischen Getto, Lager, Bahnhöfen und den Öfen von Auschwitz mit Göth und der monolithischen Maschinerie der Nazis um das Leben seiner Arbeiter feilscht. Angeblich hatten sich Kevin Costner und (unglaublicherweise) Mel Gibson für die Rol-

„Es ist, als habe er erstmals verstanden, warum ihm Gott so außerordentliche Fähigkeiten verliehen hat."

David Denby, *New York*

le beworben, aber Spielberg wusste sehr wohl, dass er seinen Hyperrealismus durch eine Starbesetzung beeinträchtigen würde. Er hatte Liam Neeson am Broadway gesehen und hatte nach der Vorstellung seine freundliche Art persönlich erlebt – das war der Mann.

Schindler bildet einen deutlichen Kontrast zu Spielbergs vorhergehenden Hauptdarstellern. Er habe nicht die gleiche „gequälte Energie", stellte John H. Richardson in *Premiere* fest.[25] Spielberg sah Schindler als seine romantischste Figur. „Er umwirbt die ganze Stadt Krakau, er umwirbt die Nazis, die Politiker, die Polizeichefs, die Frauen. Er war ein großer Verführer."[26]

In der Kälte seines ersten Drehtags war Neeson niedergeschlagen und unzufrieden. Er traf auf Branko Lustig, der einfach seinen Ärmel hochrollte und ihm das unauslöschliche Mal von Auschwitz zeigte. Mehr Motivation brauchte Neeson nicht. Man könnte ganze Bücher über die Leistung Neesons schreiben, dem Zusammentreffen von Eigennutz, Prahlerei und Wagemut; all das Irritierende, all der überströmende Charme. Unter den tadellosen Anzügen erwacht ein neuer Mensch. Es ist wieder eine Coming-of-Age-Geschichte. Eine weitere Studie über einen normalen Menschen, der durch außergewöhnliche Umstände zum Helden gemacht wird. Der Deutsche, der zum mystischen Vater von tausend Juden wird.

Im gut aussehenden, todbringenden Amon Göth (Ralp Fiennes), der laut Kenneally „Schindlers dunkler Bruder" ist, tritt uns das Böse in menschlicher Gestalt entgegen.[27] Als er sich die erste von drei Video-Probeaufnahmen mit Fiennes angesehen hatte, verzichtete Spielberg auf die beiden anderen. Er sah in dem Schauspieler „eine sexuelle Bösartigkeit", einen Hunger.[28] Göth ist ein bockiges Kind, er lebt seine Verdrossenheit mit dem Schicksal dadurch aus, dass er vom Balkon auf Gefangene im Lager schießt. Er leidet darunter, dass er sich von seinem jüdischen Zimmermädchen angezogen fühlt.

Die erstaunlichste Darstellung kommt von Ben Kingsley als Stern: stoisch, würdevoll, ein bebrillter Intellektueller mit der Wachsamkeit einer Katze. Und der dennoch mit Schindler ein wunderbar schlecht zusammenpassendes Paar bildet. Nicht zuletzt ist *Schindlers Liste* ein Film über die Formen, die Freundschaft, echte wie falsche, annehmen kann.

Jede Darstellung spricht von dem strengen Bemühen, Zeugnis abzulegen. Davidtz als Göths gebrochenes Zimmermädchen, das versucht, nicht verrückt zu werden. Caroline Goodall als Emilie Schindler, eine weitere gepeinigte blonde Ehefrau, die zusehen muss, wie ihr Mann von einer Aufgabe verzehrt wird. Poldek Pfefferberg, der zehn Jahre zuvor Spielberg seine Geschichte erzählt hatte, wird von dem israelischen Schauspieler Jonathan Sagall als Schwarzmarkthändler gespielt, als ein Schindler der Unterwelt, der seine Haut rettet, indem er Gepäck aus dem Weg der Nazis räumt.

Das Grauen senkt sich so unerbittlich wie Schnee. Der Spielberg-Touch ist diesmal kalt wie Eis. Sein Talent, das Alltägliche in einen Mythos zu verwandeln, beweist sich hier an einer neuen Aufgabe. Die Nazi-Motive werden so klar geliefert wie ein Trommelwirbel: Klappstühle, Schreibmaschinen, Papierstapel, in Tinte getauchte Schreibfedern, Briefmarken, Listen. Die Kamera fährt durch einen Bahnhof, zwischen Kleidungshaufen, Schuhen und Fotografien hindurch, um mit der stummen Verständnislosigkeit eines jüdischen Juweliers zu enden, vor dem Goldzähne verstreut werden. Kein Beteiligter sah ein Epos in dem Film – es war eine Landschaft aus Gesichtern. John Williams komponierte diesmal keine Fanfaren, sondern schmerzerfüllte Melodien für Itzhak Perlmans Violine und nüchterne, von leiser Hoffnung erfüllte, jüdisch inspirierte Themen. Nur in der Klage für die Toten erklimmt die Musik Gipfel.

Kahns Filmschnitt ist außerordentlich. Der Film hat eine Vielfältigkeit, die an *1941 – Wo bitte geht's nach Hollywood* erinnert, aber er und sein Regisseur haben absolute Kontrolle über die erzählte Geschichte. Geschichten sind in Geschichten verschachtelt, in Charaktervignetten, all den aufeinandertreffenden Tragödien – es ist die Buchhaltung der Leben, eine Liste. Was den Film vorantreibt, ist ein fast hypnotisches Wechselspiel zwischen der filmgemäßen Dramatik von Schindlers

Oben links: Der kalte Kommandant – Steven Spielberg wusste sofort, dass Ralph Fiennes der Richtige für die Rolle des Amon Göth war. Er verlieh dem Nazi eine sehr menschliche Bösartigkeit.

Oben rechts: In einer der intensivsten und verwirrendsten Nebenhandlungen kämpft Göth damit, dass er sich von seinem jüdischen Hausmädchen (Embeth Davidtz) angezogen fühlt.

Gegenüber: Die Liquidierung des Krakauer Gettos bildet das dunkle Mittelstück von *Schindlers Liste* – ein atemberaubender Beweis für Spielbergs Fähigkeit, Massenszenen zu filmen, ohne auf emotionale Details zu verzichten.

Plänen, seinen vielen Vor- und Verstellungen, und der unzweideutigen geschichtlichen Chronik. Das plötzliche Stakkato des willkürlichen Todes, das fließende, spritzende Blut, das schwarz wie Bürokratentinte hervorschießt, ist von Übelkeit erregender Absurdität – hier wird auf vernünftige Weise dargestellt, was jeder Vernunft entbehrt.

Wir sehen die Liquidation des Krakauer Gettos mit brennenden Augen. Die Menschenschlangen, die Morde, die entmutigte Verwirrung. Die Angst breitet sich in den Menschen aus wie eine elektrische Ladung. Spielberg behält jede Figur im Blick, während sich die Details zu einer Symphonie des Grauens und Entsetzens verdichten, die so verrückt ist wie bei Hieronymus Bosch: Stethoskope, die an Mauern angesetzt werden, ein deutscher Pianist, der mitten im Massaker Mozart spielt, das geisterhafte Aufblitzen von Maschinengewehrfeuer an den Fenstern im Getto.

Das Mädchen in Rot sorgt immer noch für Diskussionen. Dieses eine Aufblitzen von Farbe, der rote Mantel eines verlorenen Kindes, kommt vollkommen überraschend. Man hat Vermutungen darüber angestellt: Ist es ein Symbol des Blutes, der Unschuld oder der Einzigartigkeit des Lebens inmitten eines Tableaus des farblosen Todes? Ist es ein bewusster Verweis auf Elliotts rotes Sweatshirt in E.T.? Ein Widerrufen seines früheren Optimismus? Die Figur hat ein reales Vorbild. Schindler selbst hatte sich an das Mädchen in Rot erinnert. Sie war etwa sechs Jahre alt, verloren und ignoriert im Chaos – ein Bild, das ihn nicht mehr losließ. Spielberg erläuterte seine Absichten: Sie sei ein Symbol dafür, dass die Führer der Alliierten – Roosevelt, Stalin, Churchill – vom Holocaust wussten, aber so lange nichts taten. Sie war, sagte er, eine „grelle rote Fahne, die jeder, der hinsah, hätte sehen können".[29]

Der Filmhistoriker David Thomson bezeichnete den roten Mantel als die fatale Schwachstelle des Films: „In diesem einen, kleinen Aufhübschen ... zeigte sich die umfassende Vulgarität des gesamten Vorhabens."[30] Wie große Teile der unvermeidlichen heftigen Kritik kann man auch dies als eine Fixierung lesen, als den Zwang, Spielberg nicht aus seiner Schublade herauszulassen. Es gab auch Stimmen, die das Happy End der Geschichte als anstößig bezeichneten: Diejenigen, die auf Schindlers Liste stehen, werden gerettet. Sie geben vor dem Hintergrund des Abspanns Zeugnis.

„Alle Kadaver, die wir sehen, kennen wir nicht, und alle Menschen, mit denen wir uns identifizieren, werden gerettet", tadelte Danièle Hemann in *Le Monde*. „So funktioniert Geschichte nicht."[31]

Claude Lanzmann, der Regisseur von *Shoah*, nahm öffentlich gegen Spielberg Stellung. Wie könne er die Geschichte der Rettung von eintausend Leben angesichts von sechs Millionen Toten erzählen (deren Geschichte sich bestimmt nicht zur Bearbeitung als Drama eignet)? Aber Spielberg lässt sie uns nicht vergessen. Wir folgen Schindlers Frauen, die auf der falschen Liste gelandet sind. Wir sehen sie bis in die Duschen von Auschwitz gehen, wo Wasser auf sie fällt. Draußen hebt sich der Kamerablick über die langen Menschenschlangen zum Schornstein und dem verloren aus ihm aufsteigenden Rauch. Man sieht das Mädchen im roten Mantel wieder – ein weiterer Körper, der zu einem höllischen Scheiterhaufen gekarrt wird, während die Asche wie Schnee herabrieselt.

Unten: Die Liste bedeutet Leben – als bei Kriegsende ein einzelner russischer Soldat sie befreit, wird Schindlers Belegschaft klar, dass sie wieder zu einem Stamm auf Wanderschaft geworden sind.

(PRÄ-)HISTORISCHES   115

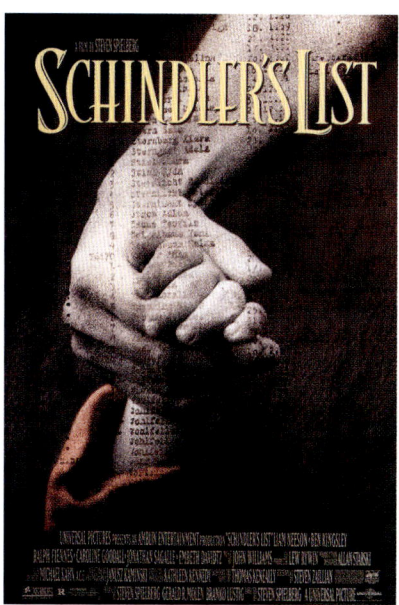

Spielberg rechnete fest mit einem Misserfolg, aber die Einspielergebnisse waren mit 322 US-Dollar beispiellos hoch. Das Publikum und die Staatsmänner der Welt strömten in die Vorstellungen. Dem Film wurde der Rang eines historischen Dokuments zugesprochen, wodurch seine Wahrnehmung als filmisches Kunstwerk gelitten hat. Die Lobeshymnen der Academy waren vorhersehbar, wirkten aber irgendwie nebensächlich.

Tom Hanks erzählt, wie er Spielberg kurz nach der Premiere des Films begleitete, als dieser auf der Straße von einer jungen Frau angesprochen wurde. „Ich muss ihnen einfach sagen …", begann sie, und versuchte, ihre Reaktion auf den Film zu beschreiben.[32] Aber sie verlor vollständig die Beherrschung und brach in heftiges Weinen aus. Spielberg bemühte sich, sie zu beruhigen und sagte ihr, dies sei der Grund, warum er den Film gemacht habe – damit die Menschen sich des Geschehenen bewusst würden. Als sie sich wieder gefasst hatte und gegangen war, brach Spielberg zusammen. „Steven hatte die emotionale Kraft dessen, was er geschaffen hatte, nicht richtig vorhergesehen", kommentierte Hanks.[33]

Jurassic Park war geschickt in Szene gesetzte Unterhaltung, der Versuch, auch den letzten Platz im Kino zu füllen. *Schindlers Liste* hingegen war Spielbergs Versuch, eine leere Stelle in sich selbst zu füllen. Dadurch füllte er eine Leerstelle in der Welt. Um es auf den Punkt zu bringen: Über alles hinaus, was man über seinen wichtigsten und vermutlich auch besten Film sagen kann, bleibt der Kern von Spielbergs künstlerischer Stärke immer der gleiche.

Er kann uns fühlen lassen, was er selbst fühlt.

Oben links: Das Mädchen im roten Mantel war umstritten – viele Kritiker sahen darin den einzigen Augenblick, in dem der Film die Aufmerksamkeit auf sich selbst als Film lenkte. Aber Spielberg wollte damit nachdrücklich auf den moralischen Blick seines Werks hinweisen.

Oben rechts: *Schindlers Liste* sollte Spielberg nicht nur seinen begehrten Oscar für die Beste Regie bringen, es war auch weltweit ein riesiger Hit. Er weitete die Kommunikationsmöglichkeiten des Kinos aus.

DER ZEITREISENDE

Vergessene Welt: Jurassic Park (1997), *Amistad* (1997),
Der Soldat James Ryan (1998), *A.I. – Künstliche Intelligenz* (2001)

Was macht man nach einem Jahr wie 1993? Wie so oft war es auch diesmal der Erfolg, der Steven Spielberg erdete, nicht ein Misserfolg. Wie bei keinem anderen Filmemacher wird alles, was er tut, mit allem verglichen, was er zuvor getan hat. Wie schneidet Spielberg im Vergleich zu *Spielberg* ab? Spielbergs erster Instinkt war, eine Pause einzulegen. Das war eine Nachricht, die es sogar auf die Titelseite des Branchenblatts *Variety* schaffte. Drei Jahre sollte es keinen neuen Film geben. ‚Pause' ist aber ein dehnbarer Begriff. Spielberg führte zwar nicht Regie, arbeitete aber unermüdlich: als leitender Produzent (bei *The Flintstones* – unter dem Namen Steven Spielrock –, *Casper* und *Twister*), aber auch für seine Shoah Foundation, einem Archiv von Videoaufnahmen der Zeitzeugenaussagen über den Holocaust. In drei Jahren sammelten die Mitarbeiter Aussagen von mehr als 53.000 Überlebenden.

Dann kam der vergebliche Versuch, die Filmbranche neu zu definieren: DreamWorks SKG. Die Initialen standen für die drei so gegensätzlichen Gründer: Spielberg, Jeffrey Katzenberg und David Geffen. Es gab großartige Ankündigungen und hochtrabende Pläne. Man wollte die Kunst in den Vordergrund stellen, Idiosynkrasien fördern, Maßgaben für guten Stil vorgeben.

Es gab oscarprämierte Hits: *American Beauty*, *Gladiator* und Spielbergs eigenen *Der Soldat James Ryan*. Es gab natürlich auch Flops. Das ist der Alltag eines Studios. Aber insgesamt war es der Versuch, gegen das Studio-System anzukämpfen, zu dem Spielberg seit Jahren so wesentlich beigetragen hatte. Er kämpfte gegen sein eigenes Erbteil. Und da es kein eigenes Distributoren-Netzwerk gab, musste ein Teil der Profite an andere Studios abgeführt werden. Zudem fiel ihm die Arbeit als Manager mit täglichen Konferenzen schwer. Er wollte lieber Filme machen.

Wie für Kubrick gilt auch für Spielberg, dass er immer an einem Film arbeitet, auch wenn er gerade keinen dreht. Allerdings war Spielberg insgesamt produktiver. Er selbst sah sich nach 1993 wieder „zwischen Unterhaltung und gesellschaftskritischen Filmen hin und her pendeln".[1]

Das Jahr 1997 wirkt tatsächlich wie der Versuch, das Doppel von 1993 zu wiederholen. Zuerst ein echter Blockbuster, dann eine beunruhigende Auseinandersetzung mit der Geschichte. Zurück zu den Dinosauriern, dann die Sklaverei. Sowohl *Ver-*

Links: Verkehrsrowdy – der T. rex wütet in *Vergessene Welt: Jurassic Park* in der Innenstadt von San Diego. Das Finale wurde erst konzipiert und (in Burbank) gedreht, nachdem Spielberg den Film schon begonnen hatte.

Unten: Nach dem Aussterben der Menschheit – ein Superroboter der entfernten Zukunft untersucht den Androiden-Jungen David (Haley Joel Osment) in den Schlussszenen von *A.I. – Künstliche Intelligenz*.

1996 STEVEN SPIELBERGS REGISSEURSTUHL (VIDEOSPIEL)
Regisseur

Oben: Da naht etwas mit Schuppen, Version II – Julianne Moore, Vince Vaughn und Jeff Goldblum reagieren in *Vergessene Welt: Jurassic Park* auf das Geräusch der Dinosaurierschritte.

gessene Welt: Jurassic Park* als auch *Amistad* scheitern daran, dass Spielberg versuchte, einen Spielberg-Film zu drehen.

Und daran, dass er ängstlich war: „Nach drei Jahren, in denen ich nicht Regie geführt hatte, wollte ich nicht gleich ins tiefe Wasser springen", gab er zu.[2]

Der zweite Jurassic-Park-Film war eher eine unvermeidbare Arbeit als eine inspirierte. Spielberg war nie ein Befürworter des Franchise-Systems gewesen. Er hatte zwar mit Indiana Jones einen Serienhelden geschaffen, aber er hatte sich auch über die zunehmend schlechteren Fortsetzungen von *Der weiße Hai* geärgert und sich erfolgreich geweigert, mit einem zweiten Teil „die Erinnerung [an E.T.] zu besudeln".[3]

Bei *Der weiße Hai* hatten Probleme mit der Technik dazu geführt, dass Spielberg als Erzähler über sich hinauswuchs. *Vergessene Welt: Jurassic Park* war in Hinsicht auf die Trickaufnahmen auf der Höhe der Zeit. Immer neue Dinosaurier-Spezies sprangen aus den Büschen. Aber die Geschichte war nicht mehr so straff gesponnen.

Spielberg nannte *Vergessene Welt: Jurassic Park* ein „Eindringen in ein echtes prähistorisches Land".[4] Die Aufnahmen auf Hawaii und im Redwood National Forest in Kalifornien sorgten auch für eine sehr urweltliche Ästhetik. Aber es hätte bestimmt bessere Konzepte für einen zweiten Jurassic-Park-Film gegeben. Die Insel ist eine Zuchtstation ohne Zäune, und es ist eine Geschichte ohne Richtung: David Koepps Drehbuch ist kaum mehr als eine Aneinanderreihung von Konfrontationen mit Dinosauriern.

Die Figuren sind noch fadenscheiniger: Jeff Goldblums Ian Malcolm wird in den Mittelpunkt gerückt, was ihr nicht bekommt – die überheblichen Witze sind einer trübseligen, kühlen Distanziertheit gewichen. Julianne Moore kann als „Verhaltensforscherin und Paläontologin" ihrer Figur keine Überzeugungskraft geben.[5]

VERGESSENE WELT: JURASSIC PARK
1997 Regisseur/Schauspieler (ohne Nennung)

Vince Vaughn als Umweltaktivist und Fotograf ist einfach überflüssiger Ballast. Wie *Twister* ist dies ein Katastrophenfilm, in dem die Helden die Katastrophe herausfordern. Nigel Andrews bezeichnete ihn in der *Financial Times* als „freie Assoziation über den Plot des ersten Films".[6]

Spielberg verlor während der Dreharbeiten die Geduld mit dem Material. „Ist das alles?", fragte er sich. „Das reicht mir nicht."[7]

Natürlich kann er immer noch für aufregende Momente sorgen: ein kleines Mädchen, das von einer Horde kniehoher Dinos angegriffen wird; nicht sichtbare Velociraptoren, die im hohen Gras Schneisen schlagen; ein T. rex, der in San Diego eine Ampelanlage zerkaut.

Aber dem Film fehlt Spielbergs typische Authentizität. Jurassic Park ist Fantasie, geht aber mit seiner Grundidee selbstsicher um: geklonte Dinosaurier, die in einem Vergnügungspark ausbrechen. Bei *Vergessene Welt: Jurassic Park* gibt es Löcher im Handlungsstrang, nicht ausgeführte Ideen und ein endloses hin und her Rennen. Wie kann ein T. rex die Mannschaft eines Schiffs auffressen und sich dann selbst wieder im Laderaum einschließen? Pete Postlethwaite als Großwildjäger Roland Tembo bekommt nie Gelegenheit, seiner größten Beute gegenüberzutreten.

Das Geld floss in die Kassen (mit 619 Millionen US-Dollar der erfolgreichste Film des Jahres), aber die Satire hatte ihren Biss verloren. John Hammonds Firma

Unten: Reptilienhaus – in der Szene, in der ein Junge aufwacht, um einen T. rex vor seinem Fenster zu entdecken, spielt Spielberg auf *E.T. – Der Außerirdische* an.

InGen ist in die Hände seines raffgierigen Neffen geraten (Arliss Howard), der mit einer Entschlossenheit an die kommerzielle Ausbeutung der Dinosaurier herangeht, die an das Streben der Studios nach immer größeren, immer besseren Unterhaltungsfilmen erinnert. Es ist ein Fortsetzungsfilm über Fortsetzungsfilme.

Amistad ist eine Rückkehr zu ernsteren Themen, ein wortreiches Gerichtsdrama, das sich vor dem historischen Hintergrund der Sklaverei entfaltet. Wie bei *Die Farbe Lila* gab es auch hier den unvermeidlichen Gegenwind. Spike Lee bezeichnete es wütend als eine weitere Geschichte über einen ‚weißen Retter'. Als die Produzentin Debbie Allen Spielberg den Film vorschlug, war er erstaunt, dass die Ereignisse so unbekannt waren. „Ist das alles passiert?", fragte er nach.[8]

Der Sklave Cinqué kann sich 1839 auf dem Weg von Sierra Leone in die Neue

Oben: Jäger – Tembo (Pete Postlethwaite) ist in *Vergessene Welt: Jurassic Park* der größten Beute überhaupt auf der Spur.

Rechts: Sammler – die Umweltschützer Nick Van Owen (Vince Vaughn) und Sarah Harding (Julianne Moore) retten einen jungen T. rex.

Links: Dramatik im Gerichtssaal – Roger Sherman Baldwin (Matthew McConaughey) hält in *Amistad,* Spielbergs nicht hinreichend gewürdigtem Film über die Sklaverei, sein Plädoyer.

Welt im Frachtraum des spanischen Segelschiffs La Amistad von seinen Ketten befreien. Er wird von Djimon Hounsou gespielt, der es vom Obdachlosen in Paris bis zum Modemodell gebracht hatte und der Figur eine hypnotische Mischung aus gerechtem Zorn und Verletzlichkeit verleiht.

Cinqué entfacht einen blutigen Aufstand auf dem Schiff, von Janusz Kamiński in schwankenden, stroboskop-ähnlichen Aufnahmen eingefangen. Nach der Ankunft an der Küste von Connecticut kommt es zu einer juristischen Schlacht vor Gericht, bei der die spanische Krone das Eigentum an den Sklaven wiedererlangen möchte, die amerikanische Justiz sie als Mörder anklagen will, und Gegner der Sklaverei sich für sie einsetzen.

Die Sache geht bis zum Obersten Gerichtshof der USA. Die Geschehnisse an Bord, so machtvoll in ihrer Darstellung, werden in Rückblenden gezeigt. Ansonsten hört man lange Reden in eichengetäfelten Gerichtssälen: altehrwürdige Stimmen, die zwischen zeitgemäßen langen Koteletten ertönen. Es war das erlauchteste Ensemble, das Spielberg vor *Lincoln* zusammenstellte: Matthew McConaughey in der Hauptrolle des Rechtsanwalts Roger Baldwin, Morgan Freeman, Pete Postlethwaite, Stellan Skarsgård, Nigel Hawthorne, Chiwetel Ejiofor, und Anthony Hopkins als der ehemalige Präsident John Quincy Adams.

Hopkins ist wie entfesselt. Für seine Leistung wurde er für den Oscar als bester Nebendarsteller nominiert. In einem langen Monolog verkündet er die zentrale Botschaft des Films: „Der natürliche Zustand des Menschen", predigt er, „ist die Freiheit."⁹

Die Amistad wurde in fast tatsächlicher Größe in einem Lagerhaus nachgebaut, eine albtraumhafte Umkehrung der märchenhaften Bühnenbilder in *Hook*. Kamiński mischt die schattenreichen Bilder Goyas mit den leuchtenden Farben der amerikanischen Maler Winslow Homer und Thomas Cole.

„Ich befinde mich in einer Zeit der Experimente, und ich probiere neue Dinge aus, die mich herausfordern", sagte Spielberg. „Und indem ich mich selbst herausfordere, fordere ich wiederum auch das Publikum heraus."¹⁰

An die Stelle des apolitischen Wunderkinds war ein Staatsmann getreten. Der Zustand der Nation wird ihn in der zweiten Hälfte seiner Karriere immer wieder beschäftigen, am deutlichsten in *Amistad*, *Lincoln* und *Die Verlegerin*. Man kann *Amistad* sogar als Prequel für *Lincoln* betrachten. Diese Ereignisse waren die Zündschnur, die zum Amerikanischen Bürgerkrieg führten, wie in dem späteren, dynamischeren *Lincoln* gezeigt wird.

1997 AMISTAD
Regisseur/Produzent

Unten: Anthony Hopkins (als ehemaliger Präsident John Quincy Adams), Djimon Hounsou (als geflohener Sklave Cinqué) und der junge Chiwetel Ejiofor (als Dolmetscher Covey) gehören zur beeindruckenden Besetzung von *Amistad*.

Amistad ist wieder ein Spielberg-Film, der von Aufeinandertreffen geprägt wird. Von zwei Menschen (Cinqué und Baldwin), zwei Kulturen, zwei Kontinenten. Aber das Bemühen um moralische Werte erstickt den lebendigen Naturalismus früherer Werke. „Ich hab' den Film irgendwie austrocknen lassen, sodass er zu sehr an eine Geschichtsstunde erinnerte", gab Spielberg im Rückblick zu.[11]

Es ist bezeichnend, dass *Amistad* nur 44 Millionen US-Dollar einspielte (angeblich gab es Beileidsanrufe von Familienmitgliedern), während *Titanic* bei den Oscars abräumte und neue Einspielrekorde aufstellte.

Der Soldat James Ryan beginnt am 6. Juni 1944 mit einer Aufnahme der zitternden Finger von Tom Hanks. Eigentlich geht diesem krassen Bild eine Art Rahmenerzählung voraus, in der ein ungenannter Veteran den amerikanischen Soldatenfriedhof in der Normandie besucht. Aber wir wollen nicht kleinlich sein. So oder so sind die folgenden 25 Minuten ein Beweis dafür, dass Spielberg immer noch Filme drehen konnte, die einen sprachlos werden lassen. Das liegt vor allem daran, dass die

DER ZEITREISENDE   123

Szenen laut Anthony Lane im *New Yorker* „einem fast nichts erzählen. Sie zeigen einfach nur."¹²

Die Landung der Alliierten am D-Day ist der Ausgangspunkt von Spielbergs erstem Kriegsfilm. Es ist ein Abbild der Hölle. Der Strand wird zu einem Delirium des zufälligen Sterbens, im monochromen Dunkelgrau von Sturmwolken aufgenommen, durchzogen von Feuer und Blut. Die Aufnahmen erinnern an die berühmten Fotos von Robert Capa für die Zeitschrift LIFE und John Hustons Dokumentarfilm *Die Schlacht von San Pietro*, für den er seine Kamera auf Kniehöhe absenkte, damit ihm nicht der Kopf weggeschossen würde.

Es waren Spielbergs erste Aufnahmen für den Film, mit denen er den ästhetischen Rahmen für das Folgende festlegte. Dreieinhalb Wochen kroch das Produktionsteam einen Strand bei Curracloe in Irland hinauf. Als Statisten wurden irische Reservisten eingesetzt.

Ein Mann hält verständnislos den Arm, der ihm abgeschossen worden ist, ein anderer greift nach purpurnen Eingeweiden und ruft nach seiner Mutter, wieder ein anderer geht in einem orangenen Inferno auf, als ein Flammenwerfer leck geschlagen wird. Die Soldaten bezahlen für jeden Meter Geländegewinn einen horrenden Preis. Das Überleben, das Heldentum, wie

Oben: Der Strandabschnitt Omaha – der erschütternde Anfang von *Der Soldat James Ryan* verwandelte unsere Vorstellungen von der Landung in der Normandie ebenso sehr wie von dem, was ein Kriegsfilm leisten kann.

1998 DER SOLDAT JAMES RYAN
Regisseur/Produzent

immer man es auch nennen mag, ist eine Frage des Glücks.

Spielberg verzichtete auch diesmal auf Storyboards und widerstand der Versuchung des Spektakulären. Stattdessen fing er das Chaos mit handgehaltenen Kameras ein (eine bediente er selbst) und erlaubte sich nicht mehr als drei Aufnahmeversuche. Sie waren Kriegsberichterstatter, schärfte er seinem Team ein. Wenn Blut auf das Objektiv spritzte, dann war es halt so. „Ich bin einfach in den Krieg gezogen", sagte er.[13]

Das vollkommene Fehlen eines Handlungsstrangs vermittelt nur eine Erkenntnis: Der Krieg ist vollkommen anders als seine Darstellung in Filmen.

Das Team arbeitete strikt chronologisch: von den Landungsbooten ins Wasser zum Strand und zur relativen Sicherheit der Dünen. Diese Linearität setzte sich im ganzen Film fort, als geschähen die Ereignisse wirklich vor ihnen. Spielberg drehte schnell und zog zügig von Drehort zu Drehort (Irland, dann ein verlassener Flugplatz nördlich von London, dann ins ländliche Oxfordshire) und nahm so seinen Darstellern die Möglichkeit, zu sich zu kommen.

Sie sollten sich wie im Krieg fühlen. Die eigentlichen Kampfhandlungen, sagte er, sind „auf persönlicher Ebene sehr widersprüchlich".[14] Durchschnittliche Männer werden in körperlichen wie auch moralischen Aufruhr versetzt. Lehrer müssen töten. Die gerechte Sache kann sehr weit weg erscheinen. *Der Soldat James Ryan* war alles andere als ein typischer Unterhaltungsfilm für den Sommer, wurde aber ein Riesenhit und spielte bei einem Budget von 70 Millionen US-Dollar mehr als 480 Millionen US-Dollar ein.

Die Geschichte nimmt um Hanks herum Gestalt an. Er ist der ruhende Pol in diesem Pandämonium. Nachdem der Strand gesichert ist, kehrt die Kamera zu einem der vielen Körper zurück. Auf seinem Rucksack sieht man einen Namen – „S. Ryan" –, und die Erzählung nimmt Fahrt auf.[15]

Robert Rodat hatte elf Fassungen des Drehbuchs geschrieben, das er dann an Paramount verkaufen konnte. Irgendwann hatte man Hanks für die Rolle des Captain Miller engagiert, den Zugführer der im Mittelpunkt stehenden Einheit. Er reichte das Drehbuch an Spielberg weiter.

Dieser hatte seit Jahren an einen Kriegsfilm in der Art von *Agenten sterben einsam* oder *Die Kanonen von Navarone* oder seine eigenen Schmalfilm-Jugendwerke gedacht. Als er Rodats Drehbuch las, musste er an seinen Vater denken. Arnold Spielberg hatte im Pazifik gedient und erzählte oft düstere Kriegsgeschichten. Vater und Sohn hatten sich nach 15 Jahren wieder versöhnt, und dies war Stevens Geschenk für seinen Vater.

Als er seinen zweiten Oscar für Beste Regie entgegennahm, sprach er ihn direkt

Oben: Spielberg filmte drei Wochen am Strand von Curracloe in Irland und schickte seine Kameraleute in das Gemetzel, als wären sie Kriegsberichterstatter.

Gegenüber: Männer mit einer Mission – Adam Goldberg, Demetri Goritsas, Tom Hanks, Matt Damon, Maximilian Martini und Tom Sizemore (von links nach rechts) erwarten den deutschen Angriff.

an: „Ich danke dir dafür, dass du mir gezeigt hast, wie ehrenvoll es ist, zurückzublicken und die Vergangenheit zu respektieren … Das hier ist für dich."[16]

Rodats Drehbuch basierte auf realen Vorbildern: Nachdem drei der Ryan-Brüder gefallen sind, veranlassen die amerikanischen Behörden eine Suche nach dem vierten, überlebenden Bruder James. Millers Einheit wird mit dem zweifelhaften Auftrag betraut. Dass noch mehr Leben geopfert werden sollten, um ein einzelnes zu retten, ist eine beunruhigende Widersprüchlichkeit.

Spielbergs gewagte Realitätsnähe wurde vor allem durch die Zeugenberichte beeinflusst, die er von Kriegsveteranen sammelte. Er wusste nur zu gut, dass im Leben Dinge geschehen, die kein Drehbuch erfinden kann. Er sah sich Rodats frühere Fassungen an und griff auf dunklere Konzepte zurück, vor denen Paramount zurückgeschreckt war: dass Captain Miller todgeweiht war und der feige Dolmetscher Corporal Upham (Jeremy Davies) keine Erlösung findet.

Der überlebende Ryan-Bruder James wird von Matt Damon gespielt, einem jungen Talent, das Robin Williams empfohlen hatte. Spielberg hat eine gute Nase für zukünftige Stars. Die jungen Soldaten in Millers Einheit besetzte er absichtlich mit Schauspielern aus der amerikanischen Indie-Szene: Barry Pepper (als gottesfürchtiger Scharfschütze), der junge Vin Diesel, Adam Goldberg, Giovanni Ribisi und Edward Burns; Tom Sizemore spielte den handfesten Sergeant Horvath.

Der brutale Realismus der ersten Szenen zieht sich durch den ganzen Film, der in Episoden den Weg durch die Kriegszerstörungen der Normandie auf der Suche nach Ryan zeigt. In diesem Fall ist Spielbergs Heiliger Gral ein Mensch. Hanks zurückhaltende Darstellung von Miller zeigt die furchtbaren Schäden, die der Krieg im innersten Wesen eines Menschen anrichten kann.

Es ist einer von Spielbergs umstrittensten Filmen. Manche Kritiker monierten, nach den Landungsszenen sei die Struktur des Films schematisch, wenn nicht sogar weit hergeholt: kaum mehr als adrenalingetränktes Melodrama. Andere sahen einen Meister am Werk, der endlich wieder die Kühnheit von *Schindlers Liste* zeigte, um einen historischen Meilenstein darzustellen.

1999 THE UNFINISHED JOURNEY (KURZFILM)
Regisseur

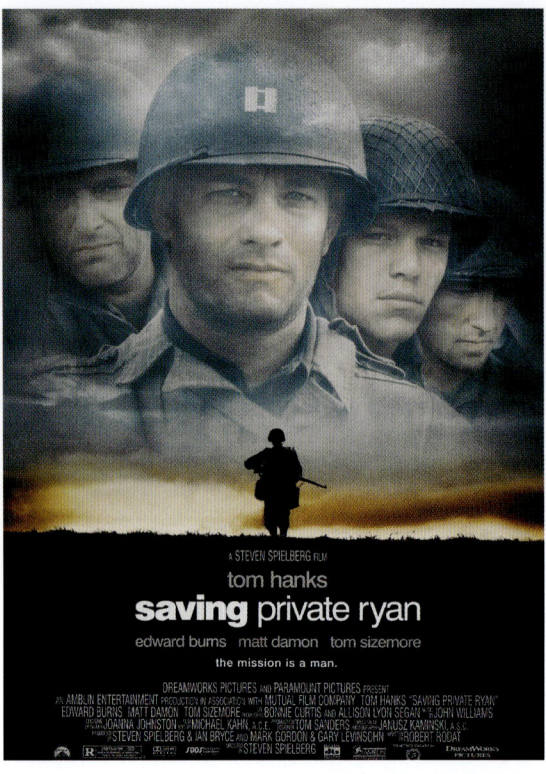

Der Historiker Antony Beevor sieht Positives und Negatives im Film, hält die Handlungsführung jedoch für sehr gut, weil sie den Widerspruch zwischen Patriotismus und dem Überleben des Einzelnen „zu Recht dramatisiert".[17] „Diese einander ausschließenden Werte sind auf vielfältige Weise das Wesen des Kriegs", schreibt er.[18]

Der Versuch, französische Kinder zu retten, die Freilassung eines deutschen Gefangenen und der hohe Blutzoll des Angriffs auf eine Maschinengewehrstellung bringen die Gruppe immer wieder an den Rand einer Krise. Dale Dye war Berater in Militärangelegenheiten, er hatte drei Einsätze in Vietnam absolviert und trieb den Schauspielern alle Star-Allüren aus.

Die in Vietnam-Filmen wie *Platoon*, *Full Metal Jacket* und *Apocalypse Now* gezeigte Entwürdigung und Entmenschlichung des einfachen Soldaten wird hier im Rahmen des Zweiten Weltkriegs, also eines gerechten Kriegs, wieder zum Thema. Vor dem Hintergrund des Grauens von *Schindlers Liste* wissen wir, dass der Pfad, auf dem diese Männer wandelten, zwar voller Widersprüche, aber letztendlich gut war. Es war natürlich abzusehen, dass Spielberg deshalb vorgeworfen wurde, er versuche, das Gespenst von Vietnam zu bannen. In der *New York Times* schrieb Vincent Canby: „*Der Soldat James Ryan* macht den Krieg wieder zu etwas Gutem".[19]

Die letzten Szenen in der Stadt Ramelle bilden das Gegenstück zur Einleitung am Strand. Wieder sieht man die Tapferkeit und das Blutige des Gefechts, aber diesmal ist es kinogemäßer. Wir kennen diese Männer, wir spüren ihren Verlust, jeder von ihnen hat eine Geschichte, jeder fin-

Oben links: Der Regisseur und der Soldat Ryan – Steven Spielberg diskutiert mit dem damals kaum bekannten Matt Damon, der wegen seines jugendlich-guten Aussehens und seines Talents die Rolle erhalten hatte.

Oben rechts: Trotz seiner Kompromisslosigkeit war *Der Soldat James Ryan* ein Kassenschlager. Der Name Spielberg bedeutete für die Zuschauer jetzt eher Herausforderungen als Tröstliches.

Gegenüber: Nach *Das Reich der Sonne* und *Schindlers Liste* zeigte die Präzision von *Der Soldat James Ryan* Spielberg zum wiederholten Mal als Meister des historischen Realismus.

„... *Der Soldat James Ryan* macht den Krieg wieder zu etwas Gutem."

Vincent Canby, *New York Times*

det einen außergewöhnlichen Tod. Der alte Mann der Rahmenhandlung stellt sich in den letzten Szenen als James Ryan heraus – der gerettet wurde.

Spielberg erhielt den zweiten Oscar für die Beste Regie, mit dem er für *Der Soldat James Ryan* ausgezeichnet wurde. Wer außer ihm hatte das Technische und das Künstlerische auf derart hohem Niveau zusammengeführt? Aber dass der Oscar für den Besten Film an das Leichtgewicht *Shakespeare in Love* ging, zeigt einmal mehr, wie zufällig die Entscheidungen der Academy sein können.

Es hat Veränderungen gegeben. Die Ideen sammeln sich in seinen Filmen an. Die Emotionen sind schwerer zu verstehen.

Der Dichter des Vorstadtlebens verblasst. An seine Stelle tritt ein Zeitreisender, der sich von dem Mut und den Katastrophen der Vergangenheit wie auch dystopischer Zukunftsvisionen angezogen fühlt.

Als Stanley Kubrick 1999 starb, verlor Spielberg nicht nur einen Kollegen, sondern auch eine Art Vaterfigur. Sie hatten eine Fernbeziehung aufgebaut – nächtliche Anrufe von Kubrick, der in seinem Rückzugsort im britischen Hertfordshire die unterschiedlichen Zeitzonen einfach ignorierte. „Es war eine Einbahnstraße", sagte Spielberg lachend.[20] Kubrick verriet nie etwas. Aber jetzt machte Spielberg selbst einen Kubrick-Film, er hatte Notizen, künstlerische Entwürfe für die Produktion

JAWS: DELETED SCENES
2000 Regisseur

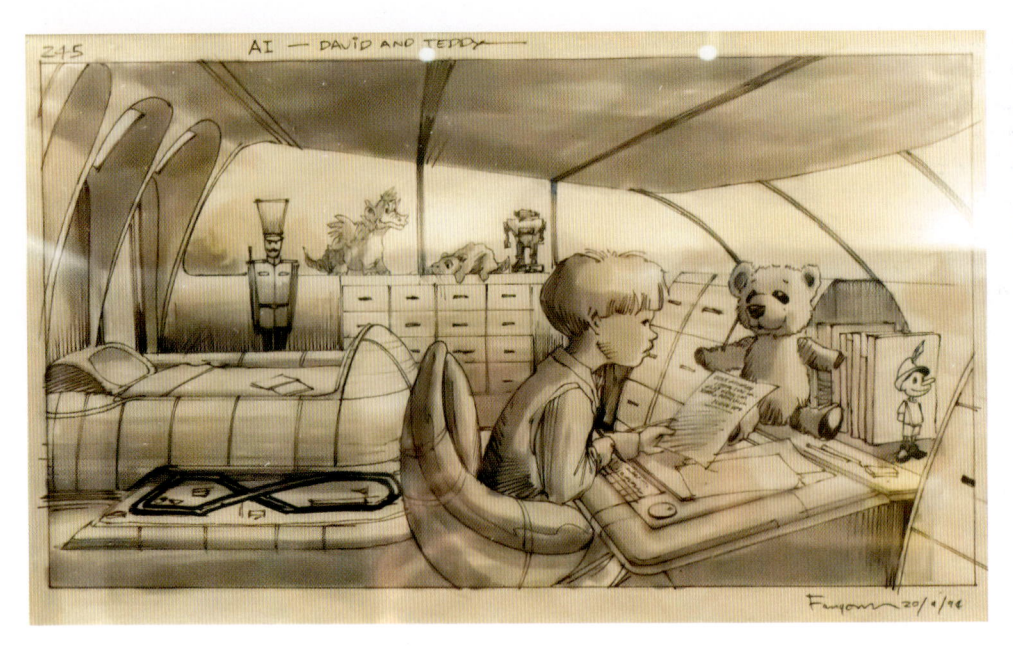

Links: Frühe Entwürfe für *A.I. – Künstliche Intelligenz*, die Chris Baker für Stanley Kubrick gestaltet hatte, zeigen, dass die Anklänge des süßen Teddybären an Pinocchio schon angelegt waren, bevor Spielberg das Projekt übernahm.

und Drehbücher für ein Projekt mit dem Titel A.I. aus dem Nachlass erhalten. *A.I. – Künstliche Intelligenz* basiert auf einer Vorlage von Ian Watson, die wiederum auf einer Kurzgeschichte von Brian Aldiss beruhte, als Drehbuchautor wurde Steven Spielberg genannt, aber insgesamt war der Film ganz eindeutig Kubricks Geisteskind.

Es ist die Geschichte eines Roboters in Gestalt eines Jungen – ein Märchen im Science-Fiction-Gewand. Bei den Dreharbeiten im Sommer 2000 in Oregon und Kalifornien gestattete Spielberg bis zu sieben Aufnahmen einzelner Szenen, um Kubricks Anwesenheit im Geiste zufriedenzustellen.

Im 22. Jahrhundert hat man einen künstlichen Jungen geschaffen, einen „Mecha", der technisch so ausgereift ist, dass er sogar lieben, oder wenigstens Liebe simulieren kann.[21] David (Haley Joel Osment mit nachbearbeiteter Haut) wird von einer Mutter namens Monica (Frances O'Connor) adoptiert, die verzweifelt ist, weil ihr leiblicher Sohn im Koma liegt.

Kubrick hatte einen ‚echten' Roboter als Star gewollt, aber die Techniker hatten seine Vorstellungen nicht so umsetzen können, wie es ihnen bei Spielbergs Dinosauriern gelungen war. Er vermutete, dass der Film etwas von der Wärme Spielbergs benötigte. Um sich gegen die Vorwürfe der Medien zu verteidigen, behauptete Spielberg, die netteren Zutaten des Films stammten von Kubrick, die dunkleren von ihm selbst: „Die Leute kennen weder den einen noch den anderen von uns."[22]

Es war Kubrick, der den Einfluss von *Pinocchio* deutlich machte, indem er David einen bezaubernden Spielzeugbären an die Seite stellte. Die Animatroniker von Industrial Light & Magic zeigten sich auf der Höhe ihrer Kunst: Teddy spricht und geht so vorsichtig wie ein alter Mann. Am besten lässt sich *A.I. – Künstliche Intelligenz* beschreiben, indem man das Offensichtliche benennt: Es ist ein Kubrick-Film, bei dem Steven Spielberg Regie führt, manchmal mit überraschender Kraft, manchmal etwas unsicherer. Damals stellte der Film sowohl die Kritiker vor Rätsel (obwohl Mark Kermode im BBC es als „Spielbergs bleibendes Meisterwerk" bezeichnete[23]) als auch das Publikum (obwohl er 236 Millionen US-Dollar einspielte). Heute wirkt er stellenweise hellseherisch. Am anregendsten ist die erste Hälfte, in der David versucht, sich in einem menschlichen Haushalt zurechtzufinden, während wir versuchen, uns in David zurechtzufinden. Es ist *E.T. – Der Außerirdische*, aber in diesem Fall ist der Junge der Außerirdische.

Der Film, sagte Spielberg, stelle die Frage, wie wir „Wesen beurteilen, die genauso aussehen und sich genauso benehmen, wie wir selbst".[24] Was ist ein echter Mensch?

Dann eine Trennungsszene von der Art, wie sie bei Spielberg immer wieder vorkommen (Elliott, der von E.T. getrennt wird, Celie, die in *Die Farbe Lila* aus den Armen ihrer Schwester gerissen wird, Jim, dem in *Das Reich der Sonne* die Hand seiner Mutter entgleitet): Als sie ihren leiblichen Sohn wiedererlangt, verlässt Monica die

2001 A.I. – KÜNSTLICHE INTELLIGENZ
Regisseur/Produzent/Drehbuch

DER ZEITREISENDE 129

Links: Ein Spielbergsches Trauma – Frances O'Connor als die Mutter verlässt den künstlichen Jungen David (Haley Joel Osment) im Wald. Die Frage ist: Warum sollten wir dabei etwas fühlen?

Unten: Dystopische Puppen – Spielberg beobachtet, wie seine Schauspieler Osment und Jude Law ihre Rollen mit künstlichem Leben erfüllen.

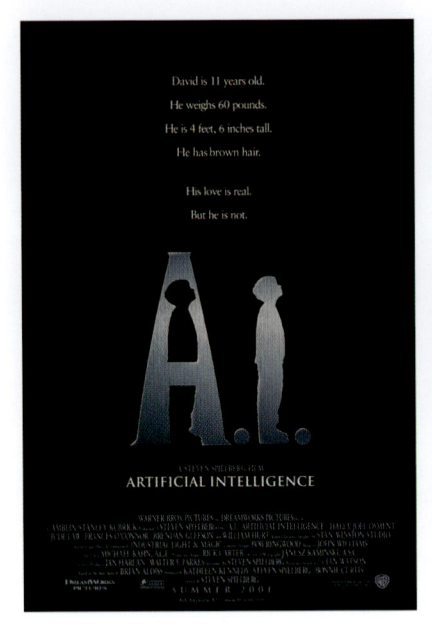

Oben links: *A.I. – Künstliche Intelligenz* bleibt einer von Spielbergs rätselhaftesten und faszinierendsten Filmen, vielleicht eher ein Beispiel seiner eigenen künstlerischen Sensibilität als der von Stanley Kubrick.

Oben rechts: Eine Science-Fiction-Fabel – David (Haley Joel Osment) wird im Gespräch mit der blauen Fee (der Meryl Streep die Stimme verlieh) von den Super-Robotern der Zukunft beobachtet.

künstliche Version im Wald. Abgang David, gefolgt von einem Bären.

Als David auf sich allein gestellt ist, verliert der Film seinen Fokus. David wird zu einem weiteren verlorenen Jungen und in seiner Verletzlichkeit auch menschlicher. Er kann einem sogenannten ‚Fleisch-Fest' entgehen (bei denen Mechas zur Unterhaltung gefoltert werden), freundet sich mit einem anderen Roboter namens Joe an (ein puppenhafter Jude Law) und trifft schließlich im überfluteten Manhattan seinen Schöpfer (William Hurt als Gott oder Gepetto oder Stanley Kubrick).

Ein Vergleich, der sich aufdrängt, ist der mit *Blade Runner* von Ridley Scott, in dem die Replikanten wie ausgelassene und gefährliche Kinder sind. Spielberg hatte schon vorher an seinem eigenen Film *Minority Report* gearbeitet, der bezeichnenderweise wie *Blade Runner* auch auf eine literarische Vorlage von Philip K. Dick zurückging.

Am Ende von *A.I. – Künstliche Intelligenz* kehren wir zu Kubrick und seinem *2001: Odyssee im Weltraum* zurück. Anstatt durch ein Sternentor zu reisen, wird David 2000 Jahre eingefroren und dann, lange nachdem die Menschheit ausgestorben ist, von hoch entwickelten Superrobotern wiedererweckt. Diese grazilen, an Giacometti erinnernden Engel bieten ihm die Erfüllung seines innigsten Wunsches an, allerdings zu einem hohen Preis. Sie könnten seine Mutter aus einer Haarsträhne klonen, aber nur für einen einzigen Tag der Liebe, die er sich so sehr wünscht. War das wirklich ein Happy End? Kubrick wäre stolz gewesen.

NICHT NUR EIN REGISSEUR

Zehn wichtige Filmproduktionen von Steven Spielberg

Poltergeist (1982)
Poltergeist ist das dunkle Gegenstück zum relativ leichtherzigen *E.T. – Der Außerirdische*: Hier brechen bösartige Wesen durch den Fernsehapparat in ein Vorstadthaus ein und entführen ein kleines Mädchen. Im Wesentlichen ist es die Entführung von Barry in *Unheimliche Begegnung der dritten Art*, die zu einer erschreckenden Erzählung ausgeweitet wird. **Alternativ:** *Monster House* (2006)

Gremlins (1984)
Spielberg machte den entscheidenden Vorschlag, den süßen Gizmo in den Mittelpunkt von Joe Dantes Horrorkomödie zu stellen. So hatte das Kinderpublikum eine Identifikationsfigur. **Alternativ:** *Die Goonies* (1985)

Zurück in die Zukunft (1985)
Obwohl Robert Zemeckis Zeitreise-Komödie von fast jedem Studio in Hollywood abgelehnt worden war, setzte sich Spielberg allein aufgrund der schönen Prämisse für sie ein. Was wäre, wenn ein unverstandener Teenager in der Zeit zurückreisen und seine eigenen Eltern als ungeschickte Teenager erleben könnte? **Alternativ:** *Falsches Spiel mit Roger Rabbit* (1988)

Men in Black (1997)
Wieder eine ironische Genre-Parodie, diesmal unter der Regie von Barry Sonnenfeld, der aus dem paranoiden Hokuspokus von *Akte X – Die unheimlichen Fälle des FBI* eine Actionkomödie um Will Smith macht, in der Außerirdische seit Jahrzehnten unerkannt unter den Menschen leben. In einem Kurzauftritt sieht man auch Spielberg, der anscheinend zu ihnen gehört. **Alternativ:** *Transformers* (2007)

Band of Brothers – Wir waren wie Brüder (2007)
Spielberg schuf die bahnbrechende Miniserie zusammen mit Tom Hanks. Sie beruht auf dem gleichnamigen Buch von Stephen E. Ambrose und zeigt (von Augenzeugenberichten unterbrochen) aus Sicht einer amerikanischen Infanterieeinheit den Kriegsverlauf von der Landung in der Normandie bis zur Ankunft in Hitlers Adlerhorst in Berchtesgaden. **Alternativ:** *The Pacific* (2010), *Masters of the Air* (2024)

Oben: Christopher Lloyd und Michael J. Fox im vom Spielberg produzierten Kinohit „Zurück in die Zukunft"

Die Geisha (2005)
Vier Jahre lang plante Spielberg die Verfilmung von Arthur Goldens Bestseller über ein junges Mädchen, das im Vorkriegsjapan verkauft wird, um Geisha zu werden. Es kamen aber immer wieder andere Filme dazwischen, und schließlich gab er die Regie an Rob Marshall ab. **Alternativ:** *Letters from Iwo Jima* (2006)

Super 8 (2011)
Der Film von Spielbergs Protegé J.J. Abrams ist eine ungenierte Ode an das Spielberg-Klischee: ein Junge, der vom Filmemachen besessen ist, trifft auf einen zänkischen Außerirdischen. „Was ich liebe, und was sich in Steven Spielbergs Arbeit zeigt, ist das Gefühl unendlicher Möglichkeiten, das Gefühl, das Leben könne alles für einen bereithalten", pries Abrams seinen Mentor.[1] **Alternativ:** *Arachnophobia* (1990)

American Sniper (2014)
Spielberg und Clint Eastwood hatten nach *Die Brücken am Fluss*, *Flags of Our Fathers*, *Letters from Iwo Jima* und *Hereafter – Das Leben danach* eine Bewunderungsgesellschaft auf Gegenseitigkeit gegründet. Diese umstrittene Filmbiografie war Eastwoods größter Kassenschlager. **Alternativ:** *In meinem Himmel* (2009), *True Grit* (2010)

Indiana Jones und das Rad des Schicksals (2023)
Nach jahrelangen Vorarbeiten zu einem fünften Indy-Abenteuer entschied sich Spielberg, die Regie an James Mangold zu übergeben, während er *Die Fabelmans* drehte. Das ermüdende, mit Trickeffekten überladene Sammelsurium, das entstand, war der Beweis, dass die Serie immer etwas sehr Persönliches gewesen war. **Alternativ:** *Jurassic Park III* (2001)

Maestro (2023)
Martin Scorsese hatte diese Biografie von Leonard Bernstein 2018 an Spielberg weitergereicht, der Bradley Cooper für die Hauptrolle engagiert hatte. Aber Spielberg zog sich auf die Rolle des Produzenten zurück, als seine Pläne für die Verfilmung des von Bernstein komponierten Musicals *West Side Story* Gestalt annahmen. Cooper übernahm die Regie.
Alternativ: *Aufbruch zum Mond* (2018)

ZWISCHEN DEN WELTEN

Minority Report (2002), Catch Me If You Can (2002), Terminal (2004), Krieg der Welten (2005), München (2005), Indiana Jones und das Königreich des Kristallschädels (2008)

Das Tempo nimmt zu. Spielbergs Ruhm erlaubt es ihm, seinen Eingebungen überallhin zu folgen. Angetrieben wird er immer noch von den Möglichkeiten seines Mediums. Er sagt, er brauche Arbeit „die mir Angst macht".[1] Die Grenzen verwischen sich: Das Unterhaltsame ist todernst, die Erwachsenenfilme sind leichtfüßig.

Der Drehbuchautor Bob Gale (*Zurück in die Zukunft*) meinte, einen Archetypen-Wandel in seinem älter werdenden Mentor zu erkennen. Spielberg war früher Elliott gewesen, von Sehnsucht erfüllt; jetzt war er Jim aus *Das Reich der Sonne*, er ist voller Pläne, traut der Welt nicht, blickt aber immer noch in den Himmel hinauf.

Seine Filme sind nach wie vor brillant, aber nicht mehr automatisch auch Hits. Sie sind unberechenbar und treffen den Nerv der Zeit. Er hält der Welt einen Spiegel vor, der so groß ist wie eine Kinoleinwand.

Bei dem hervorragenden *Minority Report* ist es die „Mischung" der Genres, die so ansprechend ist.[2] Der Film widersetzt sich den Erwartungen an einen Blockbuster. Ohne Zweifel Science-Fiction, aber ebenso sehr ein Film noir, der das aktuelle Thema der Menschenrechte in den Blick nimmt.

Spielberg und Tom Cruise hatten schon länger nach einer Möglichkeit gesucht, ihre Talente (und ihre Berühmtheit) zusammenzuführen. *Minority Report* war ein Blick in eine düstere Zukunft. „Ich glaube, meine erste Anweisung für Tom war ‚Nicht lächeln!'", sagte Spielberg schmunzelnd.[3]

Philip K. Dicks gleichnamige philosophische Kurzgeschichte aus dem Jahr 1956 entwickelte das Konzept des Precrime (Wahrscheinlichkeitsverbrechen).[4] Im Film kann ein Trio von hellsichtigen Precogs, die in einem Tank mit Nährlösung am Leben erhalten werden (darunter die überragende Samantha Morton), Morde erkennen, die erst in der Zukunft begangen werden.[5] Die Polizei wird dann zum Tatort des Beinahe-Verbrechens geschickt. Dick beschäftigte sich mit den Themen des freien Willens und der Vorherbestimmtheit. Kann man eines Mordes schuldig sein, bevor er begangen wurde? Ist unser Weg so vorbestimmt wie der Fortgang eines Drehbuchs? Es erinnert an Orwells Dystopien.

Cruise hatte erfahren, dass die Filmrechte verfügbar waren, und seinen Freund Spielberg angerufen. Dieser spannte den Drehbuchautor Scott Frank (*Out of Sight*) ein, der in zwei Jahren die Ideen des Regisseurs in die Erstfassung des Romanciers

MINORITY REPORT
2002 Regisseur

Links: Multitasking – bei *Minority Report* spielte Steven Spielberg mit mehreren Genres: Science-Fiction, Polizeifilm, politischer Thriller und Film noir.

Unten: Mystiker oder Polizist? John Anderton (Tom Cruise) stellt die Noch-Nicht-Fakten eines Verbrechens zusammen, das vorhergesagt worden ist.

Links: Umheimliche Beweismittel – im einzigen übernatürlichen Element von *Minority Report* liegen drei Precogs in einer Nährlösung und können Verbrechen voraussehen, die sich bald ereignen werden.

Gegenüber: Wie eine Vorahnung von *Krieg der Welten* versuchen dreibeinige Roboter einen Blick auf die Ersatzaugen zu erlangen, die sich John Anderton (Tom Cruise) beschafft hat.

Unten: Wann wird er es tun – die anspielungsreich benannte Agatha (wunderbar: Samantha Morton) hat die Indizien, um einen Mord aufzuklären, den John Anderton (Tom Cruise) begehen wird.

Jon Cohen einarbeitete. Spielberg bestand darauf, dass Dicks Kurzgeschichte nicht mehr als eine Blaupause sein sollte. Dennoch stehen die moralischen Zweifelsfragen weiter im Raum.

Minority Report ist der Spielberg-Film, der am stärksten an Alfred Hitchcock erinnert. Die Kritikerin Molly Haskell bezeichnete die ersten zehn Minuten als „High-Tech-Neufassung von *Das Fenster zum Hof*".[6] In ihnen wird die Arbeit der Abteilung Precrime vorgestellt. Die Precogs regen sich, der Name des Fast-Schuldigen wird auf eine Holzkugel geschrieben wie die eines Lotteriegewinners, und die Polizisten schwärmen aus, um einen verzweifelten Ehemann daran zu hindern, seine untreue Frau zu erstechen.

Dann kommt das klassische Hitchcock-Motiv des zu Unrecht Verdächtigten. John Anderton (Cruise) ist leitender Polizist in der Precrime-Abteilung, der von seiner Sache überzeugt ist, aber von Visionen eines Mordes verfolgt wird, den er begehen wird. Er flüchtet vor seinen eigenen Untergebenen und einem Beauftragten des Justizministeriums (Colin Farrell), der die Erfolgsaussichten von Precrime evaluieren soll. Im Hintergrund wirkt der grandiose Max von Sydow als Lamar Burgess, der Initiator von Precrime.

Um seinen Science-Fiction-Film überzeugender zu machen, rief Spielberg eine Gruppe von Futurologen zusammen, um Ideen für das Washington des Jahres 2054 zu sammeln. Das Ergebnis ist retro-revolutionär: eine Mischung aus Vertrautem und Spekulativem. Die Polizisten fliegen mit Jet-Packs und werden mit Luftkissenfahrzeugen zum Einsatzort gebracht; die Stadt ist übersät von interaktiven Zeitungen, personalisierter Werbung und einer Unzahl von Bildschirmen; stromlinienförmige, selbstfahrende Fahrzeuge gleiten an den Fassaden von Wolkenkratzern auf und ab wie Fahrstühle. Aber man erkennt immer noch Washington D.C. Es sind immer noch die reizvollen Straßen von Georgetown, es sind immer noch die bekannten (wenn auch ironisch altmodischen) Marken: Lexus, Nokia, Gap, American Express. In den Nachwehen des 11. September, in denen der Film in die Kinos kam (und 358 Millionen US-Dollar einspielte), erlaubt es das Gesetz „USA Patriot Act" der amerikanischen Regierung, ganz nach Art des Films persönliche Daten der Bürger zu sammeln.

Anderton durchsucht auf leuchtenden Bildschirmen Gedankenfetzen und versucht, in den fragmentierten Szenen, den Umgebungen und Gesichtern eine Abfolge zu erkennen – Spielberg nannte ihn eine „menschliches Videobearbeitungssoftware".[7]

Was der Regisseur anstrebte, war das Geheimnisvolle des Film noir, von Klassikern wie *Die Spur des Falken* und *Tote schlafen fest*. Er wollte „dem Fotorealismus des Films eine Art abstrakten Expressionismus hinzufügen".[8] Die Technik der Bleichauslassung sorgte für eine kalte, metallisch-blaue Tönung, dunkle Schatten und fast farblose Gesichter.

Minority Report ist auch Spielbergs schwärzeste Komödie. Wer hätte schon mit einem Tom Cruise gerechnet, der mit verbundenen Augen seinen eigenen Aug-

Oben links: Trotz dunkler, komplexer Themen wurde *Minority Report* wieder ein Spielberg-Hit. Eine Science-Fiction-Fabel aus der zynischeren mittleren Phase seiner Karriere.

Oben rechts: Masters of the Universe – Steven Spielberg und Tom Cruise, 2002 der größte Regisseur und der größte Star der Welt, haben die Zukunft fest im Griff.

äpfeln nachjagt, die vor ihm wegrollen. Netzhautscans sind in dieser Welt ein gängiges Identifikationsmittel, also besorgt sich Anderton auf dem Schwarzmarkt ein neues Paar Augen. Er lässt schließlich seine alten Augen fallen, die er doch braucht, um geschlossene Türen zu öffnen. Sie rollen in einen Gully. Hitchcock hätte applaudiert.

Mit Anklängen an die optischen Tricks von De Palma oder Scorsese blickt Spielberg von oben in die Zimmer (und die darin spielenden Geschichten) eines heruntergekommenen Hotels, das von einem Schwarm flinker kleiner Spinnen-Bots durchsucht wird. Hier ist der geborene Unterhaltungskünstler am Werk, der auch noch im Politischen den Humor sieht. Der *New Yorker* nannte es die „wilde Erfindungskraft" des Films.[9]

Auf den ersten Blick wirkt *Catch Me If You Can* leicht wie ein Soufflé. Der Film ist „voller Lebensfreude, zeigt also, was mir der echte Frank Abagnale bedeutet", stimmt der Regisseur zu.[10] Die Geschichte beruht auf wahren Begebenheiten: Frank Abagnale (Leonardo DiCaprio) ist ein Teenager, der sich als Lehrer, Arzt, Rechtsanwalt und Pilot ausgibt und Schecks in Millionenhöhe fälscht, um seinen Lebensstil zu finanzieren. Das FBI in Gestalt des nörgligen Schreibtischhengsts Carl Hanratty (Tom Hanks) ist ihm auf den Fersen.

Definitionen können täuschen (und diese Geschichte dreht sich um Täuschung): Die Hauptfigur wird von seelischen Verletzungen angetrieben, die unter der glänzenden Oberfläche liegen: wieder ein verlorener Junge mit einem glücklosen Gauner als Vater (Christopher Walken), der aus einem kaputten Zuhause davonläuft.

Das Drehbuch von Jeff Nathanson hatte Spielberg persönlich angesprochen. Frank jr. und er hatten so vieles gemein. Frank stellt sich eine Persönlichkeit wie ein Schauspieler zusammen. Er ist so charmant und eigennützig wie Oskar Schindler, so kühn wie Indiana Jones, ein Pinocchio, der so tut, als wäre er ein echter Erwachsener. Er ähnelt einem Filmemacher und schafft sich mit äußerster Präzision seine Realität. Ein detailverliebter Illusionist und Meister der Improvisation. Er sieht sich im Kino *Goldfinger* an und ist wie hypnotisiert von Sean Connery, der als 007 einen makellosen Anzug trägt. In der nächsten Szene trägt er dann den gleichen Dreiteiler. Als er noch nicht ganz sechszehn war, zog Spielberg einen Anzug und Krawatte an, machte ein ernstes Gesicht und marschierte auf das Gelände von Universal, als gehöre ihm das Studio. „Ich habe das einen ganzen Sommer lang während meiner Schulferien gemacht", erinnert er sich.[11] Er jagte seinen Träumen nach. Tatsächlich beging er rechtlich gesehen Hausfriedensbruch.

Und dennoch setzt sich *Catch Me If You Can* mit den Ursprüngen einer anderen angstgeprägten Kindheit auseinander. Könnte es sein, dass sich Spielberg trotz aller Erfolge immer noch wie ein Hochstapler fühlte?

DiCaprio war 27 Jahre alt, konnte aber zehn Jahre jünger wirken, ohne seine Körperhaltung zu verändern. In der einen Szene linkisch und ungeschickt, in der nächsten graziös wie ein Schwan. Er stand an einem interessanten Wendepunkt seiner Karriere. *Titanic* hatte sein Talent mehr oder weniger zur Nebensache gemacht. „Sein Leben war zu einem Mythos geworden", sagte Spielberg, der viel Erfahrung in der Arbeit mit Stars hatte.[12] *Catch Me If You Can* war eine Geschichte über die Schauspielerei mit einem Star, der verzweifelt danach strebte, wieder Schauspieler zu sein.

Unten: Der Apfel fällt nicht weit vom Stamm – der ältere Hochstapler Frank Abagnale (Christopher Walken) lässt in *Catch Me If You Can* den jüngeren (Leonardo DiCaprio) an seinen zweifelhaften Weisheiten teilhaben.

2002 CATCH ME IF YOU CAN
Regisseur/Produzent

Oben: Leben auf der Überholspur – Leonardo DiCaprio wird in seiner Pilotenuniform von Flugbegleiterinnen umschwärmt, als er in *Catch Me If You Can* seinen Auftritt im Flughafen hat.

Hanks hatte einfach den Produzenten Walter F. Parkes angerufen: „Glaubst du, Steven lässt mich die Rolle des FBI-Agenten spielen?"[13] Die Antwort war ein lautes ‚Ja'. Wer hätte den unbeholfenen, gehetzten, anständigen Hanratty besser spielen können? Die Figur ist eine weitere Täuschung: auf charismatische Weise normal, ein Depp, der die Raffinesse hat, seine Beute zu fangen. Er ist von der Jagd so besessen wie Hook von Peter Pan.

Die Dreharbeiten begannen am 7. Februar 2002 und fanden in 52 atemlosen Tagen an 147 Orten in ganz Nordamerika statt: Los Angeles, New York, Montreal, Quebec, New Jersey. Michael Kahns Filmschnitt ist leichtfüßig wie ein Stepptänzer. Wir werden durch das kunterbunte Universum gewirbelt, das Frank sich erschafft, und erfreuen uns an seinen Streichen, den eleganten Details seiner Betrügereien.

Zum Aushängeschild des Films wurde die Aufnahme von DiCaprio, der eine muntere Gruppe himmelblau gekleideter Pan-Am-Flugbegleiterinnen durch einen Flughafen eskortiert. Mit seinem typischen Blick für zukünftige Stars lässt Spielberg Amy Adams, Ellen Pompeo und Elizabeth Banks dem Charme des Hochstaplers erliegen.

Der Film brachte mit 352 Millionen US-Dollar ein kleines Vermögen ein, schwankt aber selbst zwischen verschiedenen Identitäten. Er ist nie eine wirkliche Komödie oder ein Gangster-Streifen oder eine Filmbiografie. Der Amerikanische Traum, legt er nahe, ist eine Angelegenheit der Erfindung.

Terminal brachte gute Einspielergebnisse (218 Millionen US-Dollar), aber die Kritik reagierte ungehalten auf seine skurrile Sicht auf das Leben. In diesem Fall auf das

ZWISCHEN DEN WELTEN 139

Links: DiCaprio und Steven Spielberg (mit deutlich sichtbarem Markenzeichen) im Gespräch über die nächste Szene. Die große Ähnlichkeit zwischen Abagnales detailliert geplanten Betrügereien und dem Filmemachen wird dem Regisseur nicht entgangen sein.

Unten: Knapp – Tom Hanks als Agent Hanratty erwischt fast seinen Mann, aber Abagnale (DiCaprio) kann sich wieder aus einer brenzligen Situation herauslavieren.

echte Leben des Iraners Mehran Karimi Nasseri, der 18 Jahre im Pariser Flughafen Charles de Gaulle festsaß, weil er seinen Flüchtlingsausweis verloren hatte. Im Film geht es um Viktor Navorski (Tom Hanks, wieder einmal in der Rolle eines schiffbrüchigen Jedermann), in dessen Heimatland Krakosien ein Bürgerkrieg ausbricht, sodass er auf dem John-F.-Kennedy-Flughafen in New York zwischen den Welten gefangen ist.

Es ist der Spielberg-Film, der seit *1941 – Wo bitte geht's nach Hollywood* am ehesten als reine Komödie zu bezeichnen ist. Spielberg bezeichnete ihn selbst als „Urlaub"14 – die Gelegenheit, es etwas leichter angehen zu lassen. Hinter den Slapstick-Elementen und Hanks charmantem Flirt mit der Flugbegleiterin Amelie (Catherine Zeta-Jones) zeigt sich aber die abweisende Seite des neuen Amerikas. Auf die amerikanischen Idealkonzepte Nation und Zugehörigkeit fällt ein bitteres Licht, verkörpert durch das verkniffene Gesicht des Bürokraten Frank Dixon (Stanley Tucci). Wie E.T. will Viktor doch nur nach Hause.

Oben: Kein Land für einen Außenseiter – in *Terminal* wird der reisende Viktor Navorski (Tom Hanks) plötzlich zum Staatenlosen, als die Fernsehnachrichten von einem Bürgerkrieg in seiner Heimat berichten.

Links: Stanley Tucci als leitender Grenzschutzbeamter Frank Dixon, der Schurke des Stücks – das Anlitz der amerikanischen Bürokratie.

2004 TERMINAL
Regisseur/Produzent

Links: Einwanderergeschichten – Viktor (Hanks) ist im Flughafen gefangen und freundet sich dort mit der multikulturellen Nachtschicht an, darunter auch der Hausmeister Gupta (der ehemalige Varieté-Darsteller Kumar Pallana).

Unten: Catherine Zeta-Jones als Flugbegleiterin Amelia lernt Viktor in einer nachgebauten Buchhandlung mit dem sprechenden Namen Borders kennen.

Spielberg übernahm aus Gefängnisfilmen die Methoden, mit denen es Viktor gelingt, sich zu ernähren, einen Schlafplatz zu finden und Freunde unter den Arbeitern der Nachtschicht zu finden (den Repräsentanten echter amerikanischer Güte).

Terminal ist eine kafkaeske Fabel über den Kampf der Bürokratie gegen die Unschuld. *The Observer* beschrieb ihn treffend als „Frank Capras Version von *Das Urteil*".[15] Das riesige dreistöckige Terminalgebäude wurde in einem Flugzeughangar in L.A. nachgebaut, es war Spielbergs größtes Szenenbild seit dem Landeplatz in *Unheimliche Begegnung der dritten Art*. Es ist ein Konsumtempel, in dem Spielbergs Kamera über eine glänzende Dystopie der Markennamen gleitet. Ohne die satirische Stoßrichtung zu bemerken, entsprachen Firmen von Krispy Kreme bis hin zu Valentino Spielbergs Wunsch und installierten Nachbauten ihrer Outlets im Terminal. Der Witz ist, dass Viktor sich zwar rechtlich in der Enklave des Flughafens, aber doch schon in den USA befindet.

> „Diese Art Kollektivangst ist ein gefährliches Tier."
>
> Steven Spielberg

Krieg der Welten versetzt H.G. Wells in das zeitgenössische New Jersey. Die viktorianische Geschichte über außerirdische Invasoren wird zu einem aufwendigen Science-Fiction-Horror-Epos, in dem Tom Cruise als Ray Ferrier (Kranfahrer, schlechter Vater und personifizierter Springsteen-Song) einen außerirdischen Angriff überlebt, der mit der erschütternden Plötzlichkeit hereinbricht wie die Flugzeuge, die in das World Trade Center flogen. Vor seinen Augen fallen Gebäude in sich zusammen, und die Straßen werden vom Staub verdunkelt. Paramount und Dreamworks bewilligten ein Budget von 132 Millionen US-Dollar (für das sie stattliche 592 Millionen US-Dollar Einnahmen einstrichen).

München sollte noch folgen: 2005 schien wieder mit einem Blockbuster-Autorenfilm-Doppel aufzuwarten. Aber Science-Fiction war jetzt für Spielberg eine Möglichkeit, seinen dunkelsten Gedanken freien Lauf zu lassen. Er gab zu, dass er „die Idee des Terrorismus" instrumentalisierte.[16] Etwas, das der amerikanischen Psyche fremd war.

Krieg der Welten ist immer noch seine einzige klassische Buchverfilmung, auch wenn die Filmversion von Byron Haskin aus dem Jahr 1953 größeren Einfluss ausübte als das Buch. Auch die Radiofassung von Orson Welles, die 1938 Panik ausgelöst hatte, weil man sie für echte Berichterstattung hielt, ist spürbar. Außerdem ist der Film ein bewusster Gegensatz zu *Unheimliche Begegnung der dritten Art*. Diesmal rettet ein Vater seine Kinder (Justin Chatwin als der trotzige Teenager und Dakota

KRIEG DER WELTEN
2005 Regisseur/Produzent

ZWISCHEN DEN WELTEN 143

Gegenüber oben: Unheimliche – und zu nahe – Begegnung: in Spielbergs düsterer zeitgenössischer Fassung von H.G. Wells *Krieg der Welten* wird New Jersey von dreibeinigen Kampfrobotern zerstört.

Oben: Der verrückte Harlan Ogilvy (Tim Robbins) bietet Ray Ferrier (Tom Cruise) und seiner Tochter Rachel (Dakota Fanning) Zuflucht eher zweifelhafter Art an. Eines von Spielbergs Themen war der Umgang von Individuen mit der schieren Angst.

Rechts:
Krieg der Welten entstand nach dem 11. September und ist vielleicht das dunkelste von Spielbergs ‚Unterhaltungswerken'.

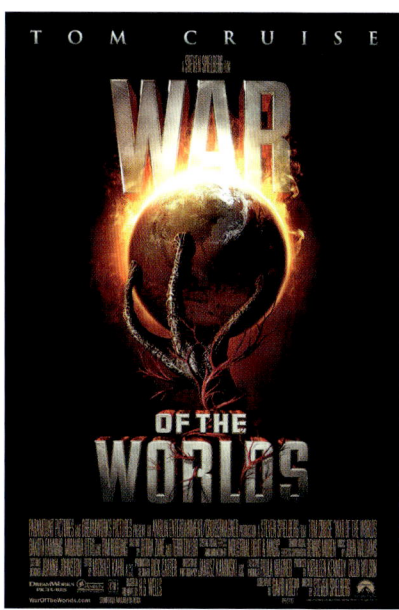

Fanning als die fassungslose Tochter) vor Außerirdischen, die sie mit Todesstrahlen jagen.

Die Szenenbilder und das Design halten sich erstaunlich dicht an die Vorgaben des Romans aus dem Jahr 1898. Dreibeinige Roboter mit über 50 Meter Höhe und Kommandokapseln, die an Muscheln erinnern (Spielberg erwies damit Haskins organischen Formen „seine Reverenz"[17]), schreiten wie lebende Wesen durch die Herbstlandschaft. Laserstrahlen pulverisieren Menschen. In einem atemberaubend tristen Tableau liegt eine zerstörte Boeing 747 wie ein Tier ohne Gliedmaßen in den Trümmern einer Vorstadt. Als dann jedoch die furchbaren Außerirdischen schließlich auftreten, entpuppen sie sich als enttäuschend ungelenke und wenig bedrohliche Wesen, ebenso dreibeinig wie ihre Transportroboter.

Die Massenszenen sind überwältigend. Die für Spielberg so typische Angst führt zu einem totalen sozialen Zusammenbruch. „Diese Art Kollektivangst ist ein gefährliches Tier", bemerkte er.[18]

Wo blieb bei all dem jedoch die „spritzige und freudige Energie" des größten Optimisten unter den Regisseuren, fragte sich die *Chicago Sun-Times*.[19] Der Film ist schonungslos intensiv. In einer fesselnden Sequenz suchen Ray und seine Tochter zusammen mit einem gefährlich paranoiden Einheimischen Schutz in einem Keller. Er brabbelt, dies sei der „Untergang"[20], während die Außerirdischen die Fenster rasseln lassen. Ray greift auf tödliche Mittel zurück, um seine Tochter zu retten. Handwerklich ist das sensationell, aber das Bild der Menschheit hat einen schockierenden Tiefpunkt erreicht. Der Zynismus der 1970er-Jahre tritt bei Spielberg erst in den 2000ern zutage.

Wenn wir ins Kino kämen, ohne zu wissen, wer den Film gemacht hat, würden wir erraten, wer bei *München* Regie geführt hatte? Es gibt die Halbschatten der Straßenlaternen, das bläuliche Licht der Nachtszenen, Figuren, die auf ihre Silhouette reduziert werden. Spielberg gab zu, dass es sein europäischster Film war: in Bezug auf die Drehorte, den Stil, die Doppeldeutigkeit und die Abfolge von Zug und blutigem Gegenzug, die an Schach erinnerte. *München* existiert in einer Unterwelt, in der sich moralische Sicherheiten auflösen, und in der Killer Familien haben, zusammen essen, mit ihren Frauen schlafen und sich fragen, ob sie für eine gerechte Sache kämpfen.

Wie *Schindlers Liste* hatte er diesen Film vor sich hergeschoben. George Jonas hatte in dem Buch *Die Rache ist unser* die Desillusionierung der Mossad-Agenten geschildert, die den Auftrag erhalten hatten, die Drahtzieher hinter dem Attentat auf israelische Sportler während der Olympischen Spiele 1972 in München zu jagen.

Spielberg erinnerte sich an die geisterhaften Bilder seines Fernsehgeräts. „Ich glaube, es war das erste Mal, dass ich die Worte ‚Terrorist' und ‚Terrorismus' hörte."[21] Im Film kehrt er mit viel Fantasie zur Geschichte zurück, als er seine Kamera von Fernsehbildschirmen, auf denen die grobkörnigen Originalaufnahmen laufen, zu den Schauspielern schwenken lässt, die Terroristen spielen. Realität und Imaginäres in einer Aufnahme.

Aber er hatte gezögert. Er begab sich auf gefährliches Terrain. Der Wahrheitsgehalt des Buches war heiß umstritten. Mit *München* konnte er alles verlieren. Er würde wahrscheinlich von allen Seiten angegriffen werden: von Israel, Palästina und dem Lager der amerikanischen Kritiker, das immer noch darauf bestand, er sollte sich auf Unterhaltung beschränken. Er suchte bei seinen Eltern und seinem Rabbi Rat, in der Hoffnung, sie würden ihm das Vorhaben ausreden. Es war ihm klar, dass dieses Zögern der beste Grund war, den Film zu drehen.

Das Drehbuch des Dramatikers Tony Kushner dreht sich um Avner Kaufman (Eric Bana), der von Golda Meir (fesselnd: Lynn Cohen) beauftragt wird, den Feinden Israels eine Botschaft zu übermitteln. Wie *Krieg der Welten* ist der Film eine Charakterstudie vor dem Hintergrund eines bewaffneten Konflikts. Avner und sein Team, eine illustre Ansammlung von Schauspielern als Experten, Killer und Durchschnittsmenschen – Daniel Craig, Ciarán Hinds, Mathieu Kassovitz, Hanns Zischler –, bewegen sich von Stadt zu Stadt, geführt von Informanten, die ebenso durchschnittlich sind wie sie selbst. Jedes der Attentate droht fehlzuschlagen, jedes Mal ist die Spannung fast unerträglich. Ein Bild, das sich einprägt, sind die Einkäufe, die ein erschossenes Opfer fallen lässt; das Blut mischt sich mit der verschütteten Milch.

München hat dokumentarische Ansätze, aber die Mörder sind in all ihren Selbst-

Oben: Golda Meir (Lynn Cohen), die Ministerpräsidentin Israels, erwägt in dem hellsichtigen Thriller *München* die richtige Reaktion auf den Terrorangriff während der Olympischen Spiele in München.

Gegenüber: Agenten der Vergeltung – Avner Kaufman (Eric Bana, zweiter von links) führt ein Team von gewissensgeplagten Attentätern, die von Daniel Craig, Ciarán Hinds, Mathieu Kassovitz und Hanns Zischler gespielt werden.

MÜNCHEN
2005 Regisseur/Produzent

zweifeln auch von genretypischen Mythen umgeben. Hier fällt die versteckte Welt der Spionage der Unsicherheit des Film noir anheim. Die Kamera streift in geometrischen Bewegungen herum und evoziert so den melancholischen Reiz von John le Carré. Die alten Träume von 007 liegen weit zurück, auch wenn Craig (der seit Kurzem Bond spielte) als reizbarer südafrikanischer Transportexperte auftritt. „Mach keinen Scheiß mit den Juden", blafft er mit zerbrechlicher Bravour.[22] Man erkennt auch den Einfluss von Costa-Gavras (*Z* und *Vermisst*) und der aufrüttelnden Panik von Gillo Pontecorvos *Schlacht um Algier*.

Die Produktion war streng abgeschirmt, die Presse hatte keinen Zugang. Hatte Spielberg Angst vor Repressalien?

Sogar die arabischen Schauspieler machten sich Sorgen, die Grundeinstellung könne sich gegen Palästina richten, während die jüdischen Schauspieler eine Kritik an der israelischen Politik der Vergeltung darin sahen.

Weder das eine noch das andere traf zu. Spielbergs Thema war die Vergeblichkeit von Gewalt. „Sie kann Menschen verändern, sie belasten, sie verrohen, zu ihrem ethischen Niedergang führen", sagte er.[23] Er fügte eine fiktionale Szene ein, in der Avners Team und eine palästinensische Einheit gleichzeitig eine konspirative Wohnung stürmen. Sie beginnen miteinander zu reden und sind sich beiderseits sicher, dass ihre Mission kein Ende finden wird. „Ihr wisst nicht, was es bedeutet, keine Heimat zu haben", fleht der palästinensische Agent.[24]

Spielberg machte das Genre menschlicher und das Historische ebenso. „Wenn man versucht, einen Mord zu verstehen, heißt das nicht, dass man ihn akzeptiert", beharrte er.[25] Interviews wurden zu regelrechten Verhören.

Die *New York Times* schrieb: „*München* ist bei Weitem der härteste Film Spielbergs, und auch der schmerzlichste."[26] *München* spielte zwar weltweit nur 131 Millionen US-Dollar ein, bleibt aber ein aufregender und bitter hellsichtiger Film. An Ende seiner Geschichte landet Avner in Brooklyn, ebenso staatenlos wie Viktor Navorski in *Terminal*. „Am Ende gibt es keinen Frieden", sagt der Mossad-Agent.[27]

Wider besseres Wissen stimmte Spielberg zu, sich damit zu beschäftigen, was aus Indiana Jones geworden war – und aus Steven Spielberg. Dem anderen Spielberg, der seine für Matinée-Vorstellungen gedachten Filme mit Sonnenuntergängen und Stunteinlagen übersät hatte. Man vermutete schon, dass *Indiana Jones und das Königreich des Kristallschädels* ein Kelch mit vergiftetem Inhalt war. Es war, als ob man sich nach der Kindheit zurücksehne.

George Lucas hatte an einen Indy in seinen Fünfzigern gedacht, ein älterer Mann, der der Zeit hinterherhinkt. Die Nazis würden durch Russen ersetzt, was der Mischung das Bedrohliche des Kalten Krieges und die Requisiten der B-Movies wie Atombomben und fliegende Untertassen hinzufügte. Es sollte *Indiana Jones and the Destroyer of Worlds* heißen, aber Spielberg entschied, die Anspielungen auf J. Robert Oppenheimer seien „zu massiv".[28] Lucas steuerte auch den Kristallschädel bei, ein präkolumbianisches Artefakt, dass bewusstseinskontrollierend wirken konnte. Es stellt sich heraus, dass dessen Herkunft außerirdisch ist.

Der Film verwendet für die Zwischendimension, aus der die Invasoren kommen, den Begriff „Raum zwischen den Räumen", eine Feinheit, die den meisten Zuschauern wohl verborgen blieb.[29] Sie sahen nur eine weitere Horde von Spielbergschen Außerirdischen. Der erste Drehbuchentwurf

Unten: Abgestaubt – Harrison Ford kehrt in der schlecht durchdachten vierten Folge *Indiana Jones und das Königreich des Kristallschädels* als Indy zurück, begleitet von Shia LaBeouf als aufsässiger Mutt Williams.

2008 INDIANA JONES UND DAS KÖNIGREICH DES KRISTALLSCHÄDELS
Regisseur

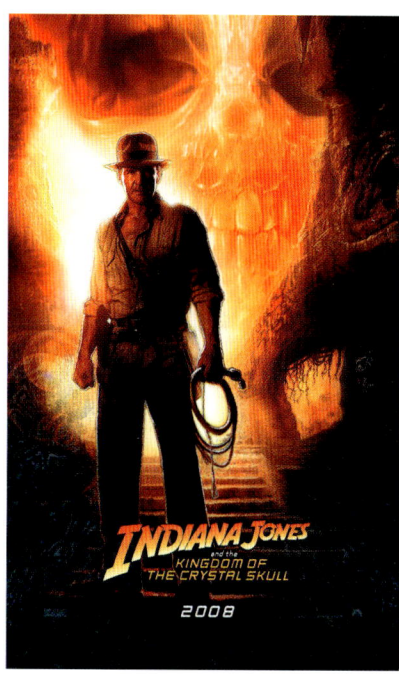

stammte von Frank Darabont, der Indy einen Sohn gab. Dann versuchte sich Jeff Nathanson daran, bevor der bewährte David Koepp eine Geschichte daraus machte.

Harrison Ford und, vor allem, Spielberg hatten es bisher vorgezogen, das Vergangene ruhen zu lassen. Dennoch steckten sie jetzt wieder mit Lucas unter einer Decke und drehten in New Mexico, Hawaii, Kalifornien und auf dem Gelände von Yale. Die Handlung setzt 1957 mit einem Wettrennen zwischen Indy und den finster blickenden Sowjets ein, die unter der Führung von Oberst Dovchenko und der Agentin Irina Spalko auf dem Weg zu einer verlorenen Stadt im tiefsten Peru sind.

Es gibt gute Szenen: Indy versteckt sich während einer Atombombenexplosion in einem bleigefütterten Kühlschrank. Und menschenfressende Ameisen. Aber die Generationskonflikte zwischen dem ergrauten Indy und Mutt Williams (Shia LaBeouf) haben nicht mehr den Zauber von Ford und Connery. Es kommt auch nicht überraschend, dass Mutt sich als Sohn von Indy und Marion (Karen Allen) aus *Jäger des verlorenen Schatzes* herausstellt – ein weiterer Rückbezug, der die Nostalgie bedienen soll.

Janusz Kamiński tat sein Bestes, die Kameraführung von Douglas Slocombe nachzuahmen, der schon lange im Ruhestand war. Spielberg versuchte, sich der Begeisterung eines jüngeren Ichs „anzunähern".30 Alles an dem Film ist eine Annäherung. Es ist die Nachahmung einer Nachahmung, und wurde wieder ein großer Hit (mit Einnahmen von 791 Millionen US-Dollar). Das Publikum sehnte sich immer noch nach diesem alten Hut.

Oben links: Diesmal hat es Indy statt mit Nazis mit bösen Kommunisten zu tun, die von der eiskalten Irina Spalko (Cate Blanchett) angeführt werden. Es geht aber wieder um ein mystisches Artefakt, das helfen kann, die Weltherrschaft zu erlangen.

Oben rechts: *Indiana Jones und das Königreich des Kristallschädels* war ein großer Hit, aber insofern merkwürdig, als der Film um der Nostalgie willen der Nostalgie huldigte.

MERKWÜRDIGE HELDEN

Die Abenteuer von Tim und Struppi – Das Geheimnis der Einhorn (2011), *Gefährten* (2011), *Lincoln* (2012), *Bridge of Spies – Der Unterhändler* (2015)

Das Haar war grau geworden. Eine Brille trug er immer noch, aber die Baseball-Mütze nicht mehr. Spielberg war 65, aber es war unmöglich, ihn als alten Mann zu sehen. Seine Schauspieler sprach er mit den Namen der Figuren an, die sie spielten. Daniel Day-Lewis nannte er Mr. President. Damit wollte er ihnen nicht um den Bart gehen. Es ginge ihm um „Authentizität", erklärte er.[1] Die Schauspieler sollten sich fühlen, als seien sie ins Jahr 1865 versetzt worden.

„Ich habe das sehr ernst genommen. Lincoln ist seit 72 Jahren nicht in einem Spielfilm geehrt worden", sagte er.[2] Seit *Schindlers Liste* hatte er nicht mehr so viel über einen Film gesprochen.

Lincoln ist ein meisterhaftes Spätwerk. Aber *Lincoln* unterscheidet sich grundsätzlich von der Energie in *Der weiße Hai*, der Leidenschaft in *E.T. – Der Außerirdische* oder der Fähigkeit, Wunden zu schlagen in *Schindlers Liste*. Vielleicht erklärt das auch, warum er weniger Aufmerksamkeit erhält.

Die Innenräume, die Spielberg für den Film im Studio aufbauen ließ, waren ruhig wie eine Bücherei. Der Film war intim, nicht episch. Spielberg bezeichnete ihn als ein „schönes, literarisches Werk".[3] Improvisationen seitens der Schauspieler waren nicht gern gesehen, stattdessen hielt man sich strikt an die Vorgaben von Tony Kushners Drehbuch. Das bedeutet jedoch nicht, dass es in dieser Geschichte um politische Kämpfe bierernst zugeht. Es ist einer seiner witzigsten Filme. Und einer seiner bewegendsten.

Lincoln war der Vater Amerikas. Wenn Spielberg nicht am Set war, war auch er jetzt eine Vaterfigur. Er war immer Künstler und Kinomogul in einem, er war öfter Produzent als Regisseur. Aber strategische Gedanken über seine Karriere musste er sich nicht mehr machen. Er überließ sich seinen Neigungen. Die Liste der Projekte schwoll an, Drehbücher wurden geschrieben und revidiert. Blockbuster wurden verworfen: *Robopocalypse* (Menschen im Kampf gegen bösartige künstliche Intelligenzen) stand kurz vor Produktionsbeginn, als er es sich anders überlegte.

Barack Obama saß im Weißen Haus, wo der liberale Regisseur häufig zu Gast war und so die Gelegenheit bekam, sich in den Räumen umzusehen und den Lincoln-Film vorzubereiten.

Der eigentliche Anfang dieses Kapitels aber ist ein Zeichentrickfilm. Eine Art Zeichentrickfilm. *Die Abenteuer von Tim und Struppi – Das Geheimnis der Einhorn* entstand

Rechts: Ein Rendezvous mit dem Schicksal: Nachdem er sein Ziel erreicht hat, macht sich Lincoln (Daniel Day-Lewis) auf den Weg ins Theater. Spielbergs Film ist so spannend, weil Ereignisse wie das Attentat nur am Rande thematisiert werden.

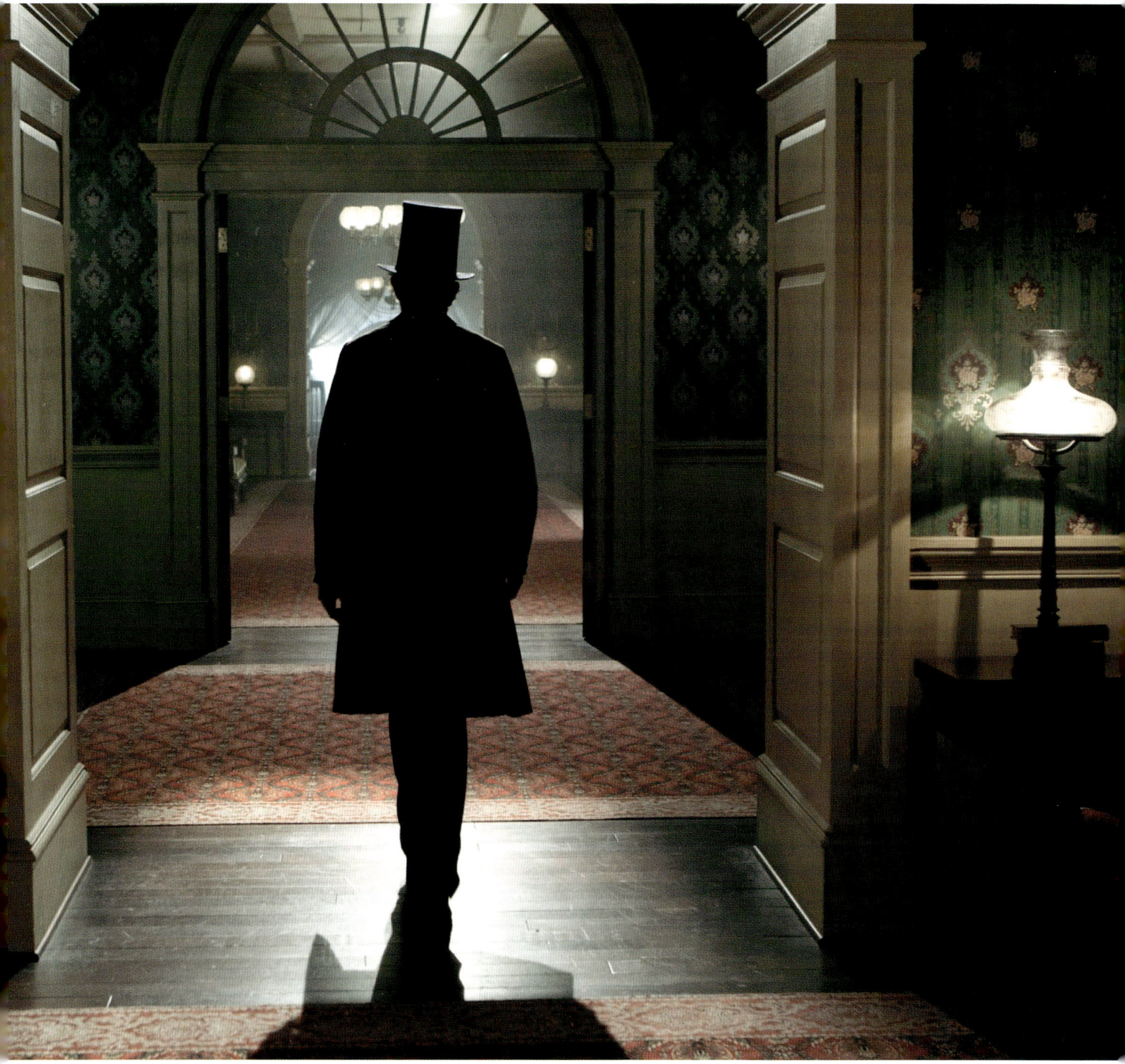

in Zusammenarbeit mit dem neuseeländischen Regisseur Peter Jackson. Jackson war Spielberg-Fan. Er bezeichnete *Der Soldat James Ryan* als wichtigen Einfluss auf die Schlachtenszenen in seiner Herr-der-Ringe-Trilogie. Sie hatten viel gemeinsam: eine lebhafte Jungenhaftigkeit hinter ihren Bärten, ein Übermaß an Talent, ihre Oscars und die Leidenschaft für Tim.

Tim war das Geschöpf des belgischen Künstlers Hergé (eigentlich Georges Prosper Remi): ein unerschrockener junger Reporter, der in Begleitung des Foxterriers Struppi und des schottischen Tunichtguts Kapitän Haddock auf der ganzen Welt rätselhafte Fälle löst. Schon bald nach dem Erscheinen von *Jäger des verlorenen Schatzes* hatten französische Kritiker auf ähnliche Lebenseinstellungen bei Indiana Jones hingewiesen. Pierre Assouline, der Biograf Hergés, stellte fest, Spielberg teile mit dem Belgier die „nostalgische Suche nach dem verlorenen Paradies der Kindheit".[4]

Spielberg erwarb die Filmrechte 1982 direkt von Hergé. Er plante eine Version mit echten Schauspielern. Melissa Mathison, die Drehbuchautorin von *E.T. – Der Außerirdische* schrieb eine Geschichte um Elfenbeinjäger. Jack Nicholson wurde für die Rolle Haddocks in Betracht gezogen, aber dann wurde Spielberg unsicher. War dies eine Neuauflage von Indiana Jones?

2004 nahm er den Gedanken wieder auf und stellte Jackson die Aufgabe, einen Struppi in CGI-Technik zu schaffen – eine Mischung aus echtem Tier und anthropomorpher Gewitztheit. Jackson schickte ihm Filmmaterial zurück, in dem Struppi (und Jackson selbst als Haddock) sehr überzeugend wirkten. Jackson schlug vor, einen computeranimierten Trickfilm mit Motion-Capture-Technik daraus zu machen, um den „technischen Einschränkungen zu entgehen".[5] So ließe sich sowohl der jungenhafte Held mit seinem rundlichen Gesicht

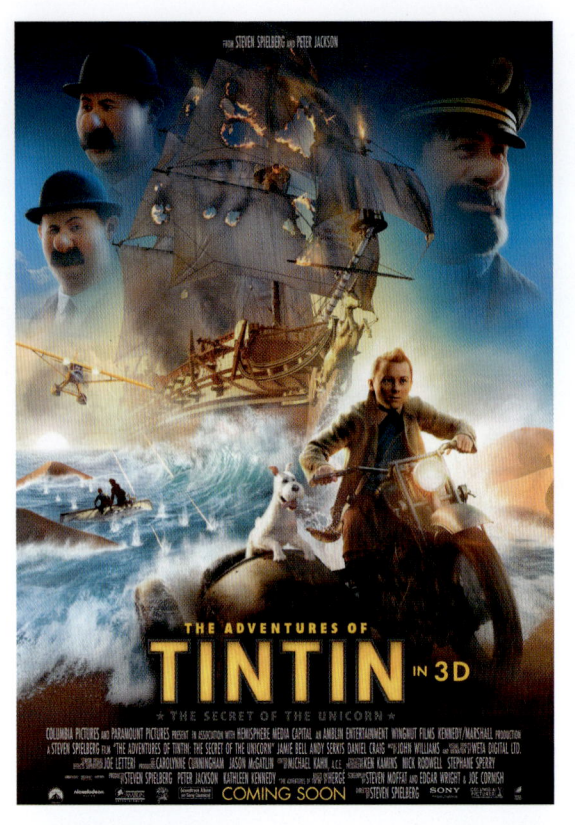

Links: *Die Abenteuer von Tim und Struppi – Das Geheimnis der Einhorn* beruht auf den Comic-Büchern von Hergé und ist Steven Spielbergs einziger Ausflug in den Animationsfilm – allerdings mit der Motion-Capture-Technik umgesetzt.

Gegenüber: Die richtige Lautstärke - Spielberg gibt Andy Serkis (links) Hinweise, wie man das Haddocksche an Kapitän Haddock am besten herausbringt. Im Hintergrund der Produzent Peter Jackson (zweiter von rechts) und Jamie Bell (Tim, rechts), der auf seinen Einsatz wartet.

Unten: Die nicht so sehr hellen Detektive Schulze (Nick Frost) und Schultze (Simon Pegg, oder ist es genau umgekehrt?) bemühen sich redlich, das Offensichtliche zu übersehen, das Tim jedoch nicht entgeht.

2008 A TIMELESS CALL (KURZFILM)
Regisseur

MERKWÜRDIGE HELDEN   151

und unverkennbaren Blondschopf als auch die exzentrische Comic-Welt einfangen, in der er lebte.

Spielbergs Biografin Molly Haskell stellte fest, seine Plot-Rhythmen und seine verspielten Ausbrüche von Humor und Action seien von Anfang an eine „implizite Mischung aus Cartoon und Schauspielerei" gewesen.⁶ Jetzt fand sich Tim im Königreich des Motion-Capture wieder: echte Schauspieler (in Kunststoffanzüge mit Sensoren gehüllt) spielten in Quasi-Bühnenbildern (eine geisterhafte graue Mirage, die als ‚The Volume' bezeichnet wurde). Sie bewegten sich und sprachen ihre Texte vor dunklen, heißen Räumen, die mit Computern gefüllt waren.

Das Budget von 130 Millionen US-Dollar wurde von Paramount und Sony aufgebracht. Hollywood sah den Film als riskante Wette an. Das Drehbuch stammte von den drei britischen Autoren und Tim-und-Struppi-Fans Steven Moffat, Edgar Wright und Joe Cornish, die aus verschiedenen Geschichten von Hergé eine Schatzsuche zusammensetzten, die sich von den Straßen Brüssels bis zu der Wüste Marokkos erstreckte. Sie spielt im Jahr 1938, und während der von Slapstick durchsetzten Nachforschungen erfahren wir, wie Tim (Jamie Bell) und Kapitän Haddock (Andy Serkis) sich kennenlernen, während sie – immer einen Schritt vor den dümmlichen Detektiven Schultze und Schulze (Simon Pegg und Nick Frost) – den Schurken Sakharin (Daniel Craig) austricksen.

Während der 32-tägigen Produktionszeit in den Playa Studios in Los Angeles müssen die unbeherrschbaren Wellen von *Der weiße Hai* auf Spielberg wie eine ferne Welt gewirkt haben. Jetzt gehorchten die Wellen seinem Willen. Sie entstanden in unheimlicher Genauigkeit in einem neuseeländischen Großrechner – Jacksons Firma Weta Digital sorgte für die Animationen, während Janusz Kamiński als Berater die Farbpalette bestimmte. Spielberg führte selbst die Kamera und konnte die Aufnahmen fast sofort auf Monitoren begutachten. Er sagte, er habe sich „eher wie ein Maler" gefühlt.⁷

Es war nicht leicht, diesen belgischen Reporter zum Leben zu erwecken. Die Stimmung von Hergés zweidimensionalen Zeichnungen ist einzigartig. Der Überschwang des Films erinnert an *Catch Me If You Can*, die extravaganten Verfolgungsjag-

2011 DIE ABENTEUER VON TIM UND STRUPPI – DAS GEHEIMNIS DER EINHORN
Regisseur/Produzent/Lichtberatung

Unten: Auf hoher See – der fragwürdige Seemann Kapitän Haddock (Andy Serkis, links) überlässt Tim (Jamie Bell) und Struppi die Navigation. *Die Abenteuer von Tim und Struppi – Das Geheimnis der Einhorn* missfiel den Puristen, weil es sich zu sehr von der Kunst Hergés unterscheide.

den an *1941 – Wo bitte geht's nach Hollywood*. Es gibt himmlische Ideen (man sieht den betrunkenen Haddock verzerrt durch seine leeren Whiskyflaschen), brillante Übergänge und Insider-Witze (Tims Haartolle, die wie eine Haifischflosse aus der Brandung ragt).

Die Einnahmen waren (vor allem im Ausland) zufriedenstellend, aber nicht spektakulär (374 Millionen US-Dollar). Amerika war eher verwundert. Die Beurteilungen hingen weitgehend davon ab, ob der Kritiker ein Hergé-Fan war. Manche waren begeistert, andere sahen den Film eher als das, was er unausweichlich auch war – Ersatz-Tim-und-Struppi.

Etwas fehlt. Sowohl von Tim als auch vom Regisseur. Hergé hatte seinen Helden als Leerstelle für den Leser konzipiert, ein Umriss, auf den man sich selbst projiziert. Er konnte 13 Jahre alt sein oder 30. Eine Idee, die auf der Leinwand so nicht funktioniert. Tim ist glatt und ausdruckslos, das Androidenhafte ist bei ihm noch stärker als bei David in *A.I. – Künstliche Intelligenz*. Die Freiheiten, die sich durch die Animationstechnik ergeben, kommen Spielberg auch nicht entgegen. Er braucht die Widerstände des echten Lebens, die Mühsal der Produktion, menschliche Wesen. „Hergé setzte Körpersprache ein, um Gefühle, Angst, Anspannung, Zorn auszudrücken", monierte Noah Berlatsky in *The Atlantic*.[8] Wo war der Spielbergsche Schrecken geblieben? Die angekündigten Fortsetzungen wurden nie umgesetzt.

Gefährten wurde eher durch die gefeierte Bühnenproduktion am Londoner National Theatre inspiriert als durch das zugrunde liegende Kinderbuch von Michael Morpurgo aus dem Jahr 1982. Kathleen Kennedy hatte das Theaterstück in London gesehen und war von dem kühnen Einsatz von Puppen beeindruckt. Die Geschichte schildert das Schicksal des Pferdes Joey, das für den Einsatz im Ersten Weltkrieg verkauft wird und fern von seiner Farm und seinem hingebungsvollen Betreuer Albert an der Westfront landet. „Es war erschütternd zu sehen, wie emotional das Publikum reagierte", erinnert sich Kennedy.[9] Spielberg erkannte das Kinopotenzial, auch wenn die Gefahr bestand, in die Melodramatik Disneys abzugleiten. „Es ist *Kleines Mädchen, großes Herz* an der Westfront", sollte der *Hollywood Reporter* bemäkeln.[10]

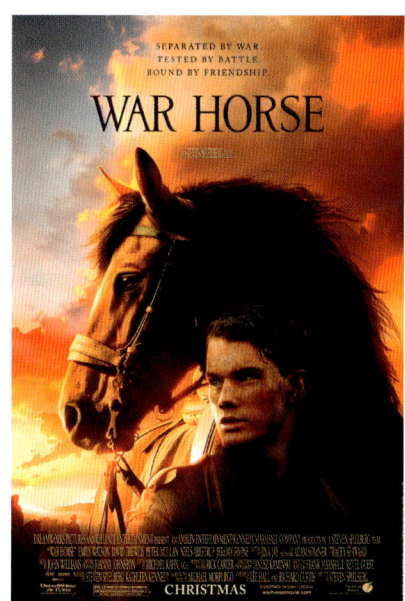

Spielberg fühlte sich an Carroll Ballards Film *Der schwarze Hengst* erinnert, aber in der Beziehung zwischen Joey und Albert (Jeremy Irvine) auch an *E.T. – Der Außerirdische*. Sie bot ihm die Gelegenheit, seinen Realismus bei der Darstellung der Qualen in den Schützengräben zu beweisen: Gegen den Wunsch seines trinkenden Vaters (Peter Mullan) meldet Albert sich als Freiwilliger, um sein geliebtes Pferd zu suchen.

„Was unwiderstehlich auf mich wirkte, hatte nichts mit globalem Krieg zu tun", behauptete Spielberg. „Vielmehr war es die Art, wie Joey unterschiedliche Charaktere zusammenbrachte, und was Albert alles auf sich nahm, um ihn zu finden."[11]

Richard Curtis (*Notting Hill*) schrieb in drei Monaten ein Dutzend Drehbuchentwürfe. Das Projekt hatte epische Dimensionen: Ab dem 6. August 2010 stellten Tausende von Statisten und 300 Pferde im Dartmoor und auf einem verlassenen Flugplatz in Surrey den Ersten Weltkrieg nach.

Alles lief mal wieder auf wundervolle Weise schief. Das Wetter war absolut scheußlich. Irvine holte sich sogar einen Kälte-Nässe-Schaden am Fuß, wie er oft bei Soldaten im Schützengraben auftritt.

Gefährten zeigt den Krieg als Versündigung an der Natur. Die Adaption des Theaterstücks, das auf einzigartige Weise seinem Medium gerecht geworden war, erwies sich in jeder Hinsicht als respektabel und konventionell: die Einspielergebnisse (178 Millionen US-Dollar), die Kritiken und die Oscarnominierung als Bester Film.

Es gibt ausdrucksstarke Szenen: Der selbstmörderische Kavallerieangriff einer englischen Einheit (mit Benedict Cumber-

Oben links: Eines der 14 Pferde, die die Rolle von Joey, dem Helden von *Gefährten* spielten. Die Schlachtfeldszenen wurden im englischen Surrey gedreht.

Oben rechts: In gewisser Weise verband Spielbergs Romanverfilmung die Stimmungen von *E.T. – Der Außerirdische* und *Der Soldat James Ryan*: wieder eine merkwürdige Freundschaft, wieder eine ungeschönte Darstellung des Kriegs.

2011 GEFÄHRTEN
Regisseur/Produzent

Links: *Gefährten* zeigt einmal mehr Spielbergs Fähigkeit, kommende Talente zu entdecken. In der großen Besetzung gab es auch frühe Rollen für Benedict Cumberbatch (links) und Tom Hiddleston (rechts) mit Patrick Kennedy (Mitte).

Unten: Nach der Künstlichkeit von *Die Abenteuer von Tim und Struppi – Das Geheimnis der Einhorn* sehnte sich Spielberg wieder nach Dreharbeiten in der Realität. Die bekam er dann auch, als er den Ersten Weltkrieg wiederaufleben ließ. Sogar der Schlamm wurde extra angefertigt, um größtmögliche Authentizität zu erreichen.

batch und Tom Hiddleston) in das Mündungsfeuer von Maschinengewehren hinein. Englische und deutsche Soldaten, die Joey gemeinsam aus dem Stacheldraht des Niemandslandes retten. Die *New York Times* erkannte in Spielbergs Fähigkeit, Mitgefühl angesichts der Verzweiflung zu wecken, „eine authentische Art Gnade".[12]

Zurück zu *Lincoln*.

Honest Abe, wie er in den USA genannt wird, war eine interessante Herausforderung. Eine, die Spielberg näher lag, als es zunächst scheint: der bescheidene Showman, tugendhaft (bis zu einem gewissen Punkt), mit Familiensinn und einer derben Parabel für jede Gelegenheit, aber auch mit einer gigantischen Durchsetzungskraft.

Der 16. Präsident Amerikas hatte Spielberg seit mehr als einem Jahrzehnt beschäftigt. Es war eine weitere Geschichte, für die er die richtige Zeit abwarten musste. Um zum richtigen Spielberg für das Thema zu

werden. Er erinnerte sich an einen Besuch des Lincoln Memorial mit seinem Vater, als er erst sechs Jahre alt war, und an die Faszination der riesigen, runzligen Hände und die Abgeklärtheit des Gesichtsausdrucks.

Spielberg hatte schon 1999 die Korrekturfahnen von Doris Kearns Goodwins Ehrfurcht gebietender Lincoln-Biografie *Team of Rivals* gelesen (das Buch erschien erst 2005) und spürte die darin liegenden ungeheuren Möglichkeiten. 2001 plante Steven Spielberg eine epische Darstellung des Amerikanischen Bürgerkriegs anhand von sieben entscheidenden Schlachten. Das Drehbuch von John Logan hatte unterschiedliche Quellen ausgewertet. Es ging um einen Lincoln, der Krieg führte – *Der Soldat James Ryan* aus der Sicht der Kommandierenden. Das war auch der grundlegende Mangel der Idee. Aber Spielberg wusste, dass er den Film machen konnte.

Er wandte sich an Kushner als Drehbuchautor, dessen AIDS-Drama *Angels in America* er am Broadway gesehen hatte. Kushner hatte die Unmittelbarkeit des großen Paddy Chayefsky, die Gabe, Gedanken und Ideen in lebendige Dialoge umzusetzen. Kushner verwendete Goodwins Buch, um ein Drehbuch mit 550 Seiten zu schreiben. Es war eine komplette Filmbiografie, von der armen Kindheit in Kentucky bis zur Schlacht von Gettysburg und dem Attentat in Ford's Theatre.

Wieder zögerte der Regisseur. Das Drehbuch war großartig, aber der eingeschlagene Weg war zu naheliegend – das ehrwürdige Vorbild von Ford und Fonda in *Der junge Mr. Lincoln*. Spielberg wollte Lincoln „von seinem Alabastersockel herunterholen".[13] So traf er die inspirierte Entscheidung, nur die letzten 65 Seiten von Kushners Drehbuch zu verwenden und die hitzigen letzten Monate von Lincolns zweiter Amtszeit – und seines Lebens – zu schildern. Insbesondere seine Bemühungen, die Abschaffung der

Oben: Ein nachdenklicher Daniel Day-Lewis in *Lincoln,* Spielbergs meisterhafter Studie über den 16. Präsidenten der Vereinigten Staaten. Allerdings war es nicht ganz leicht, den Schauspieler zur Übernahme der Rolle zu bewegen.

2012 LINCOLN Regisseur/Produzent

Rechts: *Lincoln* ist, neben vielen anderen Dingen, auch das Porträt der schwierigen Ehe zwischen der emotionalen Mary Todd Lincoln (sublim gespielt von Sally Field) und ihrem distanzierten Ehemann Abraham (Daniel Day-Lewis).

Sklaverei als 13. Zusatzartikel in der Verfassung der Vereinigten Staaten zu verankern. Die Genregrenzen galten nicht mehr: Das Politdrama überschnitt sich mit der Filmbiografie und dem Gerichtsfilm.

Lincoln wagte es, dem Friedensschluss im Bürgerkrieg so lange im Wege zu stehen und dadurch die Verantwortung für noch mehr Tote auf seine breiten und knochigen Schultern zu nehmen, bis das Gesetz verabschiedet wurde. Hätte er den Südstaaten die Rückkehr in die Union erlaubt, wäre es vielleicht nie ratifiziert worden. Es war für Lincoln ein riskantes politisches Manöver, bei dem die Seele einer Nation auf dem Spiel stand. Der Film war Spielbergs Loblied auf die Demokratie in ihrer wertvollsten Ausprägung.

Das war die Aufgabe, vor der er stand. Lincoln war besessen wie Schindler, er war bereit, jedes Mittel einzusetzen, um die Stimmen schwankender Senatoren zu gewinnen: Argumente, Überredung, Drohungen, Bestechung. Der Idealismus muss auch manchmal Druck ausüben, betteln und verführen, um seinen Willen durchzusetzen.

Aber was war mit dem Mann? Lange hatte man Liam Neeson für die Rolle in Betracht gezogen, als er sich jedoch zurückzog, war sich Spielberg sicher, dass nur Daniel Day Lewis für die Rolle des nachdenklichen Slavenbefreiers infrage kam, der gerne Euklid und Hamlet zitierte und auch ohne Zylinder seine Rivalen überragte. Als Day-Lewis 2006 angesprochen wurde, lehnte er erst einmal ab.

Das lag an Logans Drehbuch mit all den Schlachten, aber auch daran, dass der anglo-irische Schauspieler sich vom Mythos Lincoln eingeschüchtert fühlte. Es war Leonardo DiCaprio, der einen Sinneswandel veranlasste.

„Du musst dir das wirklich genau überlegen", sagte er seinem Freund. „Steven will dich unbedingt dabei haben und den Film nicht ohne dich drehen."[14]

Day-Lewis erklärte sich bereit, Kushners Drehbuch zu lesen. Danach war er beruhigt: Dieser Lincoln war aus Fleisch und Blut, nicht aus Marmor. Er bat Spielberg, noch ein Jahr zu warten. Er müsse erst in die Geschichte eintauchen. Er nannte es, „den Acker bestellen".[15] Das Ergebnis, schwärmte Peter Bradshaw im *Guardian*, war eher eine „Séance" als Schauspielerei.[16] Spielberg sprach von einer Darstellung, die „uns in Echtzeit eine Begegnung mit dem Mann, seinem Erbteil und jenem Jahrhundert ermöglicht".[17] Lincoln ist ganz und gar präsent, ein müder, zärtlicher, beladener Mann, aber dennoch ein Mysterium. Der Oscar für den Besten Hauptdarsteller war wohlverdient und der erste, den ein Spielberg-Film einfuhr.

Was für eine Besetzung! Was für eine Galerie von Gesichtern! Die halsstarrige, granitene Fassade von Tommy Lee Jones als der wortgewaltige Radikale Thaddeus Stevens. Sally Field als Mary Todd Lincoln, geplagt von Kopfschmerzen und einem gebrochenen Herzen, ihrem Ehemann eine Last, seinen Feinden gegenüber eine Tigerin. Es gibt 58 Rollen für namentlich genannte Figuren, und jede einzelne war mit Spielbergs erster Wahl besetzt.

Wie bei *E.T. – Der Außerirdische* legte sich Spielberg bei *Lincoln* selbst Beschränkungen auf; seine Kamera führt er ebenso gesetzt,

MERKWÜRDIGE HELDEN 157

wie sich sein steifbeiniger Held bewegte. Die Innenräume des Weißen Hauses und des Capitols sind wieder in einem winterlichen Grau gehalten, das Licht fällt durch Musselinvorhänge oder flackert zögerlich in den offenen Kaminen. Rauch und Düsternis herrschen überall. Die Welt sieht verwohnt aus, beengt, und die Luft ist klamm. Diese Vergangenheit sieht wie harte Arbeit, sieht echt aus. Das Ticken von Lincolns Uhr ist eine Aufnahme des Modells, das er tatsächlich trug. Der Bürgerkrieg wird in Fragmenten eingeschoben, triste Panoramen der Schlachten und ihrer Nachwehen unter finsteren Himmeln – ein Hinweis darauf, was Lincoln riskierte.

Aber das Ergebnis ist dennoch blendend. Aus gegensätzlichen Gründen. Der Film ist redselig, aber spannend. Tiefernst, aber oft sehr witzig, sogar absurd. Es ist fast Slapstick, wenn sich drei schmierige Politagenten auf den Weg durch das Land machen, um die unsicheren Kantonisten einzuschüchtern. Im Kongress werfen sich sture Männer mit kunstvoll arrangierter Gesichtsbehaarung gegenseitig Beleidigun-

Ganz oben: In einer der wenigen Einstellungen des Films, die nicht in Washington spielen, sondern draußen auf den Schlachtfeldern, besichtigt Lincoln (Day-Lewis, mit Zylinder) das traurige Szenario der Schlacht von Petersburg, die in Powhatan, Virginia, nachgestellt wurde.

Oben: Tommy Lee Jones wirft in der Rolle des unbeugsamen Sklavenbefreiers Thaddeus Stevens einen vernichtenden Blick auf seine Kollegen im Kongress.

„… ein fesselndes Sittengemälde des amerikanischen Lebens im 19. Jahrhundert, ein Erlebnis, das gleichermaßen die Gefühle, die Instinkte und den Geist anspricht."

Andrew O'Hehir, *Salon*

Oben: Unter Anwendung aller notwendigen Mittel – der Innenminister William H. Seward (David Strathairn) weist Lincolns drei schmierige Politagenten (Tim Blake Nelson, John Hawkes und James Spader) an, alle subtilen und nicht so sehr subtilen Überzeugungsmittel einzusetzen, um zögerliche Wähler zu beeinflussen.

gen an den Kopf, deren Rhetorik sich aus dem Witz Mark Twains, den Deklamationen Shakespeares und den biblischen Geboten speist.

Es war eine ganz neue Seite von Spielberg: „In diesem Fall traten die Bilder hinter die Sprache zurück", sagte er. „Also nahm ich in gewissem Sinn auf dem Rücksitz Platz."[18]

„Zum Teufel nochmal! Ich bin der Präsident der Vereinigten Staaten von Amerika! Ausgestattet mit immenser Macht!" Day-Lewis verschmilzt mit Lincoln und schlägt mit der Hand auf die Tischplatte, um sein aufsässiges Kabinett zur Ruhe zu bringen. „Sie beschaffen mir die fehlenden Stimmen."[19]

Kushner war an diesem Tag bei den Dreharbeiten. „Wir waren alle sprachlos", erinnert er sich. „Es war eine der großartigsten Leistungen, die ich je gesehen habe."[20]

Die Premiere fand absichtlich erst nach der Präsidentschaftswahl 2012 statt, bei der Obama wiedergewählt wurde. *Lincoln* wurde begeistert aufgenommen, es war ein Hit. Bei einem Budget von 60 Millionen US-Dollar spielte der Film 275 Millionen US-Dollar ein. Spielberg habe Ford und DeMille in den Schatten gestellt, behauptete Andrew O'Hehir in der Zeitschrift *Salon*. Dies sei ein „fesselndes Sittengemälde des amerikanischen Lebens im 19. Jahrhundert, ein Erlebnis, das gleichermaßen die Gefühle, die Instinkte und den Geist" ansprechend.[21]

Die Oscarverleihungen zeigten wieder die absurdeste Seite des Academy-Systems. Von den zwölf Nominierungen führten nur zwei zu Gewinnen (Rick Carter: Bestes Szenenbild; Daniel Day-Lewis: Bester Hauptdarsteller). *Argo* war ein besserer Film als *Lincoln*? Das mag die Geschichte entscheiden.

Die Datei auf dem Computer der Regisseure und Drehbuchautoren Ethan und Joel Coen trug den ironischen Namen „Hanks gegen die Roten".[22] Die Brüder waren engagiert worden, um Matt Charmans Drehbuch für *Bridge of Spies – Der Unterhändler* mit ihrem unverkennbaren Stil etwas aufzuwerten. Um die Absurdität des Kalten Krieges und die drohende Vernichtung der Welt durch Atomwaffen deutlicher zu machen. Spielberg hatte von Kubricks *Dr. Seltsam* gelernt, dass man eine solche Katastrophe nur mit Humor analysieren kann. Es war zwar keine Farce wie bei Kubrick, aber wie *Lincoln* war es eine Geschichte sprachlicher Doppeldeutigkeiten, obskurer Regeln, bürokratischer Irrgärten und gegensätzlicher Persönlichkeiten. Es war also ein gefundenes Fressen für die durchgedrehten Coen-Jungs.

Der Filmanfang ist wieder eine von Spielbergs Meisterleistungen. 1957 wird der sowjetische Spion Rudolf Abel (Mark Rylance) von einer Meute FBI-Agenten gejagt. Das Tempo für den gesamten Film und seinen verschlungenen Plot wird durch diese Szenen in der U-Bahn und den Menschenmengen von Manhattan vorgegeben. Als der freundlich-unscheinbare Abel schließlich in einem heruntergekommenen Hotel verhaftet wird, setzt die Handlung des Films ein. Die US-Regierung möchte den Anschein erwecken, Abel erhielte eine adäquate juristische Verteidigung. Die Aufgabe fällt dem Versicherungsanwalt James B. Donovan zu, der mit gelassener Integrität von Tom Hanks gespielt wird.

Donovan muss frustriert feststellen, dass es ein Schauprozess ist, dessen Ausgang vorbestimmt ist.

Er ist aber raffiniert genug, den Richter von einer Hinrichtung abzuhalten – Abel könnte nützlich werden, falls eines Tages ein Amerikaner hinter dem Eisernen Vorhang gefangen würde. Tatsächlich wird

Unten: Schauprozess – James B. Donovan (Tom Hanks, Mitte) versucht in dem Genregrenzen sprengenden *Bridge of Spies – Der Unterhändler* den Spion Rudolf Abel (Mark Rylance, zweiter von links) zu verteidigen.

2015 BRIDGE OF SPIES – DER UNTERHÄNDLER
Regisseur/Produzent

Rechts: James B. Donovan (Tom Hanks) bemüht sich, einen Beschatter abzuschütteln. *Bridge of Spies – Der Unterhändler* ist unter anderem auch ein Agentenfilm, und Spielberg ist der Herausforderung gewachsen.

bald der Pilot Francis Gary Powers (Austin Stowell) in seinem U-2-Aufklärungsflugzeug über Russland abgeschossen.

Spielberg fand das Drehbuch faszinierend, das der Autor Matt Charman ihm zugeschickt hatte. Es ließ sich nicht einem einzigen Genre zuordnen, es war ein Agententhriller, ein Gerichtsfilm, ein Gesellschaftsstück und die Geschichte einer Freundschaft, die so unwahrscheinlich ist wie die zwischen Elliott und E.T. oder Itzhak und Schindler. Bei der Beziehung zwischen Abel und Donovan tritt die Weltpolitik in den Hintergrund.

Abel ist vielleicht die am schwersten zu fassende Figur, die Spielberg je auf die Leinwand gebracht hat. Der *New Yorker* schrieb: „Wir beobachten ihn dabei, wie er alle anderen beobachten, als sei das Leben eine unendliche Aneinanderreihung von Spionen."[23]

Es gab auch persönliche Bezüge. Die Szene, in der Donovan seinen Sohn dabei entdeckt, wie der die Badewanne volllaufen lässt, um einen Trinkwasservorrat für den Fall eines Atomangriffs zu schaffen, stammt direkt aus dem Leben eines gewissen Steven Spielberg. Die Angst vor einem Atomkrieg hatte ihn als Kind gefangen genommen. Er erinnerte sich daran, dass er wie Jim in *Das Reich der Sonne* in den Himmel gestarrt und die Kondensstreifen der während der Kubakrise in Bereitschaft versetzten B-52-Bomber gesehen hatte. Und daran, dass sein Vater nach einer Geschäftsreise nach Moskau erzählt hatte, er habe dort in einer Ausstellung die Trümmer der U-2 gesehen.

Der Ton von *Bridge of Spies – Der Unterhändler* ist täuschend leicht. Der Witz der Coen-Brüder steigert sich zu einer ruhigen Intensität, als Donovan im geteilten Berlin den Austausch aushandeln soll.

Der Film verlangte nach einer mythologisierenden Behandlung. Er lässt sich in zwei Akte unterteilen: New York und Berlin, mit jeweils unterschiedlichen paranoiden Unterströmungen. Die Grundidee ist die des Kontrasts: Donovan und Abel, Westen und Osten. Bei so vielen beweglichen Teilen kann es im Getriebe auch mal knirschen, und die Einnahmen waren eher mager (165 Millionen US-Dollar). Aber der Film ist typisch Spielberg, eine weitere Ode an den anständigen Amerikaner. Und eine weitere Liebesgeschichte. Die beiden nicht zusammenpassenden Landsleute Abel und Donovan trennen sich auf der verschneiten Glienicker Brücke, sie werden sich nicht wiedersehen. Der Himmel wird von Suchscheinwerfern erleuchtet, die auch von einem Mutterschiff stammen könnten. Es war eine weitere unheimliche Begegnung.

DER SPIELBERG-TOUCH

Eine bei Weitem nicht vollständige Liste von Merkmalen, um einen Spielberg-Film auch ohne den Vorspann zu erkennen:

Der Gesichtsausdruck
Man könnte es als die charakteristische Aufnahme Spielbergs bezeichnen: Ein Mensch, der voller Angst oder Verwunderung auf etwas starrt – und so die Blicke des Publikums dorthin richtet. Zum Beispiel: Brodys fassungslose Reaktion auf die Nahansicht des Hais in *Der weiße Hai* oder Indiana Jones, der sich in *Jäger des verlorenen Schatzes* umdreht und hinter sich einen riesigen Felsbrocken sieht.

Kaputte Familien
Als Reaktion auf seine eigene schwierige Kindheit machte Spielberg die kaputte amerikanische Familie zum Mittelpunkt seines Erzählens. Zum Beispiel: Elliott und seine Geschwister mit ihrer Mutter in *E.T.* und natürlich auch *Die Fabelmans*.

Alltägliche Helden
Oft sind es nicht die außerordentlichen Ereignisse, die wichtig sind, sondern das Geschick, mit dem Spielberg das Alltägliche einfängt. Zum Beispiel: Neary der Elektriker in *Unheimliche Begegnung der dritten Art*, Captain Miller, der Lehrer in *Der Soldat James Ryan*.

Wissenschaftler
Spielberg greift auch gerne auf die Figur des Wissenschaftlers zurück. Zum Beispiel: der Ichthyologe Hooper in *Der weiße Hai* und der Paläontologe Alan Grant in *Jurassic Park*.

Schlechte Väter
Ein weiteres Thema mit autobiografischem Hintergrund – fragwürdige Väter, die Spielbergs Sicht auf seinen eigenen Vater spiegeln. Zum Beispiel: der abwesende Vater in *E.T.*, Henry Jones in *Indiana Jones und der letzte Kreuzzug* oder Ray Ferrier in *Krieg der Welten*.

Göttliches Licht
Spielberg kehrt in unterschiedlichen Formen immer wieder zu Strahlen göttlichen Lichts zurück. Zum Beispiel: das Strahlen aus dem Mutterschiff in *Unheimliche Begegnung der dritten Art*, die Suchscheinwerfer in *Schindlers Liste* oder das Mondlicht in *BFG – Big Friendly Giant*.

Sternschnuppen
Spielbergs Vater machte mit ihm einen nächtlichen Ausflug, um einen Meteoritenschauer zu beobachten. Das Motiv der Sternschnuppe kehrt immer wieder: als Wunsch, als glücksbringendes Zeichen oder als magischer Moment. Zum Beispiel: die „Reichtum und Ruhm"-Szene in *Indiana Jones und der Tempel des Todes*.[1]

Der Blick in den Rückspiegel
Eine von Spielbergs Lieblingseinstellungen taucht schon in *Amblin'* auf: der Rückspiegel eines Autos, in dem man sieht, wie etwas näher kommt oder zurückgelassen wird. Zum Beispiel: immer wieder in *Duell* und die Verfolgung durch den T. rex in *Jurassic Park*.

Silhouetten
Spielberg beschreibt Figuren gerne durch ihren Umriss und Schatten, am berühmtesten im Fall Indiana Jones. Außerdem: die Soldaten auf der Hügelkuppe in *Der Soldat James Ryan* oder die bedrohlichen Figuren der sich nähernden Gangs in *West Side Story*.

Oben: Das typische göttliche Licht strömt in *Unheimliche Begegnung der dritten Art* aus dem Mutterschiff.

Das Fliegen
Flugzeuge sind schon fast ein Fetisch für den Regisseur. Zum Beispiel: das von Funken umgebene japanische Kampfflugzeug in *Das Reich der Sonne*, oder der U-2-Bomber, der in *Bridge of Spies – Der Unterhändler* auf den Start vorbereitet wird.

Strände
Bereits in *Amblin'* ist Spielbergs Faszination durch den Strand als Grenzgebiet zwischen Land und Meer erkennbar. Zum Beispiel: die heimtückische Küste von Amity in *Der weiße Hai*, die überwältigenden Landungsszenen in *Der Soldat James Ryan*.

EWIG JUNG

BFG – Big Friendly Giant (2016), *Die Verlegerin* (2017), *Ready Player One* (2018), *West Side Story* (2021), *Die Fabelmans* (2022)

Noch vor den ersten Aufnahmen für *Bridge of Spies – Der Unterhändler* fragte Steven Spielberg seinen Star, ob er auch im nächsten Film die Hauptrolle übernehmen wolle. Der geplante Film hätte sich kaum stärker von dem unterscheiden können, den sie gerade in Angriff nahmen. Stattdessen sollte der großartige Shakespeare-Schauspieler Mark Rylance mit Trick-Technik in eine acht Meter hohe Karikatur seiner selbst verwandelt werden: Ein Riese mit einem Gesicht wie ein ungemachtes Bett und Ohren wie (sogar für einen Riesen) riesige Muscheln.

BFG – Big Friendly Giant war wie auch *Die Abenteuer von Tim und Struppi – Das Geheimnis der Einhorn* ein Zusammentreffen des Spielberg-Markennamens mit einer gleichrangigen Stimme in der Welt der Kultur. In diesem Fall war Roald Dahl vielleicht sogar der zugkräftigere Name. Die Bücher des britischen Autors waren beliebt, weil sie einsame Kinder in dunkle und skurrile Ecken des Universums versetzten, die wie absurde Variationen auf den jungen Spielberg wirkten.

Dieser hatte sich jetzt nach drei historischen Filmen bewusst entschieden, einen Film über die Kindheit zu drehen. Er sollte an die Märchenfilme *Bambi*, *Fantasie* und *Schneewittchen und die sieben Zwerge* erinnern. So stieg denn auch Disney mit einem Beitrag von 140 Millionen US-Dollar zu den Produktionskosten von *BFG – Big Friendly Giant* ein. Spielberg fühlte sich erneut an den Kindheitsausflug zum Lincoln Memorial erinnert. „Die Größe hatte einfach etwas, das mir als Kind Angst machte", sagte er.[1] Aber trotz seiner Größe strahlte das lange Gesicht des Riesen auf seinem Stuhl damals auch Wärme aus. Es war die bewährte Mischung aus Bewunderung und Furcht.

Jahre nachdem Kathleen Kennedy eine Option auf die Filmrechte erworben hatte, las Spielberg einen Drehbuchentwurf von Melissa Mathison und wurde von „altbekannten Gefühlen" heimgesucht.[2] Dahls Geschichte erzählt von einem „großen, freundlichen Riesen", der die Waise Sophie (Ruby Barnhill – Spielbergs erste weibliche Hauptfigur seit *Die Farbe Lila*) kidnappt, nachdem sie ihn während der Geisterstunde im Licht der Londoner Laternen entdeckt hat.[3]

Die wunderbar kindlichen Wortverdrehungen des Riesen werden von Rylance in seiner typischen melancholischen Singsang-Stimme vorgetragen.[4] Es war der dritte Film, der sich mit Sprache auseinandersetzte, mit dem Sprechen als etwas, das eine Figur definiert. Ähnlich war es schon

Links: Bei seiner Verfilmung von *BFG – Big Friendly Giant* zeigte Steven Spielberg erneut seine Gabe, Kinder zu großartigen Darstellungen anzuleiten: Ruby Barnhill spielte die Hauptrolle der verwaisten Sophie.

Unten: Sein merkwürdigstes Paar – sogar für Spielberg ist die Freundschaft zwischen Sophie und dem BFG (Mark Rylance, durch Motion-Capture-Technik vergrößert und karikiert) eine durchgedrehte Beziehung.

2016 BFG – BIG FRIENDLY GIANT
Regisseur/Produzent

beim Seemannsgarn von Quint in *Der weiße Hai* und den Phrasen von E.T. gewesen.

Das Drehbuch von *E.T. – Der Außerirdische* stammte bezeichnenderweise ebenfalls von Mathison. Es blieb natürlich nicht unbemerkt, dass dies wieder eine Geschichte war, in der ein verlorenes Kind in einem weisen, aber treuherzigen Sonderling einen Freund findet. Wieder eine „reine Liebesgeschichte" prahlte Spielberg.[5] Es war aber nach *E.T.* und *A.I. – Künstliche Intelligenz* auch seine dritte Kindheitsfabel.

Für jedes „extrem sympathisch" (*Observer*[6]) gab es auch ein „Poesie nach Rezeptvorgabe" (*New Yorker*[7]). Der größte Schock war der finanzielle Misserfolg. Der Film spielte nur 195 Millionen US-Dollar ein.

Das Rendern der künstlichen Welten von *Ready Player One* barg große technische Anforderungen, sodass sich für Spielberg die Gelegenheit – und die Schwierigkeit – ergab, einen ganzen Film zu drehen und herauszubringen, während er noch an der Fertigstellung dieses Blockbusters arbeitete. Der andere Film sollte ein technisch konservativeres Unterfangen werden – nichts weiter als die üblichen Schauspieler, Kameras und Drehorte. Es gab zudem nach Spielbergs Ansicht eine plötzliche Dringlichkeit, *Die Verlegerin* vorzuziehen.

Der großartige Film wirkt wie ein Sonderfall in Spielbergs Alterswerk. Es ist der einzige Erwachsenenfilm. Er spielt zwar im Jahr 1971, bezieht sich aber deutlich auf die Gegenwart. *Die Verlegerin* ist die hitzige Reaktion des Regisseurs auf die postfaktischen Turbulenzen der Trump-Ära.

„Das derzeitige Klima unter dieser Regierung, in dem die Presse angegriffen und die Wahrheit je nach Wunsch als ‚fake' bezeichnet wird, machte diesen Film dringend nötig", gab er bereitwillig zu.[8] Die *New York Times* bescheinigte dem Film einen „Schauer der Aktualität".[9]

Ganz oben: Steven Spielberg plant eine Aufnahme (vermutlich Weitwinkel). Neben ihm die Produzentin Kathleen Kennedy, die seit Jahren versucht hatte, *BFG – Big Friendly Giant* zu realisieren, bis sie schließlich Spielberg überzeugen konnte.

Oben: Große Ziele – der Kameramann Janusz Kamiński und Spielberg posieren mit der riesigen Synchronklappe. Sie griffen beim Filmen häufig auf das Blue-Screen-Verfahren zurück.

Die Verlegerin ist ein Loblied auf den Journalismus und dient als Prequel zu Alan J. Pakulas Darstellung der Watergate-Affäre *Die Unbestechlichen*, mit der eine ganze Ära definiert wurde. Spielberg bezeichnete Pakulas Werk in Interviews wiederholt als den „… vielleicht besten Zeitungs-Film aller Zeiten".[10] Es spricht für seine Liebe zum Film, dass er bewusst einen eigenen Film in den Schatten eines vorhergegangenen fremden stellte. *Die Verlegerin* ist weniger den 70ern verhaftet. Pakulas redseliger Film entfaltet sich vor einem Hintergrund aus städtischen Grautönen und schattenreichen Parkplätzen. Spielberg bietet wärmere Mythen, er kann den Optimismus des Liberalen nicht unterdrücken – den Glauben, dass Amerika trotz allem eine Idee ist, für die es sich zu kämpfen lohnt.

Die Produzentin Amy Pascal hatte ihm 2017 das Drehbuch von Liz Hannah zukommen lassen. Die aktuellen Bezüge der Geschichte sprachen ihn an. Josh Singer, der auch für die Fernsehserie *The West Wing – Im Zentrum der Macht* geschrieben hatte, steuerte Dialoge bei.

Für das Untergenre des Zeitungsfilms sind komplexe Plots typisch. Während einer hektischen Woche im Jahr 1971 kämpft die *Washington Post* darum, Auszüge aus den Pentagon Papers zu veröffentlichen, einem Geheimbericht der Regierung, der die Vergeblichkeit des Vietnamkriegs offenbart. Dem reizbaren und entschlossenen Chefredakteur Ben Bradlee (Tom Hanks) stehen die Heerscharen der konkurrierenden Zeitungen, der konservative Aufsichtsrat seines eigenen Unternehmens und das Weiße Haus unter Nixon gegen-

Oben: Ben Bradlee (Tom Hanks), der Chefredakteur der *Washington Post,* bespricht sich in *Die Verlegerin* mit seinen engsten Mitarbeitern – von links: David Cross, John Rue, Bob Odenkirk, Jessie Mueller und Philip Casnoff.

2017 DIE VERLEGERIN
Regisseur/Produzent

Links: Es gibt Situationen, in denen Spielberg nur großartige Leistungen seiner Schauspieler als Special Effects braucht. Bei *Die Verlegerin* bekam er sie von dem unübertroffenen Duo Meryl Streep (als mutige Verlegerin Kay Graham) und Tom Hanks (als furchtloser Chefredakteur Ben Bradlee).

über. Mittendrin findet sich die Herausgeberin der *Washington Post* Katharine Graham (Meryl Streep), die um das Überleben ihrer Zeitung kämpft.

Die Verlegerin zeigt, wie meisterhaft Spielberg sein Handwerk beherrscht. Es ist aber auch ein Film über meisterhaftes Handwerk: die riesigen, aber überfüllten Redaktionsräume der *Washington Post* wurden bis hin zu den überfließenden Papierkörben nachgebaut. Der Regisseur macht aus dem, was er das „analoge Zeitalter des Papierausdrucks" bezeichnet, fast einen Fetisch.[11] Er zeigt die riesigen Druckpressen (Tempel, wie sie Indy besteigen könnte), die klappernden Schreibmaschinen, den hastigen Bleistift des Textchefs. Es ist Spielbergs nervöse Energie, die den Film vorantreibt: die leidenschaftlichen Redaktionskonferenzen (die zynische Sprache der Zeitungsmacher erinnert an *Sein Mädchen für besondere Fälle* und *Reporter des Satans*), das Gerenne auf den Fluren, die Dokumentenkisten, die mit angehaltenem Atem geöffnet werden. Sogar das Fotokopieren wird zu etwas Dramatischem.

Vor allem ist es eine Geschichte, deren Rhythmus von der schrillen Eindringlichkeit klingelnder Telefone bestimmt wird. Unter den Händen des Maestros wird dieses dem Film vollkommen ungemäße Element zu einer wahren Symphonie. Der Starreporter Bob Odenkirk verstreut 25-Cent-Stücke, als er sich von einem schmuddeligen Münztelefon zu einer Quelle aufmacht. In der Wahlscheibe des Telefons sieht man sein verzerrtes Gesicht. Das Kernstück des Dramas ist ein Telefongespräch mit fünf Teilnehmern, bei dem Graham sich entschließt, Bradlee zu unterstützen und die Zukunft der Zeitung, vielleicht sogar eine Haftstrafe zu riskieren. Die Argumente werden zwischen Bakelit-Hörern und konzentrierten Männergesichtern in Nahaufnahme ausgetauscht. Nur Graham wird als Mid-Shot gezeigt, nur bei ihr blickt die Kamera von oben, um den bedeutungsträchtigen Moment einzufangen. Wir sind nicht nur Zeugen eines historischen Augenblicks, wir sehen auch, wie eine Figur ihre Stimme findet.

Hanks zeigt als Bradlee ungebremste Spielfreude: ein großspuriger Zeitungsmensch, den das Jagdfieber gepackt hat, der zimperliche Untergebene (Odenkirk, Carrie Coon, David Cross, Zach Woods) anknurrt – ein Bär unter den Aufsteigern. Es gefällt ihm sichtlich, sich an Jason Robards oscarprämierter Darstellung Bradlees in *Die Unbestechlichen* zu messen.

Bradlee hat auch etwas von einem Gauner, im Grunde stiehlt er der *New York Times* einen Sensationsbericht, als diese wegen einer einstweiliger Verfügung der Regierung von der Veröffentlichung absieht. Die Heldenrolle der *Washington Post* wird dadurch ironisch hinterfragt.

Je dramatischer es wird, je mehr die Filmmusik von John Williams sich dazu passend aufschwingt, desto mehr rückt jedoch Streep in den Mittelpunkt. Sie zeigt die Metamorphose der flatterhaften Society-Dame, die noch wegen des Selbstmords ihres gefeierten Gattens trauert, die noch in den Traditionen gefangen ist, zu der stahlharten Verlegerin, die das Establishment zum Wanken bringt. Spielberg zeigt

Graham in einer Abfolge von Sitzungszimmern, in denen herablassende Anzugträger sie umkreisen wie Krähen.

Manohla Dargis schwärmte in der *New York Times*: „Streep liefert das sehr bewegende Porträt einer Frau, die dadurch, dass sie sich selbst befreit, dazu beiträgt, eine Revolution anzuzetteln."[12] Auch dieses Thema der Selbstermächtigung der Frau verweist unmissverständlich auf unsere eigene Zeit.

Was fehlt, um den Film zu einem der besten Filme von Spielberg zu machen, ist ein angemessener dritter Akt. Wenn die Zeitungen erst einmal auf der Straße verkauft werden, reicht er den Staffelstab großzügig an Pakulas Meisterwerk weiter: im Watergate-Gebäude hat es einen Einbruch gegeben. Dennoch hat *Die Verlegerin* mit großem Flair Spielbergs These vorgetragen: Der Vierte Stand, die Presse mit ihren manchmal etwas schäbigen Mitteln, ist ein unabdingbarer Kontrolleur der Macht. Spielberg hoffte, das Kino könnte eine ähnliche Rolle einnehmen.

Ready Player One ist wieder ein Beispiel dafür, dass Spielberg versucht, einen Spielberg-Film zu drehen. Der ehemalige Computertechniker Ernest Cline war seit Kindheitstagen ein Star-Wars- und Spielberg-Fan und hatte seinen Roman über ein dystopisches Amerika im Jahr 2045 mit einer Unzahl von Reizelementen durchsetzt, auf die jeder Geek einfach anspringen musste: Kids verbringen ihre Zeit in dem virtuellen Universum OASIS, das ei-

Unten: Und dann gibt es Situationen, in denen sich alles um die Trickeffekte dreht. Im dystopischen Thriller *Ready Player One* taucht Tye Sheridan in die virtuelle Realität von OASIS ein.

2018 READY PLAYER ONE
Regisseur/Produzent

> „Dieser Film war für mich eine einzige große Flucht. Es war für mich ein Film, der alle meine Vorstellungen über Orte erfüllte, wo ich in meiner Fantasie hingehe, wenn ich aus der Stadt abhaue … Es war wirklich eine außerkörperliche Erfahrung."
>
> Steven Spielberg

nem Lagerhaus der 80er-Obsessionen des Autors gleicht: Filme, Bücher, Musik und die allumfassende Ästhetik der Computerspiele.

„Dieser Film war für mich eine einzige große Flucht", erklärte Spielberg. „Es war für mich ein Film, der alle meine Vorstellungen über Orte erfüllte, wo ich in meiner Fantasie hingehe, wenn ich aus der Stadt abhaue."[13] Es war eine Studie über Spielberg in seiner Freizeit – Cline als Milliardär, der sich mit Computerspielen und Spielfilmen vergnügt, ein öffentlichkeitsscheuer Zauberer im Herzen eines Irrgartens.

Die Geschichte dreht sich um eine Aufgabe, die Halliday, der Erschaffer von OASIS, posthum gestellt hat: Innerhalb des digitalen Labyrinths von OASIS müssen dazu drei Schlüssel gesucht werden. Der Lohn ist der Besitz des milliardenschweren OASIS-Reichs. Als stilisierte Avatare Parzival und Art3mis werden Wade (Tye Sheridan) und Samantha (Olivia Cooke) den Anforderungen gerecht. In der trüben Realität ist ihnen der skrupellose Unternehmer Sorrento (Ben Mendelsohn) auf den Fersen.

Es werden Überschneidungen mit der Welt von Arnold Schwarzeneggers *Last Action Hero* angedeutet, auf den natürlich auch angespielt wird. Ironie wohin man blickt. Sogar die Arbeit am Film war eine Version dessen, was er zeigte. Spielberg setzte selbst ein Virtual-Reality-Headset auf und betrat die Räume von OASIS, als seien sie echte Szenenbilder. „Es war wirklich eine außerkörperliche Erfahrung", behauptete er.[14]

Ready Player One ist eine Science-Fiction-Geschichte über das nostalgische Verlangen nach Science-Fiction. Die Fülle der Anspielungen ist überwältigend: Der *Gigant aus dem All*, *Der Herr der Ringe*, *Akira*, *Aliens*, *Tomb Raider* … die Liste ist schier endlos.

Dieser verspielte Postmodernismus hat jedoch auch problematische Züge. Als Spielberg das Projekt übernahm, scheute er vor den Selbstzitaten zurück, die er sich

Gegenüber: Im Inneren des Computerspiels in *Ready Player One* – ein Film, der ironischerweise von der Firma Industrial Light & Magic Computereffekte erforderte, die wie Computereffekte wirkten.

Unten links: Mit seiner Neuverfilmung von *West Side Story* erfüllte sich Spielberg seinen Lebenstraum, einmal einen Musical-Film zu drehen.

Unten rechts: *West Side Story* kam zu einer Zeit in die Kinos, als sich das Publikum wegen der Covid-Pandemie noch sehr bei dem Besuch von Massenveranstaltungen zurückhielt. So waren die Einnahmen trotz der begeisterten Kritiken eher enttäuschend.

bei *Hook* erlaubt hatte, und ließ alle Anspielungen auf sein eigenes Werk mit Ausnahme von *Zurück in die Zukunft* entfernen. Diese Ode an Spielberg hätte von einem anderen vorgetragen werden sollen. Ein Regisseur der folgenden Generation, der Spielberg-Ministranten und -Fanboys wie J.J. Abrams oder Edgar Wright, die wie Cline mit dem Vorbild seiner kindlichen Träume aufgewachsen waren. Spielberg nimmt als Geist an seinem eigenen Bankett teil.

Es war fast automatisch ein Hit (607 Millionen US-Dollar). Aber nicht herausragend, sondern sogar eher ermüdend. „Es ist ein Film darüber, dass man zu weit gegangen ist und sich am Ende von etwas befindet", meint Jonathan Romney nachdenklich in *Film Comment*. „Wo außergewöhnliche Dinge nicht mehr viel bedeuten."[15] Der Film ist voller Glitzerkram, aber die Ästhetik ist die eines doppelten Ersatzes: CGI-Tricktechnik, die CGI imitiert. Die abschließende Moral, sich doch mehr der Realität zuzuwenden, ist recht plump.

Spielbergs Wunsch, ein Musical zu verfilmen, reicht bis zu den Jitterbug-Tanzszenen von *1941 – Wo bitte geht's nach Hollywood* zurück. Er hatte schon Gesangs- und Tanznummern in *Indiana Jones und der Tempel des Todes* und in *Die Farbe Lila* eingefügt und mit dem Gedanken gespielt, aus *Hook* ein Musical zu machen. *West Side Story* hat natürlich auch Bezüge zu seiner Kindheit. Der Soundtrack der Broadway-Aufführung des Jahres 1957 war die einzige LP mit nicht klassischer Musik, die Leah Spielberg im Haus duldete. Und dank ihres Sohns lief sie dann auch in Dauerschleife. Als er dann 1961 die oscargekrönte Filmversion sah, war es Liebe auf den ersten Blick.

Er war 75 Jahre alt, er war Steven Spielberg: Warum also nicht seinen Ängsten ins Auge blicken und ein Remake filmen. Oder, wie er es formulierte: das ursprüngliche Musical ein weiteres Mal adaptieren. „Ich hätte mir das nie zugetraut, wenn es nur ein Film gewesen wäre."[16] Seit *Always – Die Feuerengel aus Montana* war er

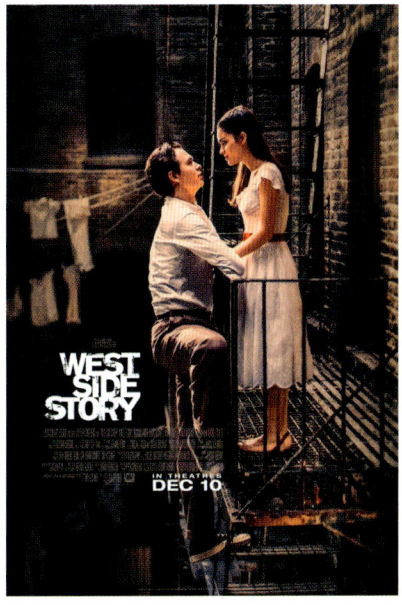

2021 WEST SIDE STORY Regisseur/Produzent

2022 MARCUS MUMFORD: CANNIBAL (MUSIK-VIDEO) Regisseur

nicht so bewusst altmodisch gewesen. Die Verfilmung des Drehbuchs von Tony Kushner (an den er sich bei größeren Herausforderungen immer wandte) war ebenso schwierig wie irgendein Action-Film. An der überschwänglichen Tanznummer „America" arbeitete man zehn schwül-heiße Sommertage lang.

Spielberg hielt sich dicht an den ursprünglichen Soundtrack. Es sind die 1950er-Jahre. Rachel Zegler (die aus 30.000 Vorspielenden ausgewählt worden war) und Ansel Elgort sind Maria und Tony, Romeo und Julia aus rivalisierenden Gangs der Upper West Side, den Jets und den Sharks, Weiße und Puertoricaner. Spielberg hatte die Rollen bewusst entlang ethnischer Linien besetzt.

Er wollte auch bei den Drehorten so „dicht am Leben in den Straßen sein wie menschenmöglich"[17] und filmte in Harlem, Washington Heights, Queens und New Jersey. Die berühmte Wohnblockfassade mit dem Gewirr der Feuerleitern, vor dem das Paar sich ihre Liebe gesteht, wurde in den Steiner Studios in Brooklyn nachgebaut. Aber die Neigung des Genres zum Fantastischen wirkte auch befreiend auf Spielberg. Das glitzernde New York der 50er-Jahre, wie er es in *Bridge of Spies – Der Unterhändler* gezeigt hatte, wird jetzt zu einem verzückten Manhattan stilisiert, in dem sogar Trümmerhaufen ansprechend wirken. Spielbergs Kamera gleitet zwischen den hinreißenden Tänzern dahin, als ob er und seine Crew dem Drang mitzumachen nicht widerstehen könnten.

Die Kritiken waren positiv. Da der Kinobesuch wegen der Covid-Pandemie jedoch massiv zurückging, war der Film ein Kassenflop: Disney hatte 100 Millionen US-Dollar in die Produktion gesteckt, das Einspielergebnis betrug nur 76 Millionen US-Dollar.

Nachdem Spielbergs eigene Biografie in so vielen Gestalten in seinen Filmen aufgetaucht war – Elliott und Jim, Hooper und Hanratty – fand er endlich den Mut, seine eigene Geschichte zu erzählen. Wie eine Szene in einem Spiegelkabinett ist *Die Fabelmans* ein Spielberg-Film darüber, wie Spielberg zu Spielberg wurde.

Mateo Zoryan und Gabriel LaBelle sind leicht idealisierte Versionen des jungen Steven Spielberg. Gezeigt werden Episoden aus den prägenden Jahren des Sammy Fabelman: von New Jersey zur Teenagerzeit in Arizona, die scheiternde Ehe seiner Eltern (Michelle Williams und Paul Dano), die Probleme mit seiner Identität als Jude, seine ersten ungeschickten Verliebtheiten und schließlich der jugendliche Filmemacher, der dem Ganzen einen Sinn verleiht. Im Wesentlichen das erste Kapitel dieses Buchs.

Spielberg gab zu, dass es ein sehr untypisches Projekt für ihn war. „Es gibt keinen großen historischen Hintergrund. Es ist ein sehr nackter Film. Es gibt keine Au-

Rechts: Spielberg legt den Aufnahmeausschnitt für eine Szene mit den Gangmitgliedern Mike Faist und Ansel Elgort fest. Die Szenenbilder von *West Side Story* gehörten zu den aufwendigsten in seiner Karriere.

2023 DIE FABELMANS
Regisseur/Produzent/Drehbuch

Oben links: Auto-Fiktion – *Die Fabelmans* war Spielbergs Versuch, den Biografen zuvorzukommen, indem er einen Spielberg-Film aus seinem eigenen Leben machte.

Oben rechts: 2023: Spielberg erhielt für den persönlichsten seiner Filme zwei Golden Globes. Die Oscars blieben aber wie einst wieder eher auf Distanz.

ßerirdischen, keine Dinosaurier."[18] Es ist sein eigenes Leben im Traumglanz seiner Filme. Spielberg mit dem Spielberg-Touch. „Das Geschichtenerzählen ist meine Therapie", sagte er.[19]

Die Idee hatte ihn seit Jahren beschäftigt. Wieso war jeder Film, den er drehte, eine Art Unterhaltung mit sich selbst? Seine Mutter hatte ihn durchschaut. Er habe sich „immer sicherer gefühlt, wenn er Metaphern verwendete".[20] *Die Fabelmans* war ein Film, den er für niemanden außer sich selbst gemacht hatte. Er feiert jedoch etwas, das er von Anfang an gewusst hatte – dass Filme ein echtes Kollektiverlebnis sind. Das flackernde Licht des Projektors macht das Unwirkliche zur Realität.

Die Fabelmans endet so, wie Spielbergs Karriere begann: mit den Befehlsworten von John Ford (der wunderbare Anti-Spielberg David Lynch) – immer den Horizont im Auge behalten und niemals langweilig werden. Das hat er immer beherzigt. *Die Fabelmans* ist sein kleinster Film (mit einem enttäuschenden Einspielergebnis von 45 Millionen US-Dollar), ein weiser, aber auch treuherziger Film. „Mit 76 ist er immer noch der Junge, der ein ganzes Medium in seinen Händen hält", schrieb der bezauberte Robbie Collin im *Telegraph*.[21]

Eine Laufbahn, die eine ganze Epoche geprägt hat, ist noch lange nicht beendet. Es stehen noch Projekte im Raum, die auf den entscheidenden Moment warten, in dem seine Fantasie sich entfaltet und das Träumen beginnt. Wir warten im Dunkel auf ihn, auf den besten Freund mit dem magischen, dem universellen Touch.

„Wenn ich erwachsen werde", sagte er einmal lachend, „will ich immer noch Regisseur werden."[22]

FRANK BULLITT (PROJEKT)
Regisseur

NAPOLEON (TV-MINISERIE)
Regisseur

UFO (PROJEKT, OHNE TITEL)
Regisseur

Quellen

BIBLIOGRAFIE

Awalt, Steven, *Steven Spielberg and Duel: The Making of a Film Career*, Rowman & Littlefield Publishers, 2014

Biskind, Peter, *Easy Riders, Raging Bulls*, Simon & Schuster, 1998

Bousquet, Olivier, Devillard, Arnaud, und Schaller, Nicolas, *Steven Spielberg All The Films: The Story Behind Every Movie, Episode, and Short,* Black Dog & Leventhal Publishers, 2023

Bouzereau, Laurent, und Rinzler, J.W., *The Complete Making of Indiana Jones*, Ebury Press, 2008

Freer, Ian, *The Complete Spielberg*, Virgin Publishing Ltd, 2001

Friedman, Lester D. und Notbohm, Brent, *Steven Spielberg Interviews*, University Press of Mississippi, 2000

Gaines, Caseen, *E.T. the Extra-Terrestrial: The Ultimate Visual History*, Titan Books, 2022

Gottlieb, Carl, *The Jaws Log (Expanded Edition)*, HarperCollins, 2001

Haskell, Molly, *Steven Spielberg: A Life in Films*, Yale University Press, 2017

McBride, Joseph, *Steven Spielberg: A Biography* (Dritte Auflage), Faber & Faber, 2010

Quirke, Antonia, *Jaws – BFI Modern Classics*, British Film Institute, 2002

Schickel, Richard, *Steven Spielberg: Seine Filme, sein Leben*, Knesebeck 2012

Schwartz, Sanford (Hg.), *The Age of Movies: Selected Writings of Pauline Kael*, The Library of America, 2011

Shone, Tom, *Blockbuster: How Hollywood Learned to Stop Worrying and Love the Summer*, Simon & Schuster UK Ltd, 2004

Thomson, David, *Have You Seen…? A Personal Introduction to 1000 Films*, Penguin, 2008

DOKUMENTARFILME

Duel: A Conversation with Regisseur Steven Spielberg, Universal Home Video, 2001

Spielberg, HBO, 2017

The Making of Jaws, Universal Home Entertainment,1995

The Making of Lincoln, 20th Century Fox Home Entertainment, 2013

War of the Worlds Unscripted: Steven Spielberg, Tom Cruise, MovieFone, 17. September 2012

DER VORSPANN

1. McBride, Joseph, *Steven Spielberg: A Biography* (Dritte Auflage), Faber & Faber, 2010

DAS NATURTALENT

1. *War of the Worlds Unscripted: Steven Spielberg, Tom Cruise, MovieFone*, 17. September 2012
2. Ebd.
3. Ebd.
4. Ebd.
5. McBride, Joseph, *Steven Spielberg: A Biography* (Dritte Auflage), Faber & Faber, 2010
6. Haskell, Molly, *Steven Spielberg: A Life in Films*, Yale University Press, 2017
7. Ebd.
8. McBride, a. a. O.
9. Haskell, a. a. O.
10. McBride, a. a. O.
11. Rainer, Peter, *Student Films of Welles, Scorsese, and Spielberg Offer Lessons in Ambition*, Los Angeles Herald, 24. Februar 1984
12. Haskell, a. a. O.
13. Lincoln, Ross A., *Sidney Sheinberg, Universal Exec Credited With Discovering Steven Spielberg, Dies at 84*, The Wrap, 7 März 2019
14. McBride, a. a. O.
15. Crawley, Tony, *The Stephen Spielberg Story: The Man Behind the Movies*, Quill Press, 1983
16. Awalt, Steven, *Steven Spielberg and Duel: The Making of a Film Career*, Rowman & Littlefield Publishers, 2014
17. McBride, a. a. O.
18. Buddery, Sarah, *The Untold Truth of Steven Spielberg's Duel*, Looper, 14. Dezember 2021
19. *Duel: A Conversation with Regisseur Steven Spielberg*, Universal Home Video, 2001
20. Awalt, a. a. O.
21. Ebd.
22. *Duel: A Conversation with Regisseur Steven Spielberg*, Universal Home Video, 2001
23. Kael, Pauline, *Sugarland and Badlands*, New Yorker, 18. März 1974

DER GROSSE FISCH

1. Riger, Robert, *Hunting the Shark*, Newsweek, 24. Juni 1974
2. Gottlieb, Carl, *The Jaws Log (Expanded Edition)*, HarperCollins, 2001
3. McBride, Joseph, *Steven Spielberg: A Biography* (Dritte Auflage), Faber & Faber, 2010
4. Biskind, Peter, *Easy Riders, Raging Bulls*, Simon & Schuster, 1998
5. Ebd.
6. Helpern, David, *At Sea with Steven Spielberg*, Take One, März/April 1974
7. Freer, Ian, *The Complete Spielberg*, Virgin Publishing Ltd, 2001
8. Gottlieb, a. a. O.
9. Ebd.
10. Ebd.
11. *The Making of Jaws*, Universal Home Entertainment, 1995
12. Griffin, Nancy, *In the Grip of Jaws*, Premiere, Oktober 1995
13. Gottlieb, a. a. O.
14. Ebd.
15. Benchley, Peter and Gottlieb, Carl, *Jaws: The Complete Screenplay*, Write Path, 2024
16. McBride, a. a. O.
17. Knight, Arthur, *Jaws: THR's 1975 Review*, Hollywood Reporter, Juni 1975
18. Schwartz, Sanford (Hg.), *The Age of Movies: Selected Writings of Pauline Kael*, The Library of America, 2011
19. Nigel Andrews, *Jaws: Bloomsbury Movie Guide No.5*, Bloomsbury, 1999
20. *The Making of Jaws*, Universal Home Entertainment, 1995
21. Ebd.
22. Gottlieb, Carl, *The Jaws Log (Expanded Edition)*, HarperCollins, 2001
23. Benchley, Peter and Gottlieb, Carl, *Jaws: The Complete Screenplay*, Write Path, 2024
24. Helpern, a. a. O.
25. McBride, a. a. O.
26. Schwartz, a. a. O.
27. McBride, a. a. O.
28. Quirke, Antonia, *Jaws – BFI Modern Classics*, British Film Institute, 2002
29. Benchley and Gottlieb, a. a. O.
30. Malcolm, Derek, *Steven Spielberg's Jaws Review – Archive 1975*, Guardian, 22. Dezember 1975
31. Thomson, David, *Have You Seen…? A Personal Introduction to 1000 Films*, Penguin, 2008

32. Tuchman, Mitch, *Close Encounter with Steven Spielberg*, Film Comment, Januar–Februar 1978
33. King, Stephen, *Danse Macabre*, Hodder & Stoughton, 2006
34. Bowen, Chuck and Smith, Derek, *Review: Steven Spielberg's Jaws Celebrates 45th Anniversary, Surfaces on 4k, Slant*, 28. Mai 2020

ERSCHÜTTERUNG UND EHRFURCHT

1. McBride, Joseph, *Steven Spielberg: A Biography* (Dritte Auflage), Faber & Faber, 2010
2. Breznican, Anthony, *Steven Spielberg Has Lost His Father*, Vanity Fair, 28 August 2020
3. McBride, a. a. O.
4. Ebd.
5. Hynek, Dr. J. Allen, *The UFO Experience: AScientific Inquiry*, Regency, 1972
6. Jackson, Kevin (Hg.), *Schrader On Schrader* (Revised Edition), Faber & Faber, 2004
7. McBride, a. a. O.
8. Ebert, Roger, *Top Secret: Steven Spielberg on the Brink of the 'Close Encounters' Premiere*, Chicago Sun-Times, 1. Mai 1977
9. Bradshaw, Peter, *Close Encounters of the Third Kind Review – a Must Watch Regisseur's Cut*, Guardian, 26 Mai 2016
10. McBride, a. a. O.
11. Haskell, Molly, *Steven Spielberg: A Life in Films*, Yale University Press, 2017
12. McBride, a. a. O.
13. Lightman, Herb A. (Hg.), *The Making of Close Encounters of the Third Kind*, American Cinematographer, Januar 1978
14. Ebd.
15. Ebert, Roger, *Close Encounters of the Third Kind*, Chicago Sun-Times, 1. Januar 1980
16. Canby, Vincent, *An Encounter That's Out of This World*, New York Times, 17. November 1977
17. Freer, Ian, *Steven Spielberg, Jaws and 'God Light'*, Empire Online, 7. September 2012
18. Freer, Ian, *The Complete Spielberg*, Virgin Publishing Ltd, 2001
19. Thomson, David, *Have You Seen…? A Personal Introduction to 1000 Films*, Penguin, 2008
20. Royal, Susan, *Steven Spielberg in His Adventures on Earth*, American Premiere, Juli 1982
21. Hodenfield, Chris, *1941: Bombs Away!*, Rolling Stone, 24. Januar 1980
22. *1941 Special Edition*, Universal Home Entertainment, 2020
23. Sragow, Michael, *1941: World War II, Animal House Style*, Los Angeles Herald Examiner, 14. Dezember 1979
24. Champlin, Charles, *Spielberg's Pearl Harbor*, Los Angeles Times, 13. Dezember 1979
25. Hodenfield, a. a. O.
26. Bouzereau, Laurent, and Rinzler, J.W., *The Complete Making of Indiana Jones*, Ebury Press, 2008
27. Ebd.
28. McBride, a. a. O.
29. Canby, Vincent, *Raiders of the Lost Ark*, New York Times, 12. Juni 1981
30. Bouzereau and Rinzler, a. a. O.
31. Bouzereau, Laurent, und Rinzler, a. a. O.
32. Kasdan, Lawrence, *Screenplay – Raiders of the Lost Ark*, Ballantine Books, 1981
33. Ebd.
34. Shone, Tom, *Blockbuster: How Hollywood Learned to Stop Worrying and Love the Summer*, Simon & Schuster UK Ltd, 2004

DER INNERE ZIRKEL

1. McBride, Joseph, *Steven Spielberg: A Biography* (Dritte Auflage), Faber & Faber, 2010
2. Feinberg, Scott, *Steven Spielberg and John Williams Reflect on 50-Year Collaboration – and Williams Walks Back Retirement Plans*, Hollywood Reporter, 12. Januar 2023
3. Tapley, Kristopher, *Editor Michael Kahn on 'Bridge of Spies' and Four Decades of Steven Spielberg Magic*, Variety, 8. Dezember 2015
4. Pavlus, John, *Karma Chameleon: Catch Me If You Can*, American Cinematographer, 4. November 2022
5. Ebert, Roger, *Private Spielberg*, Chicago Sun-Times, 19. Juli 1998

DAS PHÄNOMEN

1. Haskell, Molly, *Steven Spielberg: A Life in Films*, Yale University Press, 2017
2. Sragow, Michael, *A Conversation with Steven Spielberg*, Rolling Stone, 22. Juli 1982
3. McBride, Joseph, *Steven Spielberg: A Biography*(Dritte Auflage), Faber & Faber, 2010
4. Sragow, a. a. O.
5. *E.T. The Extra-Terrestrial Anniversary Edition*, Universal Home Entertainment, 2014
6. Sragow, a. a. O.
7. Royal, Susan, *Steven Spielberg in His Adventures on Earth*, American Premiere, Juli 1982
8. McBride, a. a. O.
9. Gaines, Caseen, *E.T. the Extra-Terrestrial: The Ultimate Visual History*, Titan Books, 2022
10. Royal, a. a. O.
11. Taylor, Charles, *You Can Go Home Again*, Salon, 22. März 2002
12. McBride, a. a. O.
13. Ebd.
14. Sragow, a. a. O.
15. Ebd.
16. Taylor, a. a. O.
17. Ebd.
18. Sragow, a. a. O.
19. Ebd.
20. McBride, a. a. O.
21. Hartnell, Jane, *Creating a Creature*, Time, 31. Mai 1982
22. Gaines, a. a. O.
23. *E.T. The Extra-Terrestrial Anniversary Edition*, Universal Home Entertainment, 2014
24. Thomson, David, *Have You Seen…? A Personal Introduction to 1000 Films*, Penguin, 2008
25. Schwartz, Sanford (Hg.), *The Age of Movies: Selected Writings of Pauline Kael*, The Library of America, 2011
26. *E.T. The Extra-Terrestrial Anniversary Edition*, Universal Home Entertainment, 2014
27. McBride, a. a. O.
28. Amis, Martin, *The Moronic Inferno*, Jonathan Cape, 1986
29. Scragow, Michael, *Extra-Terrestrial Perception*, Rolling Stone, 8. Juli 1982
30. Ventura, Michael, *E.T. The Extra-Terrestrial*, LA Weekly, 19. August 1982
31. McKellar, Don, *His Life as a Dog*, Village Voice, 19. März 2002
32. Will, George F., *Well I Don't Love You, E.T.*, Newsweek, Juli 19, 1982
33. Amis, a. a. O.
34. *E.T. The Extra-Terrestrial Anniversary Edition*, Universal Home Entertainment, 2014
35. Gaines, a. a. O.

VERLORENE JUNGS

1. Bousquet, Olivier, Devillard, Arnaud, und Schaller, Nicolas, *Steven Spielberg All The Films: The Story Behind Every Movie, Episode,and Short*, Black Dog & Leventhal Publishers,2023
2. McBride, Joseph, *Steven Spielberg: A Biography* (Dritte Auflage), Faber & Faber, 2010
3. *Steven Spielberg Interview, 60 Minutes*, 1982
4. Ebd.
5. Haskell, Molly, *Steven Spielberg: A Life in Films*, Yale University Press, 2017
6. Hoberman J., *Zoned Again*, Village Voice, 5. Juli 1983
7. McBride, a. a. O.
8. Collins, Glenn, *Spielberg Films – The Color Purple*, New York Times, 15. Dezember 1985

9. Maslin, Janet, *The Color Purple, from Steven Spielberg, New York Times,* 18. Dezember 1985
10. Benson, Sheila, *The Color Purple, Los Angeles Times,* 18. Dezember 1985
11. McBride, a. a. O.
12. Forsberg, Myra, *Spielberg at 40: The Man and the Child, New York Times,* 10. Januar 1988
13. McBride, a. a. O.
14. Ballard, J.G., *Empire of the Sun,* Harper Perennial, 2006
15. Bahiana, Ana Maria, *Hook, Cinema Papers #87,* März/April 1992
16. Hinson, Hal, *Empire of the Sun, Washington Post,* 11. Dezember 1987
17. Phipps, Keith, *Empire of the Sun (DVD), AV Club,* 19. April 2002
18. McBride, a. a. O.
19. Bouzereau, Laurent, und Rinzler, J.W., *The Complete Making of Indiana Jones,* Ebury Press, 2008
20. McBride, a. a. O.
21. Haskell, a. a. O.
22. Hoberman, a. a. O.
23. Ebert, Roger, *Hook, Chicago Sun-Times,* 11. Dezember 1991
24. Canby, Vincent, *Peter as a Middle-Aged Master of the Universe, New York Times,* 11. Dezember 1991

(PRÄ-)HISTORISCHES

1. *Academy Awards Broadcast,* Oscars.org, 1994
2. Ebd.
3. *The Making of Jurassic Park,* Universal Home Entertainment, 1995
4. Schiff, Stephen, *Seriously Spielberg, New Yorker,* 13. März 1994
5. McBride, Joseph, *Steven Spielberg: A Biography (Dritte Auflage),* Faber & Faber, 2010
6. Mottram, James (Hg.), *Jurassic Park: The Official Script Book – Complete with Annotations and Illustrations,* Insight Editions, 2023
7. Salamon, Julie, *Watch Out There's Trouble in Dinosaurland!, Wall Street Journal,* 14. Juni 1993
8. McCarthy, Todd, *Jurassic Park, Variety,* 7. Juni 1993
9. Mottram, a. a. O.
10. Shone, Tom, *Blockbuster: How Hollywood Learned to Stop Worrying and Love the Summer,* Simon & Schuster UK Ltd, 2004
11. Richardson, John H., *Steven's Choice, Premiere,* Januar 1994
12. Adorno, Theodor W., *Prisms (Reissue),* MIT Press, 1983
13. Couric, Katie, *Spielberg's 'List' Teaching Tolerance Ten Years On, Today,* 17. März 2004
14. Richardson, a. a. O.
15. Ebd.
16. McBride, a. a. O.
17. Richardson, a. a. O.
18. Ebd.
19. Ebd.
20. Erbach, Karen, *Schindler's List Finds Heroism Amidst Holocaust, American Cinematographer,* Januar 1994
21. Ebd.
22. Richardson, a. a. O.
23. Coyle, Jake, *In Emotional Reunion, Spielberg Revisits 'Schindler's List', AP,* 27. April 2018
24. Denby, David, *Unlikely Hero, New York,* 13. Dezember 1993
25. Richardson, a. a. O.
26. Ebd.
27. Keneally, Thomas, *Schindler's Ark,* Hodder & Stoughton, 1982
28. Yule, Andrew, *Steven Spielberg: Father to the Man,* Little, Brown, 1996
29. *Schindler's List 25 Years Later,* Universal Home Entertainment, 2018
30. Thomson, David, *Have You Seen …? A Personal Introduction to 1000 Films,* Penguin, 2008
31. Heymann, Danièle, *Schindler's List, Le Monde,* Dezember 1993
32. Schiff, a. a. O.
33. Ebd.

DER ZEITREISENDE

1. Haskell, Molly, *Steven Spielberg: A Life in Films,* Yale University Press, 2017
2. Biskind, Peter, *A 'World' Apart,* Premiere,Mai 1997
3. Ebd.
4. Ebd.
5. *The Lost World: Jurassic Park* (Reissue), Universal Home Entertainment, 2012
6. Andrew, Nigel, *Spielberg's Plotless Monster, Financial Times,* 17. Juli 1997
7. Biskind, a. a. O.
8. McBride, Joseph, *Steven Spielberg: A Biography* (Dritte Auflage), Faber & Faber, 2010
9. *Amistad (Reissue),* Paramount Pictures Home Entertainment, 2015
10. McBride, a. a. O.
11. Ebd.
12. Lane, Anthony, *Nobody's Perfect,* Vintage, 2002
13. Pizzello, Stephen, *Five-Star General, American Cinematographer,* August 1998
14. Ebd.
15. *Saving Private Ryan Special Limited Edition,* Paramount Pictures Homes Entertainment, 1999
16. *Academy Awards Broadcast,* Oscars.org, 1999
17. Beevor, Anthony, *The greatest war movie ever – and the ones I can't bear, Guardian,* 29. Mai 2018
18. Ebd.
19. Canby, Vincent, *Critic's Notebook: Saving a Nation's Pride of Being; The Horror and Honor of a Good War, New York Times,* 10. August 1998
20. McBride, a. a. O.
21. *A.I.: Artificial Intelligence (Reissue),* Paramount Pictures Home Entertainment, 2011
22. Leydon, Joe, *Steven Spielberg and Tom Cruise, Moving Picture Show,* 20. Juni 2002
23. Kermode, Mark, *AI Apology – Kermode Uncut,* BBC Radio 5, 22. Januar 2013
24. *Spielberg On Spielberg,* Turner Classic Movies, 2007

NICHT NUR EIN REGISSEUR

1. Puckrik, Katie, *J.J. Abrams: 'I Called Spielberg and He Said Yes,' Guardian,* 1. August 2011

ZWISCHEN DEN WELTEN

1. McBride, Joseph, *Steven Spielberg: A Biography* (Dritte Auflage), Faber & Faber, 2010
2. Ebd.
3. Cawthorne, Alec, *Steven Spielberg – Minority Report,* BBC Films, 28. Oktober 2014
4. Dick, Philip K., *The Minority Report and Other Classic Stories (Reprint),* Citadel, 2016
5. *Minority Report Two-Disc Special Edition,* DreamWorks Video, 2002
6. Haskell, Molly, *Steven Spielberg: A Life in Films,* Yale University Press, 2017
7. Bousquet, Olivier, Devillard, Arnaud, und Schaller, Nicolas, *Steven Spielberg All The Films: The Story Behind Every Movie, Episode, and Short,* Black Dog & Leventhal Publishers,2023
8. Mikulec, Sven, *Minority Report: Steven Spielberg's Proof That You Don't Need to Sacrifice Substance to Produce Spectacle, Cinephilia,* Ohne Datum

9. Lane, Anthony, *Whowillhavedunit, New Yorker,* 23. Juni 2002
10. Evangelista, Chris, *21st Century Spielberg Podcast: With Catch Me If You Can And The Terminal, Steven Spielberg Found Light in the Darkness, Slash Film,* 12. Mai 2020
11. Ebert, Roger, *Catching Up With Spielberg, Chicago Sun-Times,* 23. Dezember 2002
12. Ebd.
13. Ebd.
14. Evangelista, a. a. O.
15. French, Philip, *Hanks at the Point of No Return, Observer,* 5. September 2004
16. McBride, a. a. O.
17. *War of the Worlds Unscripted: Steven Spielberg, Tom Cruise, MovieFone,* 17. September 2012
18. Schickel, Richard, *Steven Spielberg: A Retrospective,* Palazzo Editions, 2022
19. Ebert, Roger, *Creaking Havoc, Chicago Sun-Times,* 28. Juni 2005
20. *War of the Worlds,* Paramount Home Entertainment, 2013
21. *I Would Die for Israel,* unattributed interview with Steven Spielberg, Spiegel International, 26. Januar 2006
22. *Munich,* Universal Pictures Video, 2006
23. *I Would Die for Israel,* a. a. O.
24. *Munich,* Universal Pictures Video, 2006
25. *I Would Die for Israel,* a. a. O.
26. Dargis, Manohla, *An Action Film About the Need to Talk, New York Times,* 23. Dezember 2005
27. *Munich,* Universal Pictures Video, 2006
28. Bouzereau, Laurent, und Rinzler, J.W., *The Complete Making of Indiana Jones,* Ebury Press, 2008
29. *Indiana Jones and the Kingdom of the Crystal Skull: Two-Disc Edition,* Paramount Home Entertainment, 2008
30. Bouzereau and Rinzler, a. a. O.

MERKWÜRDIGE HELDEN

1. Fleming Jr., Mike, *Mike Fleming's Q&A With Steven Spielberg: Why It Took 12 Years To Find Lincoln, Deadline,* 6. Dezember 2012
2. Ebd.
3. Ebd.
4. Assouline, Pierre, *Hergé: The Man Who Created Tintin,* Academic, 21. November 2008
5. Amidi, Amid, *'Tintin' Ushers in a New Era of Photoreal Cartoons, Cartoon Brew,* 28. Dezember 2011
6. Haskell, Molly, *Steven Spielberg: A Life in Films,* Yale University Press, 2017

7. Boucher, Geoff, *Tintin: Steven Spielberg Says 'The Medium isn't the Message,' Los Angeles Times,* 2. Dezember 2011
8. Corliss, Richard, *Spielberg's 3-D Cartoon Adventure: It's Tintinastic!, Time,* 21. Dezember 2011
9. Berlatsky, Noah, *How Spielberg Handles the Racial Problems of the 'Tintin' Books, The Atlantic,* 22. Dezember 2011
10. Parker, Paula, *A Conversation with Spielberg, Kennedy, and Curtis, Christian Entertainment Examiner,* 15. Dezember 2011
11. McCarthy, Todd, *War Horse: Film Review, Hollywood Reporter,* 15. Dezember 2011
12. Galloway, Stephen, *The Making of Steven Spielberg's 'War Horse', The Hollywood Reporter,* 2. Dezember 2011
13. Scott A.O., *Innocence is Trampled But a Bond Endures, New York Times,* 22. Dezember 2011
14. Fleming, a. a. O.
15. Ebd.
16. McGrath, Charles, *Abe Lincoln as You've Never Heard Him, New York Times,* 31. Oktober 2012
17. Bradshaw, Peter, *Lincoln – Review, Guardian,* 24. Januar 2013
18. Fleming, a. a. O.
19. *The Making of Lincoln,* 20th Century Fox Home Entertainment, 2013
20. *Lincoln,* 20th Century Fox Home Entertainment, 2013
21. McGrath, a. a. O.
22. O'Hehir, Andrew, *Pick of the Week: Spielberg's Magnificent 'Lincoln', Salon,* 9. November 2012
23. Author interview, 2015
24. Lane, Anthony, *Making the Case, New Yorker,* 19. Oktober 2015

DER SPIELBERG-TOUCH

1. *Indiana Jones and the Temple of Doom* (Reissue), Paramount Home Entertainment, 2013

EWIG JUNG

1. Mooallem, Jon, *Inside the Mind of Steven Spielberg, Hollywood's Big Friendly Giant, Wired,* Juli 2016
2. Ebd.
3. *The BFG,* Universal Pictures UK, 2016
4. Ebd.
5. Mooallem, a. a. O.
6. Kermode, Mark, *The BFG review – a scrumdiddlyumptious feast, Observer,* 24. Juli 2016

7. Brody, Richard, *Steven Spielberg's The BFG is a Forced March of Fun, New Yorker,* 1. Juli 2106
8. Freedland, Jonathan, *Steven Spielberg: The Urgency to Make The Post was Because of Trump's Administration, Guardian,* 19. Januar 2018
9. Dargis, Manohla, *Review: In The Post Democracy Survives in Darkness, New York Times,* 21. Dezember 2017
10. Freedland, a. a. O.
11. Ebd.
12. Dargis, a. a. O.
13. Radish, Christina, *Steven Spielberg on 'Ready Player One' and Why He'll Never Rework His Own Movies Again,* Collider, 29. März 2018
14. Ebd.
15. Romney, Jonathan, *Film of the Week: Ready Player One, Film Comment,* 30. März 2018
16. Gilbey, Ryan, *Steven Spielberg on Making West Side Story with Stephen Sondheim: 'I called him SS1!,' Guardian,* 8. Dezember 2021
17. Forestier, François, *Danse Avec Spielberg, L'Obs,* 2. Dezember 2021
18. Zacharek, Stephanie, *Steven Spielberg Waited 60 Years to Tell This Story, Time,* 16. November 2022
19. Bousquet, Olivier, Devillard, Arnaud, und Schaller, Nicolas, *Steven Spielberg All The Films: The Story Behind Every Movie, Episode, and Short,* Black Dog & Leventhal Publishers, 2023
20. Zacharek, a. a. O.
21. Collin, Robbie, *A Train Crash, David Lynch and a Glimpse Into Steven Spielberg's Broken Home, Telegraph,* 26. Januar 2023
22. Unattributed, *Steven Spielberg: 'When I grow up, I still want to be a Regisseur,' Khaleej Times,* 15. April 2024

DANKSAGUNGEN

Ich will ehrlich sein: Es war eine lange und oft schwierige Reise. Steven Spielberg war von meinem ersten Kinobesuch an ein Grund für meine anhaltende Liebe zum Film. *Unheimliche Begegnung der dritten Art* war die erste Begegnung, und seitdem habe ich keinen einzigen seiner Film im Kino verpasst. Es hat auch zwei persönliche Begegnungen gegeben. Die erste war im Abbey-Road-Studio, wo wir die Dankesrede für einen Preis aufnahmen, den er für *Der Soldat James Ryan* erhalten hatte. Spielberg kam herein und bot mir lächelnd die Hand an. „Hi, ich bin Steven Spielberg." Natürlich war er das. Es war, als träfe man einen guten Freund, den man schon vor Jahrzehnten kennengelernt hatte. Eine seiner vielen Gaben ist die Fähigkeit, die Ehrfurcht zu überwinden, die einen bei einem Treffen überfällt. Er fängt einfach eine Unterhaltung an.

Spielberg im Rahmen eines Buchs einzufangen ... Man könnte sagen, er war mein Weißer Hai. Angesichts all dessen, was man im Laufe der Jahre über ihn geschrieben hat, habe ich versucht, die Mythen zu durchdringen und zu dem zu gelangen, worum es wirklich geht. Dies ist ein Buch, das von vielen Dingen handelt, im Wesentlichen aber davon, was es heißt, sich einen Spielberg-Film anzusehen.

Zuerst sollte ich meiner Lektorin Jessica Axe und meiner Grafikerin Sue Pressley bei Stonecastle Graphics für ihre unendliche Geduld danken – und für ihre Ermutigung. Und natürlich dafür, wie wunderbar das Buch in Bezug auf Text und Bild geworden ist. Es gibt noch viele andere, die eine Rolle gespielt haben. Mein Redakteur Nick Freeth, der dafür sorgt, dass die Akzente immer richtig sitzen, der sich Gedanken über meine Sprachspiele macht und ein Meister der winzigsten Details ist. Er sorgt dafür, dass ich einen guten Eindruck mache. Mein Freund und Kollege Ian Freer, eine unübertroffene Quelle für alles, was mit Spielberg zu tun hat. Und Simon Braund, Steve Hornby, Nick de Semlyen, Phil Thomas, Mark Dining, Colin Kennedy, Julian Alcantara, Lyndy Saville sowie Katherine Willing.

Meine Dankbarkeit gilt auch meinen Eltern, vor allem meiner Mutter, die mit einem Elfjährigen verhandeln musste, der sich weigerte zu reden, bis sie ihn in *Jäger des verlorenen Schatzes* mitnahm. Eigentlich ist alles ihre Schuld. Vor allem gilt meine Liebe und mein Dank Wai, die mich jeden Tag aufs Neue inspiriert.

BILDNACHWEISE

AJ Pics / Alamy Stock Photo 94; Album / Alamy Stock Photo 4, 17l, 54o, 74, 88, 97r, 109, 122, 126r, 139u; Allstar Picture Library Ltd / Alamy Stock Photo 57u; ARCHIVIO GBB / Alamy Stock Photo 12l, 16o; Barry King / Alamy Stock Photo 98l; BFA / Alamy Stock Photo 78l, 100r, 130l, 136l, 169r; cineclassico / Alamy Stock Photo 62o; Cinematic / Alamy Stock Photo 57o, 147r, 151; Collection Christophel / Alamy Stock Photo 8l, 29, 44–45u, 50o, 66, 67o, 69, 75r, 77, 83o, 129o, 129u, 142, 150u, 152, 157o, 164u; Entertainment Pictures / Alamy Stock Photo 40, 147l, 156, 163o; Evening Standard / Stringer / Hulton Archive / Getty Images 6–7; Everett Collection Inc / Alamy Stock Photo 12r, 17r, 22ol, 28l, 28r, 42, 43l, 46l, 46r, 47l, 47r, 62u, 82, 98–99u, 150o, 158; FlixPix / Alamy Stock Photo 103u, 115l; Glasshouse Images / Alamy Stock Photo 11, 95u; LANDMARK MEDIA / Alamy Stock Photo 14o, 26–27, 36o, 36–37u, 80–81u, 84o, 85l, 86, 87o, 87u, 99o, 103o, 106, 110–111o, 112r, 118, 119, 120o, 120u, 131, 171l; Maximum Film / Alamy Stock Photo 143u; Moviestore Collection Ltd / Alamy Stock Photo 13l, 84u, 105, 153l, 165, 169l; Photo 12 / Alamy Stock Photo 13r, 14u, 15, 16u, 39u, 48l, 85r, 92r, 107, 108, 110u, 113, 116–117o, 124, 164o, 170; Pictorial Press Ltd / Alamy Stock Photo 115r; PictureLux / The Hollywood Archive / Alamy Stock Photo 22u, 23, 30, 31, 33, 35, 48r, 52l, 54u, 112l; PMC / Alamy Stock Photo 9; ruelleruelle / Alamy Stock Photo 128; ScreenProd / Photononstop / Alamy Stock Photo 49, 55l, 56, 58, 71; SilverScreen / Alamy Stock Photo 43r; Sipa US / Alamy Stock Photo 63, 171r; TCD/Prod.DB / Alamy Stock Photo 18, 19l, 19r, 20o, 20u, 21o, 21u, 22or, 24–25, 32, 34o, 34u, 38, 39o, 41o, 41u, 44–45o, 50–51u, 52r, 53o, 53u, 55r, 59, 60, 61, 64–65, 67u, 68, 70u, 70–71u, 72, 73o, 73u, 75l, 76o, 76u, 78r, 79, 81o, 83u, 89o, 90, 91o, 91u, 92l, 93, 95ol, 95or, 96o, 96u, 97l, 100l, 101, 102l, 102r, 104o, 104u, 114, 116–117u, 121, 123, 125, 126l, 127, 130r, 132–133u, 133o, 134o, 134u, 135, 136r, 137, 138, 139o, 140o, 140u, 141o, 141u, 143o, 144, 145, 146, 148–149, 153r, 154o, 154u, 155, 157u, 159, 160, 161, 162–163u, 166, 167, 168; United Archives GmbH / Alamy Stock Photo 89u; UPI / Alamy Stock Photo 8r.